Elke Knittel
Rolf Maurer

Spätzle, Maultaschen & Co.

56 Farbfotos
5 Zeichnungen

Ulmer

Inhaltsverzeichnis

Schwäbische Heiligtümer 4

Laugenbrezeln 6
Die Sage 7
Loblied auf die Laugenbrezel 14
Brezeleien: Liebeszeichen, Glückssymbol, Totengabe und Fastenspeise 20
Brezelmärkte 28
Siegeszug der schwäbischen Laugenbrezel 30

Maultaschen 34
Die Sage 34
Das Maultaschenlied 36
Zur Abstammung der Maultasche 37
Ansichtssache Maultasche 42
Das Maultaschenpatent 50
Auf Maultaschenspur im Stuttgarter Weindorf 52

Spätzle 55
Die Mehlspeise 56
Warum Spätzle Spätzle heißen und wo sie herkommen 57
Das Spätzleschaben 62
Wie man „Faule-Weiber-Spätzle" macht 68
Das Spätzlelied 70
Die Sage 71
Elke Knittels Sagenversion frei nach Aurbacher 73

Springerle 84
Springerle – echt historisch 85
Springerleswahn 88
Weltanschauung Ausmodeltechnik 101
Das Bemalen 102
Das Aufbewahren 102
Springerlesluxus 104
Kein Lied 106

Keine Heiligtümer – aber auch nicht schlecht 107

Mhm ... die Rezepte! 119
Maultaschen, nichts als Maultaschen 119
Spätzleküche 134
Suppen mit Einlage 148
Kartoffeln als Beilage mitsamt Hauptgerichten 153
Brezeln und was man daraus machen kann 155
Allerlei aus Hefeteig 159
Flädleswirtschaft 170
Wenn der Teig „aufpfitzt" 172
Im Teig Ausgebackenes 173
Noch mehr Nachtisch 174
Obstkuchen 177
Weihnachtliches 179

Literatur 182
Dank 186
Rezeptverzeichnis 188

Schwäbische Heiligtümer

Jedes Land hat seine Heiligtümer. Wir zum Beispiel die Burg Hohenzollern, die Schlösser Ludwigsburg, Solitude und Lichtenstein, die Klöster Bebenhausen, Hirsau, Maulbronn und Beuron, die Insel Reichenau und das Ulmer Münster, den Blautopf, die Bärenhöhle, die Donauquelle, den Ipf, die drei Kaiserberge Staufen, Stuifen und Rechberg, die Schwäbische Alb, Oberschwaben und den Bodensee, Barbarossa, Götz von Berlichingen, Herzog Eberhard im Barte, König Wilhelm I., Mechthild von der Pfalz, Franziska von Hohenheim, Wieland, Mörike, Hauff, Schubart, Hölderlin und Schiller, Hegel und Philipp Matthäus Hahn, Dannecker, Sebastian Blau, Thaddäus Troll und Gerhard Raff, Verlage wie Cotta, Steinkopf und Holtzbrinck, Köchinnen wie Friederike Luise Löffler, Hermine Kiehnle und Luise Haarer, das Stuttgarter Ballett, die Stuttgarter Oper, den Fernsehturm, den Zeppelin, den Daimler, den Porsche und den Bosch, den Trollinger und den Riesling, die Laugenbrezel, die Spätzle, die Maultaschen und die Springerle ...

Es lässt sich nicht all der kulturelle Reichtum unseres Schwabenlandes einfach so aufzählen. Insbesondere da ich eigentlich mit dem Schwarzwald, dem Freiburger Münster und dem Feldberg gerne die Grenzen des alemannischen Raumes beziehungsweise des alten Herzogtums Schwaben zugrunde gelegt hätte. Ich habe mich also auf wenige Stichworte beschränkt. Dem Leser werden noch viele Heiligtümer einfallen, die ich nicht erwähnt habe und die ihm viel bedeutender scheinen.

Doch eines ist mir wichtig und Grund genug dieses Buch zu schreiben: Ich will der Laugenbrezel, den Maultaschen, den Spätzle und den Springerle das ihnen zustehende literarische Denkmal errichten und das formulieren, was ohnehin jedem Schwaben eine Selbstverständlichkeit ist. Ich habe sie in die Reihe unserer kulturellen Heiligtümer aufgenommen. Denn wenn unsere großen Dichter, Denker und Tüftler sich nicht regelmäßig mit Brezeln, Spätzle und Maultaschen gestärkt hätten, dann hätten sie niemals ihre großen geistigen Leistungen erbringen können. Und wenn der liebe Gott den Schwaben nicht solch herrliche Landschaften gegeben hätte, wären weder die kulinarischen Köstlichkeiten noch all die anderen großartigen Erfindungen entstanden.

Elke Knittel,
im Sommer 2002

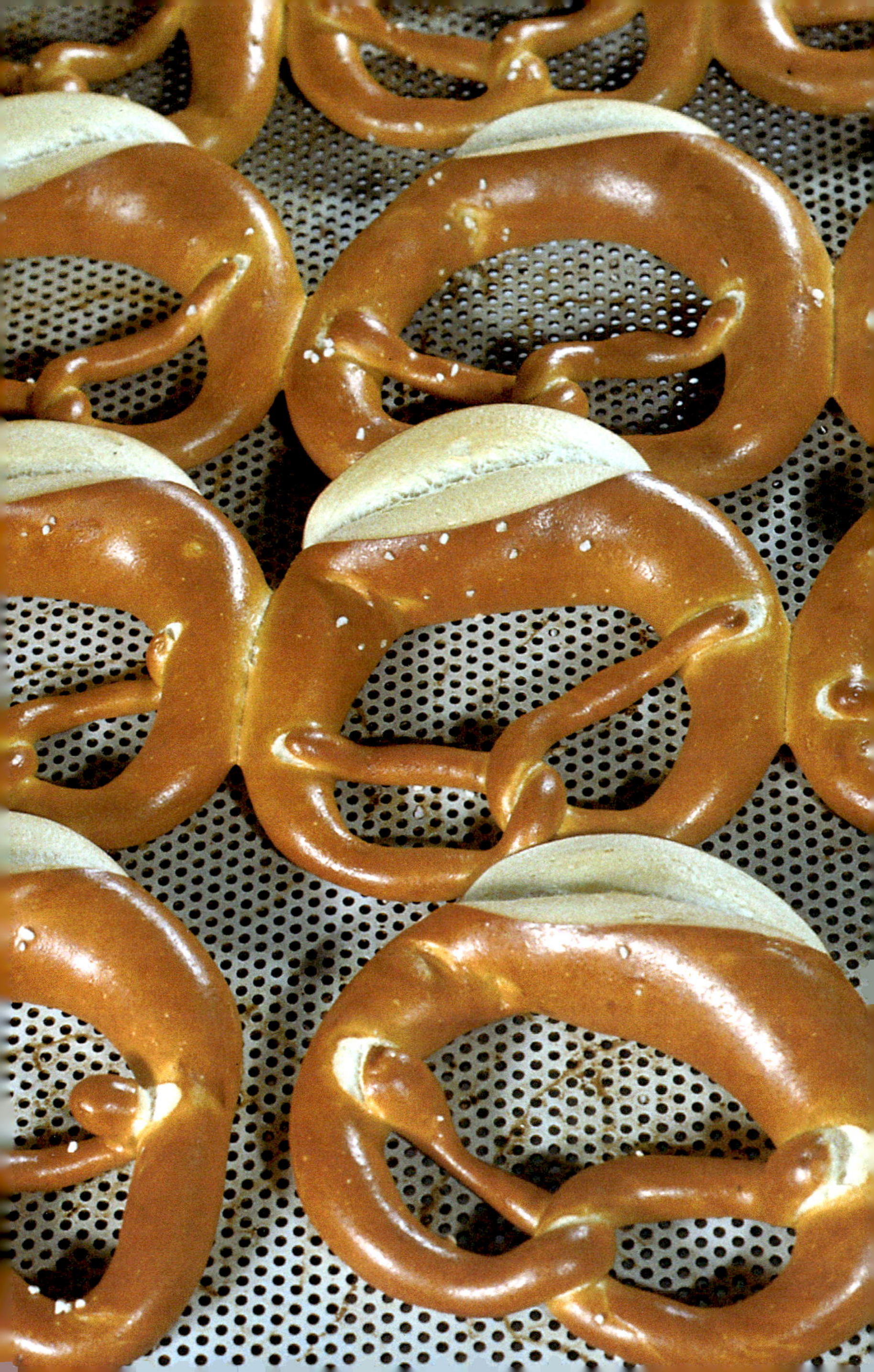

Laugenbrezeln

Kein Staatsempfang und keine „Hocketse", keine Pressekonferenz, keine Lesung und keine Ausstellungseröffnung im Schwabenland ohne Laugenbrezeln – mit oder ohne Butter – je nach Budget der Veranstalter oder Bedeutung des Anlasses. VIPs und geistige Elite, Schickimicki und Partygänger – Smalltalk findet bei uns mit Weinglas und Brezel in der Hand statt.

Kein Café, keine Wirtschaft, wo man nicht eine frische Laugenbrezel bestellen könnte. Kein Kind im Wägele, das nicht statt nach einer Rassel lieber nach einem Brezelärmle greift und daran nagt.

Uta-Maria Heim hat in einem brillianten Aufsatz über die Laugenbrezel am 12. April 1997 in der Frankfurter Rundschau wichtige Erkenntnisse formuliert. Zum Beispiel, dass die Brezel als verzehrbares Greifinstrument schon beim Säugling eine lebenslänglich nachwirkende kulturelle Prägung hinterlässt. Eine gute Brezel, schreibt sie, muss viele Kriterien erfüllen. Unter anderem muss sie innen weich und außen kross sein, innen schneeweiß und außen braun schillernd. Die Kruste darf beim Hineinbeißen nicht bröckeln, hinter ihr dürfen keine großen Teiglöcher sitzen, sie darf nicht aufgequollen oder feist sein.

Ich teile Uta-Maria Heims Ansichten, wenn sie darüber sinniert, dass eine Brezel ohne weiteres nach der Sehnsucht nach dem Meer, nach der Freiheit des Waldes oder nach dem erwachenden Frühling schmecken darf – aber auf keinen Fall nach Seife, Hefezopf oder Baguette. Nicht nur, dass von einer glänzenden, duftenden, knusprigen und formschönen Brezel eine unspezifische Erotik ausgeht, sie ist auch ein ästhetisches Ereignis und trotzdem heute alltägliche Selbstverständlichkeit!

Wie heißt es doch über die schwäbischen Highlight-Selbstverständlichkeiten? „Der Schiller und der Hegel, der Uhland und der Hauff, das ist bei uns die Regel, das fällt bei uns nicht auf!"

Gerade als ich mit diesen Erkenntnissen in die Tasten meines Computers greife, bezeichnet Manfred Rommel, unser schwäbischer Dichterschelm, die Brezel als das „geistige Heldentum der Schwaben" und veröffentlicht in den Stuttgarter Nachrichten vom 28. September 2001 folgendes Gedicht, das auch als Rezept für hoffnungslose Fälle taugt:

> Der Schwaben Klugheit ist kein Rätsel
> Die Lösung heißt: die Laugenbrezel
> Schon trocken gibt dem Hirn sie Kraft
> Mit Butter wirkt sie fabelhaft
> Erleuchtet mit der Weisheit Fackel
> Den Verstand vom größten Dackel.

Die Sage

Doch wer hat dieses „ästhetische Ereignis", dieses „kulinarische Highlight", dieses „geistige Heldentum der Schwaben" erfunden?

Aufgewachsen im Stuttgart der Nachkriegszeit bin ich mit der Sage von der Erfindung der Laugenbrezel. Ich weiß noch, dass mir mein Opa, der Älbler, wenn er mir etwas Gutes tun wollte, eine Laugenbrezel kaufte. Doch ich konnte nie so recht das Besondere daran schätzen, denn ich hatte ja eigentlich genug Brezeln. Erst seit ich mich mehr mit der Bedeutung der Brezel beschäftige, kann ich verstehen, was mein Opa damit verband. Davon später mehr.

Als dann meine Kinder im Wägele saßen und auch auf einem Brezelärmle herumnagten, wollte ich ihnen die mir bekannte Sage vorlesen. Doch zu meinem Erstaunen fand ich kein Buch darüber.

Ich weiß noch ganz genau, wie ich während der Autofahrt zum Einkaufen im Radio eine Besprechung über das Buch von Thaddäus Troll, unserem schwäbischen Dichter, mit dem Titel „Die Brezel" hörte. Statt in den Supermarkt eilte ich zur Freude meiner Kinder sofort in den nächsten Buchladen. In jedem Arm eine Tochter begann ich zu Hause zu lesen. Doch nicht lange, da wurde meine Stimme leiser und ich fing schließlich an zu murmeln. Zunächst versuchte ich, die Gedanken in diesem in deftiger Sprache geschriebenen Buch mit eigenen Worten auszudrücken, manches zu raffen, einiges umzuformulieren.

„Warum liest du nicht weiter, was hat der Bäcker getan, warum ist er verurteilt worden?"

„Ich erzähle euch die Geschichte heute abend weiter", murmelte ich und schob meine Kinder vom Schoß. „Ich muss jetzt erst kochen."

Ich stellte fest, dass das Buch für Kinder nicht geeignet ist. Thaddäus Troll verwob die Sage von der Erfindung der Laugenbrezel mit einer Laudatio über die Bildhauer- und Künstlerfamilie des HAP (Helmut Andreas Paul) Grieshaber. Eine – wie ich finde – geniale Idee und ein Zeichen dafür, dass auch Thaddäus Troll die Erfindung der Laugenbrezel ganz oben ansiedelte.

Doch das war es nicht, was ich für meine Kinder suchte. Ich fing selbst an zu erzählen und die mündliche Überlieferung meiner Vorfahren fortzusetzen:

„In der Stadt Urach lebte einmal ein Bäcker."

„Wie hieß der, Mama?"

„Das wird in der Sage nicht berichtet. Ich will ihn Frieder nennen! Dieser Bäcker fiel beim Grafen – es war wohl Eberhard im Barte, der spätere Herzog von Württemberg – in Ungnade."

„Warum? Was hat er getan?"

„Die Sage berichtet uns nichts darüber. Es könnte sein, dass der Frieder einer von jenen Bäckern war, die aus Habgier Mehl mit billigem Kalk gemischt oder zu kleine Brote gebacken und damit ihre gutgläubigen Kunden betrogen haben ... Ich könnte mir auch vorstellen, dass der Frieder den jungen Graf Eberhard auf seiner Pilgerfahrt ins Heilige Land hat begleiten dürfen. Vielleicht wurde er sogar zum Vertrauten des Grafen und hat dann

Laugenbrezeln

später zu Hause Dinge ausgeplaudert, die den Grafen beleidigt haben. Oder er hat mit unwahren Geschichten geprahlt."

„Was erzählt die Sage noch von der Pilgerfahrt?"

„Gar nichts. Ich habe mir das nur so ausgedacht, weil ich aus der Geschichte des Grafen weiß, dass er eine solche unternommen hat. Ein Herrscher wurde ja auf Reisen immer von einem ganzen Tross von Menschen begleitet. Darunter der Leibkoch, ein Arzt, Soldaten als Leibgarde, viele Diener und Höflinge ... Warum also sollte nicht der Bäcker Frieder unter der bunten Mannschaft gewesen sein? Doch man weiß wirklich nicht, was dem Bäcker zur Last gelegt wurde, warum der Frieder beim Grafen in Ungnade fiel und weshalb er letztlich zum Tode verurteilt wurde!"

„Aber warum wollte der Graf den Bäcker gleich tot machen?"

„Ich erzähle euch von einer Zeit, als alle Macht über die Untertanen in der Hand des jeweiligen Herrschers lag. Graf Eberhard im Barte lebte vor über 500 Jahren auf seinem Schloss in Urach am Fuße der Schwäbischen Alb. Damals war es üblich, dass, wenn ein Untertan etwas Schlimmes verbrochen hatte, dieser sofort zum Tode verurteilt wurde.

Graf Eberhard hat den Bäcker auf den Hohen Urach bringen lassen. Auf diesem die Stadt überragenden Berg wurden alle Verbrecher immer zuerst in ein Burgverlies gesperrt.

Wir wissen nicht, wie der Frieder es schaffte, beim Grafen um Gnade zu flehen. Ich stelle mir vor, dass vielleicht die Bäckersfrau einen Weg fand, um eine letzte Chance für ihren Mann zu erbitten. Vielleicht fiel dem Grafen aber auch auf, dass die Brötchenlieferungen in sein Stadtschloss ausblie-

Das Schloss in Bad Urach

ben, während der Frieder auf dem Hohen Urach saß. Oder der Graf wollte seinen einzigen – womöglich besten – Bäcker nicht einfach so verlieren. Was immer wir glauben wollen, der Frieder durfte unter folgender Bedingung in die Backstube zurückkehren:

> So du, bevor der Hahn dreimal kräht, einen Kuchen backst –
> durch den die Sonne dreimal scheint –
> und der mir besser schmeckt als alles, was ich kenn',
> sollst du begnadigt sein.

Dies, so berichtet die jahrhundertealte Sage, sprach der Graf zum Bäcker. Eine letzte Chance, sein Leben zu retten!

„Hat der Frieder Angst gehabt?"

„Das könnt ihr wohl glauben. Er und seine Frau waren unglaublich aufgeregt, als sie überlegten, was für ein Gebäck den Frieder vor dem Tode retten könnte. Einerseits fühlte sich der Bäcker wie gelähmt vor Angst, andererseits schien ihm gerade diese und der auf ihm lastende Zeitdruck ungeahnt kreative Kräfte zu verleihen."

„Wie hat er denn angefangen mit der Brezelidee?"

„Zunächst konnte er nur an die Schlinge denken, die ihm der Henker um den Hals legen würde. Wie von selbst formten seine Hände eine dicke Teigwurst, die er in verzweifeltem aber ungezieltem Eifer an den Enden immer dünner werkelte, ganz so wie das gefürchtete Seil. Als er daraus zunächst eine Schlinge formte, brach ihm der Schweiß aus. Frieder wusste nicht weiter."

„Da hat ihm sicher wieder seine Frau geholfen!"

„Ja, genau. Ich könnte mir gut vorstellen, dass der Frieder beim Anblick seiner heiß geliebten, mit verschränkten Armen am Türrahmen zur Backstube lehnenden Frau den großartigen Gedanken fasste, diesen Anblick nachzubilden. Arme, die ihn nicht mehr umarmen könnten, wenn er tot sein würde! Eine dicke Mitte, das war der Körper, die seitlichen Enden dünner, als Arme verschränkt übereinander gelegt. Tatsächlich, das entstandene Schlingwerk ließ dreimal die Sonne durchscheinen.

Vielleicht hat der Frieder aber auch – falls er mit auf der Pilgerfahrt war – in italienischen Klöstern Brezeln kennen gelernt. Schließlich gibt es diese geschlungene Form in vielen Varianten schon seit der Antike.

Wie der Bäcker auf die Idee kam, die Brezeln vor dem Backen in Lauge zu tauchen, weiß natürlich auch keiner. War es ein glücklicher unglücklicher Zufall, zum Beispiel, dass eine lebhafte Katze oder ein schusseliger Frieder versehentlich das Backblech zum Kippen brachte und die fertig geschlungenen Teigstücke in den im Weg stehenden, mit Lauge gefüllten Eimer purzelten? Vielleicht hat ja die Bäckersfrau den Ofen mit der Lauge säubern wollen. Oder hat der Frieder ganz bewusst gedacht, was zum Beizen und Konservieren von getrockneten Heringen – auch dafür soll früher

Laugenbrezeln

Lauge verwendet worden sein – gut ist, könnte auch einem Backwerk besonderen Geschmack verleihen."

„Was ist denn eine Lauge?"

Ein Blick ins Lexikon hilft mir weiter: „Soda bzw. Natron wurde offensichtlich schon seit dem Altertum für alles Mögliche verwendet. Es war Arzneimittel, man nahm es zum Konservieren und es wurde sogar zusammen mit Weihrauch zu Ehren der Götter verbrannt. Man brauchte es zur Herstellung von Glas und Seife, aber auch im Haushalt zum Kochen, Konservieren und Aromatisieren, zum Bleichen, Färben und Reinigen. Und seit der Erfindung unseres Frieders auch zum Brezelbacken."

Ob allerdings alles, was in früheren Zeiten als Natronlauge bezeichnet wurde, auch eine solche war, darf man bezweifeln. Denn damals waren die chemischen Begriffe bei weitem nicht so eindeutig festgelegt wie heute.

Unsere Brezeln heute werden mit höchstens vierprozentiger Natronlauge besprüht und dann gebacken. Dabei verliert die stark verdünnte Lauge ihre ätzende Wirkung. Die Laugenbrezel gilt als ausgesprochen bekömmlich.

Natronlauge lässt man sich in der Apotheke oder gleich beim Bäcker in der entsprechenden Verdünnung herstellen. Allerdings sind die meisten Bäcker gar nicht begeistert, wenn ein Kunde so etwas von ihnen verlangt. Manche lehnen es auch schlichtweg ab. Begründung: Gute Brezeln kann man immer und überall frisch kaufen – die macht man nicht selbst. Außerdem ist der Umgang mit Natronlauge sehr gefährlich.

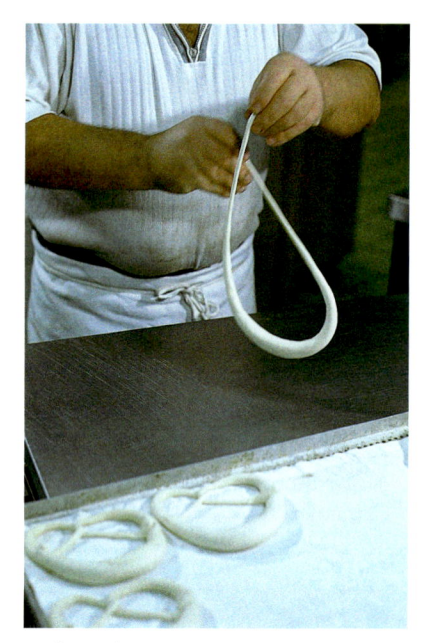

Fachgerechtes Brezelschlingen

Die Firma Kaiser bietet seit über 100 Jahren ein Produkt an, das allerdings überhaupt nichts mit der eben erwähnten ätzenden Natronlauge (NaOH + H_2O) zu tun hat. Kaiser Natron ist ein rein doppeltkohlensaures Natron ($NaHCO_3$) und wird zur Verwendung in allen möglichen Gebieten des Haushalts mit dem Slogan „erspart viele teure Spezialmittel" empfohlen. Ein Mittel für Küche, Haus und Reise.

Ob Brezeln, die mit dem im Supermarkt bei den Backzutaten zu findenden Kaiser Natron behandelt wurden, so gut schmecken wie die, die uns der Bäcker mit der Natronlauge NaOH + H_2O macht, hab' ich nicht auspro-

Die Sage

Laugensprühanlage beim Ochsenbeck in Grabenstetten

biert. Immerhin empfiehlt die Firma Kaiser in ihrem Erklärungsheftchen die Verwendung ihres Produktes für die Herstellung von Laugenbrezeln.

Die Großartigkeit der Erfindung unserer Laugenbrezel besteht in der einzigartigen Komposition von so geschlungenem Hefeteig, dass eine weiche, dicke Mitte und dünne knusprige Ärmchen entstehen. Sie besitzt die herrlich braune Farbe des Laugenüberzugs und die weiche, dicke Mitte, die durch einen Schnitt, den sie vor dem Backen erhält, weiß lachend aufspringt.

„Was hat der Graf gesagt?"

„Als dieses dekorative Gebäck durch seine Öffnungen die Strahlen der aufgehenden Sonne dreifach geteilt auf seinen Frühstückstisch fallen ließ, war er begeistert. Und als er hineinbiss, hat es ihm so außerordentlich geschmeckt, dass er den Bäcker auf der Stelle begnadigt hat. Welche Freude für den Frieder und seine Frau, und welche Freude für alle Schwaben, denn die Laugenbrezel war erfunden!"

Meine Kinder wollten diese Geschichte immer wieder hören. Doch weil sie sich sofort beschwerten, wenn ich sie auch nur ein winziges bisschen anders erzählte, habe ich sie schließlich aufgeschrieben. Und da sie immer auch fragten: „Wie hat der Frieder ausgesehen?", hab ich den Frieder auch gezeichnet.

Laugenbrezeln

Natürlich habe ich zuvor alle erdenklichen Sagensammlungen gewälzt und mit meinen Kollegen von der volkskundlichen Abteilung des Museums gesprochen. Offensichtlich lebte diese Sage bis zu meiner Niederschrift 1982 wirklich nur in der mündlichen Überlieferung der Schwaben – abgesehen von der eher künstlerischen Verwendung des Sagenstoffes durch Thaddäus Troll.

Ich kann also stolz behaupten, dass ich die Erste war, die diese Sage schriftlich festgehalten hat.

Den Namen Frieder für den Bäcker habe ich frei erfunden; so oder so ähnlich hätte er ja auch heißen können. Schmunzelnd begegne ich inzwischen in anderen späteren Veröffentlichungen immer wieder der Sage vom Uracher Bäcker „Frieder" ... So gesehen habe ich ein bisschen Literaturgeschichte geschrieben. Selbst ein Imagefilm für die Bäderstadt Urach hat vom Bäcker namens Frieder berichtet.

Es ist fast logisch, dass sich die Schwaben diese hoch geschätzte Erfindung am ehesten in der Zeit des Grafen Eberhard im Barte vorstellen können. Dieser ist als erster Herzog von Württemberg bis heute der populärste der württembergischen Herzöge. Schließlich galt er auch als der beliebteste, nämlich als der, der sein Haupt unbesorgt in den Schoß eines jeden seiner Untertanen legen konnte. Weshalb ihn alle anwesenden Fürsten nach seiner Herzogserhebung in

Der reichste Fürst

Preisend mit viel schönen Reden
Ihrer Länder Wert und Zahl,
Saßen viele deutsche Fürsten
Einst zu Worms im Kaisersaal.

Herrlich, sprach der Fürst von Sachsen,
Ist mein Land und seine Macht,
Silber hegen seine Berge
Wohl in manchem tiefen Schacht.

Seht mein Land in üpp'ger Fülle
Sprach der Kurfürst von dem Rhein,
Goldne Saaten in den Tälern,
Auf den Bergen edlen Wein!

Große Städte, reiche Klöster!
Ludwig, Herr zu Bayern, sprach,
Schaffen, dass mein Land dem euren
Wohl nicht steht an Schätzen nach.

Eberhard, der mit dem Barte,
Württembergs geliebter Herr,
Sprach: Mein Land hat kleine Städte,
Trägt nicht Berge silberschwer;

Doch ein Kleinod hält's verborgen:
Dass in Wäldern, noch so groß,
Ich mein Haupt kann kühnlich legen
Jedem Untertan in Schoß.

Und es rief der Herr von Sachsen,
Der von Bayern, der vom Rhein:
Graf im Bart! Ihr seid der reichste,
Euer Land trägt Edelstein!

Das Haus des Uracher Brezelbäcks

Worms zum „Reichsten" erklärten. Dies berichtet jedenfalls Philipp Melanchthon 1552 in seiner Rede über die Persönlichkeit Eberhards.

Justinus Kerner verfasste dazu über 250 Jahre später, nämlich 1818, das allen Schwaben bekannte Lobgedicht auf Herzog Eberhard im Barte. Die Melodie ist als Volksweise überliefert. Noch heute treibt dieses Lied, das zur „schwäbischen Nationalhymne" wurde, manchem Schwaben beim Singen die Tränen in die Augen.

Diese Hymne wird nicht mehr gesungen? Von wegen. Bei der feierlichen Eröffnung des 25. Stuttgarter Weindorfes im herrlichen Arkadenhof des Alten Schlosses im August 2001 sangen viele hundert Menschen mit ergriffenem Herzen Herzog Eberhards Loblied. Ich war dabei und neben mir standen einige Jugendliche – Buben und Mädchen. Sie versuchten, das ihnen offensichtlich unbekannte Lied mitzusingen. Ich hörte, wie ein Junge dann zu den coolen Mädchen sagte: „Mensch, des isch a geile Nummer!"

Die schwäbische Laugenbrezel – also die Erfindung eines Bäckers zur Zeit Graf Eberhards im Barte, erster Herzog und Einiger Württembergs. Eine Tafel mit einem Gedicht aus dem Uracher Heimatbüchlein von Helmut Burkert am Haus

Es war einmal ein Brezelbäck,
dem sprach der Graf das Leben weg,
doch weil er guten Leumunds war,
bot ihm der Graf die Rettung dar.

„Back einen Kuchen, lieber Freund,
durch den die Sonne dreimal scheint,
dann wirst du diesmal nicht gehenkt –
das Leben sei dir frei geschenkt."

Der schlaue Bäck bedachte sehr,
drei Tage braucht er und nicht mehr,
dann brachte er mit sichrem Schritt
dem Grafen eine Brezel mit.

Er hielt sie ihm vors Auge hin,
die Sonne dreimal dadurch schien.
Der Graf, er lächelte darauf
Und aß die ganze Brezel auf:

Drum kauf dir Brezeln, liebes Kind,
weil die so sehr historisch sind!

Laugenbrezeln

des Bäckers weist Urach als Brezelerfindungsstadt aus.

Doch wie häufig in der Sagenwelt zu beobachten, rühmt sich ein weiterer Ort derselben Erfindung: Altenriet im Kreis Esslingen behauptet ebenfalls, die Heimat der schwäbischen Brezel zu sein, weil die Erfindung der Laugenbrezel einen Bäcker rettete, dem wegen der Verunreinigung seines Mehls der Herr der Burg Neuenried die Hand abhacken lassen wollte. Auch dieser Burgherr ließ Gnade vor Recht ergehen und veranstaltete, weil er so angetan war von der köstlichen Laugenbrezel, alljährlich für die Jugend ein Brezelfest. Genug Brezeln für alle war seine Parole. Außerdem sollten sich nie mehr Kinder um eine Brezel streiten müssen. Von einem solchen Streit zweier Kinder, die dabei in den Neckar gefallen und ertrunken sind, wird nämlich in einer weiteren Sage aus Altenriet berichtet.

Noch heute lädt die Gemeinde alljährlich im März zum Brezelmarkt, um an den Ursprung dieses berühmten Laugengebäcks zu erinnern.

Auch in Bayern geistert eine Laugenbrezel-Erfindungssage herum. Ein Anton Nepomuk Pfannenbrenner soll der Erfinder gewesen sein. Doch darüber, dass die schwäbische Laugenbrezel eindeutig die bessere ist, brauchen wir kein Wort zu verlieren. Die bayrische Laugenbrezel ist ein mit gleichmäßig dickem Strang geschlungenes, hartes Dauergebäck. Zwischen ihr und der schwäbischen Laugenbrezel liegen Welten!

Lassen wir einfach unserem hoch geschätzten Eberhard im Barte und den Urachern die Erfindereehre in Sachen Laugenbrezel.

Loblied auf die Laugenbrezel

Es gibt das herrliche Loblied auf Eberhard im Barte, die schwäbische Nationalhymne. Doch ich fand in unserem Volksliederschatz trotz über 90 Brezeltiteln – vorwiegend Kinderlieder – zu meinem Erstaunen kein spezielles Loblied auf die Laugenbrezel. Ich stieß lediglich auf die Erwähnung eines Laugenweckens im Archiv unserer Volkskundestelle in Stuttgart in der Sammlung des Lehrers Eugen Haag von 1926 in folgendem Vers:

> Womit soll ich dich wohl loben
> mächtiger Herr Lemannsbäck
> sende mir aus deinem Ofen
> ein paar Dutzend Laugenweck.

Das wollte ich so nicht hinnehmen. Eines Tages – ich saß gerade in der Badewanne – da fiel's mir ein. Ich meine melodiemäßig. Zwar bin ich musikalisch erzogen worden, doch ganz sicher wähnte ich mich in der notentechnischen Niederschrift nun doch nicht ... Deshalb eilte ich tropfend, nur dürftig in ein Handtuch gehüllt, ans Telefon – immer die Melodie summend, ich hatte panische Angst sie zu verlieren –, wählte meine Musiker-Mama an und versuchte gleichzeitig ins Telefon zu summen und zu sprechen: „Schreib's auf!"
... dann „summ summ ... hast du's?", dann wieder „summ summ ..."

Meine geistesgegenwärtige Mama setzte flugs mein Gesumme in Noten um. Jetzt gibt es ein Loblied auf die

Loblied auf die Laugenbrezel

Brezellied!

Brez-la backt a je-der Bäck', kasch-se kaufa an je - dem Eck

I woiß net, was i däd, wenn's mol koi-ne Brez-la gäb!

**D'Ärmla knuschprig mit Salz oba druff,
g'schlonga ond knotet, nonder ond nuff!
Lauge, Hefe, Milch ond Mehl,
außa donkel, enna hell!**

**Jeder isst se bei ons gern,
arme Leit ond reiche Herrn.
Zom Kaffee – au zom Wei,
a Laugabrezel isch halt fei!**

**Koi Dag bei ons verganga däd,
wo's zom Veschpr koi Brezel gäb
ob mit was druff – oder so,
Kender, a Brezel, dui macht froh!**

schwäbische Laugenbrezel. Öffentlich aufgeführt wurde es erstmals von zwei oberschwäbischen Musikern, zusammen mit dem ebenfalls von mir komponierten Maultaschenloblied, beim Neujahrsempfang des Ministerpräsidenten im Neuen Schloss in Stuttgart 1996.

Viele haben es gehört – keinen hat's verwundert. Jeder dachte, das seien Lieder, die es schon lange gibt … schwäbische Selbstverständlichkeiten.

Ich hoffe, dass mein Brezellied noch oft gesungen wird. Bekannt ist mir, dass Lehrer die Brezelsage immer wieder mit ihren Schülern nach meinem Buch aufführen und auch das Lied dazu einstudieren. So zum Beispiel vor einigen Jahren bei den Stuttgarter Buchwochen im Haus der Wirtschaft mit Schülern aus einer Schule in Stuttgart-Heslach.

Besonders aber hat mich der Brief einer Nürtingerin erfreut, den ich erst vor wenigen Wochen, also im Jahre 2002, erhielt. Darin schildert sie, dass sie mit ihrem Mann seit 1987 bis zu dessen Tod vor drei Jahren immer wieder Kinder und Enkel, Freunde und Verwandte bei ihren Treffen mit einer Aufführung nach meiner Erzählung erfreuten. Sie lasen mit verteilten Rollen und ihr Mann begleitete alles auf dem Flügel und spielte auch das Brezellied. Dazu wurden natürlich Laugenbrezeln gegessen.

Erst jetzt, während ich dieses Manuskript schreibe – also über 15 Jahre nach meiner Badewannen-Komposition – entdecke ich in dem Buch „Was

Laugenbrezeln

dr Schwob ißt" von Dorothea Kallenberg, das 1986 in Stuttgart erschienen ist, den Hinweis auf ein Laugenbrezel-Loblied, das der Stuttgarter Heinrich Wagner 1829 verfasst hat:

*„Und ohne Brezeln wäre mir
Kein Festtagsmahl geblieben.
Die Brezel-Bäcker kenn ich hier,
Hab alle aufgeschrieben.
Allein, ich sag euch jedenfalls,
Backt keiner so wie Nachbar Balz
Charfreitags-Laugenbrezeln.
So wohl gerüstet, braun lackiert,
So stattlich und so plastisch,
So schmackhaft nett, mit Salz kandiert.
Nicht weich und doch elastisch.
Wahrhaftig, beßre aß ich nie."*

Die Melodie ist nicht abgedruckt, ich werde mich auf die Suche nach ihr begeben. Solange müssen Sie dann halt mein Brezellied singen – bitte, sonst hab' ich ja umsonst den ganzen Tumult mit meiner Mama veranstaltet.

Elke Knittels Laugenbrezelrezept mit Philosophie

- 500 g Mehl
- 1 Päckchen Trockenhefe
- 1/2 Teelöffel Zucker
- 50 g Fett (vorzugsweise Schweineschmalz)
- 1/8 l Wasser
- etwas Salz
  Außerdem:
- 4-prozentige Natronlauge (Apotheke oder Bäcker)
- grobes Salz

Aus den angegebenen Zutaten knetet man einen geschmeidigen, formbaren Hefeteig. Nachdem er einige Stunden geruht hat und schön aufgegangen ist, rollt man mit den Händen lange Teigwürste, deren Enden dünner werden und schlenkert und schlingt daraus Brezeln mit dicker Mitte und dünnen Ärmchen. Diese lässt man auf einem mit Mehl bestreuten Brett an einem kühlen Ort nochmals ruhen und gut abtrocknen. Man kann das Brett mit den geformten Brezeln auch kurz in die Gefriertruhe stellen.

Danach taucht man die Teiglinge in die kalte Natronlauge und legt sie nass auf ein mit Backpapier ausgelegtes Blech. Backpapier ist bei der Verwendung von Aluminiumblechen unbedingt erforderlich, da die Lauge das Blech angreift. Zuletzt wird mit einem scharfen Messer ein Bogen in die dicke Brezelmitte geschnitten und grobes Salz aufgestreut.

Die Brezeln werden dann in dem auf 200 Grad vorgeheizten Backofen etwa 15 Minuten gebacken. Noch heiß müssen die fertigen Brezeln mit einem Hauch kaltem Wasser übersprüht werden. Nur so kann die Oberfläche glänzen.

Immer wieder wurden mir tüchtige Frauen genannt – meist ältere, auf dem Land wohnende –, für die es selbstverständlich sei, ihre Laugenbrezeln selbst zu backen.

Ich muss gestehen: Ich habe sie nur einmal gemacht. Zusammen mit meinen Kindern habe ich in unserer damals sehr kleinen Küche den Teig gewerkelt, geschlenkert und geschlungen was das Zeug hält. Wir hatten uns zuvor in der Backstube unseres

Rezepte

Bäckers ansehen dürfen, wie man schlenkert! Durch richtiges Schlenkern der Teigwurst werden nämlich die Enden für die Ärmchen automatisch schön dünn, und die Mitte bleibt dick. Eigentlich ganz einfach – wenn man's kann. Auf jeden Fall war es eine Gaudi für die Kinder. Propellerartig flogen bei uns damals die Teigwürste durch die Luft. Fragen sie mich nicht, wo ich nachher überall den Teig abgekratzt habe und wie oft eine Teigwurst gerissen ist.

Seither wissen wir, dass die Kunst des Brezelbäckers im gekonnten Schlenkern der Teigwurst besteht, die noch in der Luft zur Brezelform geschlungen wird. Schlenkerschwung formiert sich zur Brezelform. Schwäbische Brezelkunst! Schwäbische Handarbeit! Heute noch. Obwohl natürlich die Tüftler nicht geruht haben, ganze Brezelschling- und Herstellungsstraßen für die geschundenen Bäcker zu erfinden. Manche sind auch im Einsatz. Doch noch immer sieht man's einer gepflegten Brezel an, ob sie fachmännisch geschlungen oder maschinell hergestellt wurde. Oft werden so die Ärmchen zu Armen. Ich sage nur das Stichwort: „ästhetisches Ereignis". Die Form aber schmeckt mit, das ist wie bei den Spätzle!

Auch der Umgang mit der Lauge, der bekanntlich mit großer Sorgfalt geschehen muss, ist lästig. Ihre ätzende Wirkung verliert sie nämlich erst, wenn sie sich beim Backen mit der Teigoberfläche verbindet. Deshalb sollte man Kinder auf jeden Fall von der Lauge fern halten! Außerdem bekommt man sie nicht überall ohne weiteres. Ob das ungefährliche Kaiser Natron die Brezeln genauso gut macht, das müssen Sie selbst ausprobieren.

Ich kaufe meine Brezeln nach diesem einmaligen Backversuch nur noch beim Bäcker. Allerdings schmecken sie halt nicht von jedem. Brezel ist nicht gleich Brezel. Nur weil sie so heißt, schmeckt sie noch lange nicht so, wie sie soll. Es lohnt sich, die wenigen Bäcker ausfindig zu machen, die diese schwäbische Köstlichkeit perfekt herstellen. So zum Beispiel der Obermeister der Stuttgarter Bäckerinnung Rudolf Frank, dessen Brezel schön „rösch", also braun, und an den Ärmle knusprig sein muss und der Wert darauf legt, dass das dünne Brezelärmle mit einem kleinen „Knöpfle" richtig am Brezelkörper festgemacht ist. Er erzählt mir, dass bei der Prüfung der Bäckergesellen und -meister in Baden-Württemberg die perfekte Herstellung von Laugengebäck ein wichtiges Fach ist. Sehr zufrieden bin ich mit unseren Bäckern in Stuttgart-Feuerbach, der Bäckerei Lorenz und dem Bäcker Wiedmann. Dessen Kunden kommen von weit her, um die von ihm selbst in bester Tradition hergestellten Brezeln zu kaufen. Glücklich bin ich, wenn mein Mann in Grabenstetten auf der Alb vorbeikommt und mir Brezeln vom Ochsenbeck mitbringt. Dort schlingt Bäckermeister Roland Ladner Tag für Tag seine Brezeln und werkelt die Teigwurst gefühlvoll mit den Händen.

Das Gute an Brezeln: Man kann sie – vorausgesetzt, der Bäcker arbeitet nicht schon mit gefrorener Ware – sehr gut einfrieren. Wichtig ist, dass sie ganz frisch eingefroren werden.

Laugenbrezeln

Bäcker Frank rät sogar, sie schon in noch leicht lauwarmem Zustand einzufrieren. Zum Auftauen müssen sie ganz kurz in den 200 Grad heißen Backofen, oder einzeln auf den Toaster (mit Brötchenaufsatz).

Ich selbst mach's ganz unspektakulär. Ich lege meine gefrorene Brezel auf einem Drahtgitterchen direkt auf die Heizfläche meines Ceranfeldes, bei größter Hitze jede Seite etwa 40 Sekunden. Man muss dabeibleiben. Dann bestreiche ich sie noch warm mit Butter und tunke sie genüsslich in meinen Frühstückskaffee.

Ich weiß, alle Nordlichter werden sich bei diesem Geständnis von mir abwenden. Doch ich finde, man soll es ruhig eingestehen: Bei den Schwaben muss überall Soße oder Brühe drauf und drüber: Spätzle, Kartoffelsalat, Maultaschen – oder es muss eingetunkt werden: Laugenbrezel, Hefekranz, harte Springerle ...

Dabei wird vorzugsweise in den Kaffee getunkt. Und wenn von der Butter auf dem Kaffee Fettaugen schwimmen, so schmeckt's umso besser. In der Öffentlichkeit tun wir das natürlich nicht. Doch da schmeckt die Brezel halt auch nur halb so gut.

Übrigens gestand mir ein lieber Kollege vor kurzem, dass mit dem Eintunken seiner Laugenbrezel in ein Glas Trollinger für ihn der Feierabend erst richtig zum Genuss wird.

In Kochbüchern des 18. und 19. Jahrhunderts findet man immer wieder Rezepte für verschiedenste Arten von süßen Hefeteig- und Zuckerbrezeln. Für Laugenbrezeln habe ich kein einziges gefunden. Die Brezel ist offensichtlich weniger ein Gebildbrot, das die Hausfrau zubereitet, sondern erscheint als „genus pistorii operis", also als „typisches Werk des Bäckers". Aus dieser Formulierung schließen manche, dass die Brezel aus dem Süden eingeführt wurde.

Zu Beginn des 20. Jahrhunderts tauchen dann plötzlich Rezepte für Laugenbrezeln auf. So zum Beispiel im Kochbuch der Hermine Kienle und im Koch- und Haushaltungsschulbuch der Lehrerinnen E. Wundt, A. Rothmund und M. Künzler. Hermine Kienle empfiehlt den Hausfrauen, dem Teig etwas Backmalz hinzuzufügen. Nicht wenige Bäcker verwenden statt Zucker lieber etwas Malzextrakt, um die Hefe zu einem positiven Verhalten zu verführen. Die Malzfabriken beliefern die Bäcker mit dem Extrakt in Pulverform. Deshalb rät Hermine Kienle, sich das Malz beim Bäcker zu besorgen. „Es macht die Brezel zarter", erfahre ich von Bäcker Frank. In beiden Rezepten wird darauf hingewiesen, dass der Teigstrang so ausgewerkelt werden soll, dass die Enden schön dünn sind.

Bäcker Frank betont allerdings, dass seine Brezel nicht aus einer Wurst geformt wird, sondern zuerst wie eine „Katzenzunge" flach ausgerollt, dann wie ein Hörnchen aufgerollt und schließlich zur Brezel geschlenkert wird. „Sie hat dann einfach mehr Spannung!"

Hermine Kienle empfiehlt, die Brezeln nach dem Abtrocknen im Kühlen einzeln in Lauge zu tauchen, die man in der Apotheke kauft. Als Verdünnung gibt sie an: „1 Teil Lauge auf 8 Teile Wasser".

Unsere Haushaltungs- und Kochschullehrerinnen empfehlen: „Zur Lauge wird die Holzasche in einem reinen Säckchen in das kochende Wasser gegeben und auf der Seite des Herdes 3–4 Std. ausgekocht. In Ermangelung von Holzasche nimmt man Soda und zwar auf 1 l Wasser 40 g." Diese „Tags zuvor gekochte Lauge bringt man in einem möglichst breiten Emailtopf zum Kochen, legt eine Brezel nach der andern hinein und kocht sie, bis sie an die Oberfläche kommen. Sie dürfen keine Risse bekommen. Nach dem Herausnehmen werden sie sofort auf ein bestrichenes Blech gesetzt, rasch mit Salz bestreut und in sehr guter Hitze braun gebacken."

Gisela Allkemper reichert in ihren „Schwäbischen Küchenschätzen", die 1982 in Münster erschienen sind, den Hefeteig aus 500 g Mehl mit 125 g Butter und zwei Eiern an. Sie empfiehlt eine Lauge aus 100 g Soda und 1 l Wasser. Die in Sodawasser aufgekochten Brezeln bestreicht sie vor dem Backen noch mit Eigelb und bestreut sie mit grobem Salz. Dann werden sie bei 220 Grad 20 Minuten gebacken.

In den älteren Kochbüchern konzentriert man sich darauf, übrig gebliebene altbackene Fasten- und Laugenbrezeln zu verwerten. So empfiehlt uns zum Beispiel Johanna Christiana Kiesin in ihrem „Allerneuesten Schwäbischen Kochbuch", das 1796 in Stuttgart erschien, die oben stehende Laugenbrezelsuppe.

In den vielen Kochbuchausgaben der Friederike Luise Löffler seit 1791 werden für die Suppe aus „Fasten- und Laugenbrezeln" ebenfalls in Wasser oder Fleischbrühe eingeweichte Brezeln gekocht und dann durch ein Sieb gestrichen. Neben Butter und Eigelb wird auch noch Rahm in die Suppe gerührt.

> ### Eine Laugenbretzelsuppe
>
> Es werden Laugenbretzeln zusammengebrochen, kalte Fleischbrühe daran geschüttet, um solche darinnen waichen zu lassen, dann auf Kohlen gestellt und kochen lassen, bis es ganz verkocht ist, man darf aber nicht darinnen rühren, hierauf mit einem Stück Butter ganz verrühret, und mit Fleischbrühe dünne gemacht, noch ein wenig gekocht, vor dem Anrichten 4 Eyer verklopft hineingerührt, und dann angerichtet.

Ich finde allerdings, dass die Idee, aus alten Brezeln eine Suppe zu kochen, heute nicht mehr so gut ankommt. Besser klingt schon, was uns die Nonnen im Benediktinerinnenkloster Frauenalb bei Baden-Baden in ihrem handgeschriebenen Kochbuch von 1790 empfehlen. Sie verarbeiten ihre altbackenen Fastenbrezeln – es sind sicher welche ohne Lauge und vermutlich süße gemeint – nicht zu einer langweiligen Suppe, sondern machen unter Verwendung von Wein das Folgende davon:

Brezeln werden heute eigentlich kaum

Laugenbrezeln

Gebackenes von Fastenbretzeln

Schneide die Bretzeln zu Finger langen Stück, zu 2 oder 3 Bretzel reichen 4 Eyer wohl verrührt, gieß Wein daran und etwas Zimt, die Bretzeln darin weichen lassen, hernach etwas Mehl und auch Semmelmehl untereinander gemischt, darin umgekehrt, und im Schmalz gelb gebacken, gleich heraus, mit Zucker und Zimmet bestreut ...

Brezeleien: Liebeszeichen, Glückssymbol, Totengabe und Fastenspeise

Die geschlungene Form der Brezel ist bereits seit der Antike bekannt. Im „Codex Vaticanus", einer Handschrift aus dem 5. Jahrhundert, finden wir eine Illustration, die den trojanischen Helden Äneas und die karthagische Königin Dido beim Liebesmahl zeigt, das aus Fisch zusammen mit brezelartig geschlungenen Broten besteht. Und auch in der ornamentalen Ausschmückung von Handschriften kann man viele brezelähnliche Schlingformen entdecken.

Einigen Deutungen zufolge war die Brezel in vorchristlicher Zeit ein Totengebildbrot, das die üblicherweise den Toten beigelegten Ringe und Armspangen ersetzen sollte, vielleicht auch die Haarzopf-Opfergaben.

Wir finden die geschlungene Brezelform in vielen vorchristlichen Ornamenten und als frühes Zeichen christlicher Symbolik zum Beispiel bei alamannischen Goldblattkreuzen.

So geschlungen, dass dreimal die Sonne hindurchscheint, weist die Brezel auf die heilige Zahl der Dreieinigkeit. Die „gekreuzten Arme" vermitteln – als Demutsgeste – ebenfalls eine christliche Botschaft. Mittelalterliche Klöster übernahmen dieses geschlungene Gebäck als Fastenspeise.

Die Kette der Überlieferung reicht von der Antike über das frühe Mittelalter zu den christlichen Klöstern bis in unsere Zeit. Wir können die Brezel also als ein antik-christliches Kultgebäck bezeichnen.

mehr alt. Früher konnte man sie ja nicht einfrieren und auch nicht überall täglich frisch kaufen. Da konnte es schnell passieren, dass man alte Brezeln rumliegen hatte, die man nicht verkommen lassen wollte. Also verarbeitete man sie zu einem neuen Gericht. Heute würden wir eine Suppe oder ein Gebackenes davon höchstens aus einem nostalgischen Gefühl heraus machen.

Besonders Laugenbrezeln von einem guten Bäcker werden eher frisch und mit einem aufwändigen Belag zum Hit. Deshalb: Stürzen Sie sich kreativ auf die dicke Mitte der Brezel und probieren Sie sie mit verschiedenem Belag, von Butter über Leberwurst und Käse bis Kaviar.

Brezeleien

Der Name „Brezel" lässt sich aus dem Lateinischen von „bracchium" (Arm) und „bracula" (verschlungene Hände) ableiten. Als Lehnwort aus dem Lateinischen wird's im Althochdeutschen dann zur „brezitella". Von hier ist der sprachliche Weg zu unserer Brezel nicht mehr weit.

Im Volksglauben hat die Brezelform schon immer als Symbol für Segen, Glück und Liebe gegolten, auch heute noch. Sie kann Böses abwehren – ganz so wie einst bei unserem Uracher Bäcker!

Schlingen, Flechten, Binden, Fesseln und Verknoten kommt in vielen volkstümlichen Zaubereien und magischen Bräuchen vor. Binden ist ein Analogiezauber, bei dem jedes Festhalten, Behindern oder Vereinigen durch ein konkretes Binden dargestellt und zauberisch hervorgerufen wird. Das Nicht-lösen-können wird durch die Fessel betont. Auch der Knoten kann, fest angezogen oder mehrfach geknüpft (drei- oder siebenfach!), stark binden.

Der Zaubergläubige erkennt in solchem Binde-, Schling- und Knotenwerk eine real exisitierende magische Kraft. Paare besiegeln ihre Liebe, indem sie sich Ringe an den Finger stecken. Sie glauben mit dem Tragen von Eheringen an die „bindende Kraft" des in Ringform gebrachten, sie verbindenden Liebesbandes.

Kein Wunder, dass viele Bräuche im Laufe des Jahres und des Lebens mit diesem Gebildbrot verbunden sind: Ob süß oder salzig, mit Lauge oder ohne, die Brezel wird zur Neujahrs- oder Sebastiansbrezel, zur Fasten-, Palm- und Karfreitagsbrezel, zur Liebes- und Seelenbrezel und gelegentlich zur Weihnachtsbrezel.

Vielerorts wird mit einer Glück und Segen bringenden, reich mit Zöpfen und Spiralen verzierten Brezel das neue Jahr begrüßt. Verliebte schenken sie sich zu diesem Anlass. Sie wollen sich weiter „aneinander binden".

Und alle, die den Menschen Glück und Segen fürs neue Jahr wünschen, mit denen sie sich „durch Liebe verbunden" fühlen, schenken solche Brezeln oder backen und essen sie auch selbst. Besonders schöne Neujahrsbrezeln werden im Badischen gebacken, zum Beispiel in Freiburg. Außerdem schenkt man solche großen, verzierten Hefeteigbrezeln auch zu Geburts- und Namenstagen, verbunden mit Glück- und Segenswünschen. Die prächtigsten und schönsten Brezeln macht der Bäcker Josef Hoch in Maisbach im Ortenaukreis. Er verschickt die bestellten Brezeln weit über die Landesgrenzen hinaus.

Am Tag der Heiligen Drei Könige, am 6. Januar, spielt man in Altenriet, Kreis Esslingen, um eine Laugenbrezel, in Münsingen um gebackene Hirschhörnle, während in Reutlingen am Donnerstag nach dem 6. Januar, dem „Sternentag", wie man hier sagt, in den Gasthäusern um Mutscheln gewürfelt wird. Diese gezackten, mürben, leicht gesalzenen Hefeteiggebilde sollen an den Stern der Weisen aus dem Morgenland erinnern. Früher wurde das Gebäck zusätzlich mit Glück bringenden Brezelornamenten verziert. Heute sparen sich das die Reutlinger Bäcker häufig.

Kaum hatte ich das geschrieben, habe ich in Stuttgart in der Eberhard-

Laugenbrezeln

Reutlinger Mutschel aus der Bäckerei Hafendörfer, Stuttgart

straße in der Bäckerei Hafendörfer wunderschöne Mutscheln mit Brezelornamenten entdeckt. Der Chef stamme aus Reutlingen, verrät mir die Verkäuferin. Der Teig entspricht etwa dem der Neujahrsbrezeln.

Am 20. Januar, dem Tag des Heiligen Sebastian, wurden früher in manchen Gegenden die auf Holzgestelle aufgesteckten Brezeln vom „Bretzenbaum" verkauft. Aus gekreuzten Pfeilen errichtet, erinnert er an das Martyrium des Heiligen. Die Bäcker hatten die Erlaubnis, von Sebastiani an bis in die Fasten hinein „Bretzen" zu backen. Zum Auftakt der „Brezelsaison" veranstalteten sie deshalb an diesem Tag den Brezeltanz und verschenkten Brezeln an junge Mädchen, an Kinder und an die Musikanten. Für Spaß sorgte das Brezelreißen. Wer den größeren Teil in der Hand hielt, hatte gewonnen, war der Stärkere, hatte Glück!

Gerne kauften die Bauern an diesem Tag für ihre Familie und das Gesinde die vom Heiligen selbst gesegneten Brezeln.

Auch zur schwäbisch-alemannischen Fastnacht gehören mancherorts Brezeln. Die Narren tragen sie aufgefädelt um den Hals oder auf Stangen gesteckt und werfen sie während ihres bunten Treibens unters Volk. So verteilen zum Beispiel beim großen Hanselsprung in Schramberg die Narros und Bruele ihre Schokoladen-

Brezeleien

täfele, und die Hansel verteilen beim so genannten „Brezelsegen", der vor dem „Bach-na-Fahre" stattfindet, bis zu 25 000 Laugenbrezeln an die Zuschauer. Auf einer Holzstange, die als Griff einen geschnitzten Salatkopf hat, dem Brezelstecken, tragen die Hansel ihre Gabe ins närrische Publikum. Auf- und abhüpfend und den Spruch „Hoorig, hoorig isch dia Katz" rufend kann man eine Brezel erhalten.

Gelegentlich werden auch die Palmen- bzw. Palmbuschen, die in katholischen Gegenden am Palmsonntag zur Weihe gebracht werden, mit Brezeln geschmückt, was wieder auf ihre Funktion als Fastenspeise hinweist.

In manchen protestantischen Gegenden isst man am letzten Fastensonntag, dem Palmsonntag, Palmbrezeln. Es soll am Sonntag Palmarum an den Einzug Jesu in Jerusalem gedacht werden.

Im Ulmer und Heidenheimer Raum werden diese aus süßem Hefeteig gebackenen Brezeln häufig am dicken Mittelteil mit der Schere drei- bis fünfmal eingeschnitten. Die so entstehenden Zacken sollen an die Dornenkrone erinnern, die Jesus aufs Haupt gedrückt bekam.

In der Bäckerei Kreibich in Ulm versichert mir allerdings die Seniorchefin, dass heutzutage nicht nur „Evangelen" diese Brezeln kaufen, sondern auch die „Katholen", die sie dann halt vor dem Verzehr erst in der Kirche weihen lassen. Wichtig ist bei dieser Brezel, so die Seniorchefin von Kreibich, dass der süße, mit Vanille abgeschmeckte und nach Anis duftende Hefeteig auch Korinthen enthält. Die Dornenkronenbrezeln werden in klein, mittel und groß angeboten.

Bäcker Werner Schiehlen aus Altheim auf der Alb berichtet von seiner Palmbrezel: Sie wird aus süßem Hefeteig von weicher Beschaffenheit mit folgenden Zutaten hergestellt: „Mehl, Salz, Zucker, Margarine, Eier, Milch, Hefe, Anis und Zitrone. Vor dem Ausbacken auf Blechen werden sie noch mit Ei bepinselt und mit der Schere eingeschnitten. Die Farbe nach dem Backen soll hellbraun bis goldbraun sein. Das Teiggewicht für eine Brezel beträgt 80 bis 300 g."

Palmbrezeln isst man auch auf der Blaubeurer und Ulmer Alb. Nicht immer sind sie hier aus süßem Hefe-

Dornenkronenbrezel aus der Bäckerei Kreibich, Ulm

teig, nicht immer haben sie die Form einer Dornenkrone, manchmal sind sie nur ganz einfach geschlungen, gele-

konnte, glaubte man, dass auch die sorgfältig aufbewahrte Karfreitagsbrezel, die nicht schimmelt, das Liebesglück erhalten könne.

Wenn in katholischen Gegenden am Karfreitag die Glocken schweigen, weil sie „nach Rom fliegen", mussten früher die Buben die Gläubigen mit Rätschen und Klappern zum Gottesdienst rufen. Das war anstrengend und brachte deshalb für jeden einen wohlverdienten Brezelkreuzer ein.

Süße Hefeteigbrezeln gehören an die mit bunten Bändern und Buchszweigen geschmückten

gentlich oval in der Grundform oder sogar eckig. Manchmal werden sie in der Mitte auch dreimal geknotet. Häufig werden auch einfach die üblichen Laugenbrezeln als Palmbrezeln bezeichnet. Schon seit Jahren halten viele Bäcker am Palmsonntag, dem letzten Sonntag vor Ostern, ihren Laden geöffnet, was allerdings heute nichts Besonderes mehr ist.

In der Gegend um Reutlingen werden am Karfreitag Laugenbrezeln verkauft, aber als Karfreitagsbrezeln bezeichnet. Früher sagte man, dass diese am Karfreitag gebackenen und verkauften Brezeln zauberkräftig seien. Wie man einem am Karfreitag gelegten Ei eine besondere magische Kraft zusprach, so brachte und bringt auch die Karfreitagsbrezel – nüchtern verzehrt – Glück und Gesundheit für das ganze Jahr. Und wie das Karfreitagsei, weil es nicht fault, im Gebälk des Hauses versteckt Böses abwehren

Sommertagsstecken beim Weinheimer und Heidelberger Sommerumzug, der an Lätare, dem Sonntag nach Mittfasten, stattfindet und der den Winter austreiben soll. Diese Szene wird dargestellt mit einer Winter- und einer Sommerpuppe, den beiden Butzen. Erst an Ostern backt man dann aus demselben Teig die reich verzierte, große Osterbrezel. An manchen Sommertagsstecken hängen allerdings nicht nur Brezeln, sondern auch Schuhe! Dieser Brauch geht ursprünglich auf Liselotte von der Pfalz zurück, die

Brezeleien

arme Kinder nicht nur mit Brezeln, sondern auch mit Schuhen beschenkte.

Im Allgäu nennt man diesen Sonntag den „Brezgesonntag". In machen Gegenden erbetteln die Kinder an diesem Tag „Fastenbohnen" – so heißen die frisch gebackenen Brezeln.

Berühmt ist die Biberacher Fastenbrezel. Wurde sie früher nur während der Fastenzeit verzehrt, so wird sie heute wegen der riesigen Nachfrage von Neujahr bis Ostern angeboten. Das Besondere an dieser Brezel ist, dass die aus einer Art Brotteig mit gleichmäßig dickem Strang geschlungene Brezel zuerst gekocht wird, bevor sie dann in den Backofen kommt. Blass und ungebräunt verlässt sie diesen wieder. Warm wird sie dann vor den Augen der Kunden über einen feuchten Schwamm gezogen und in feinem Salz gewendet.

Man erzählt in Biberach zur Entstehung dieser Brezel, dass vor langer, langer Zeit ein Lehrling vergessen hatte, die Lauge rechtzeitig anzusetzen, was seinen Meister so erzürnte, dass er ihn anschrie, er solle verdammt nochmal die Brezeln dann halt erst kochen. Der Lehrling befolgte brav diese Anweisung: erst kochen, dann backen ... Was dabei herauskam ist keine verkrachte Laugenbrezel, sondern eine eigene köstliche Erfindung. Solche aus einfachem Wasserbrotteig hergestellten und in Salzwasser „gesottenen Brezeln" sind schon seit dem Jahr 950 als klösterliche Fastenspeise überliefert.

Alle Biberacher Bäckereien verkaufen diese Spezialität und jede hat ihr Spezialrezept. Besonders beliebt – weil ganz besonders gut – sind aber die

Biberacher Fastenbrezeln werden angefeuchtet und gesalzen.

Fastenbrezeln der Bäckerei Häring, die schon immer in Familienbesitz geführt wird. Das Rezept der nur aus Mehl, Hefe, Wasser und Salz bestehenden Brezeln ist natürlich absolut geheim. Zehn Generationen lang hat es tatsächlich keiner ausgeplaudert ... Die Bäckersfrau berichtet, dass von Neujahr bis Ostern mehrere tausend solcher Brezeln pro Tag den kleinen Laden verlassen.

Als ich am Samstag vor Palmsonntag dort einen Besuch abstatte, geht

25

Laugenbrezeln

Liebeszeichen: Brezeln am Fenster

es in der Bäckerei zu wie im Taubenschlag. Kunden, die sogar aus Ulm und Stuttgart mit dem Zug anreisen, schleppen riesige Tüten mit warmen Fastenbrezeln aus dem Laden. Kaum sind sie draußen, beißen sie schon gierig in die erste rein. Die Bäckersfrau schmiert mir derweil eine Brezel mit Butter, und ich stelle begeistert fest, dass die Oberschwaben „mit Genuss"

zu fasten verstehen. Während ich „faste", jammert mir eine Kundin vor, sie wisse noch gar nicht, wie sie die Zeit von Ostern bis zum nächsten neuen Jahr ohne diese Brezeln überstehen solle …

Auch wenn manche Brezeln – wie die Dornenkronenbrezel und die Biberacher Fastenbrezel – noch immer etwas sehr Begehrtes sind, so käme doch heute niemand auf die Idee, sie als ausreichendes Geburtstags- oder Namenstagsgeschenk zu betrachten. Doch in früheren Zeiten waren Brezeln beliebte und besondere Geschenke zum Namens- oder Geburtstag. Man schenkte sie gerne dem Täufling, verbunden mit Glück- und Segenswünschen.

So wundert's mich inzwischen nicht mehr, dass mein von der Alb stammender Opa mir als Kind immer dann eine Brezel schenkte, wenn er mir eine besondere Freude machen wollte. Denn zu seiner Kinderzeit war dieses Backwerk nur zu speziellen Anlässen und vorwiegend in der Fastenzeit verfügbar. Außerdem kam nur in sehr großen Abständen ein Bäcker ins kleine Dorf, um seine Ware anzubieten. Meine langjährige Sekretärin Inge Binder, die im evangelischen Althengstett im Kreis Calw aufgewachsen ist, erzählt mir, dass ihr Opa ihr und den anderen Enkelkindern immer am Gründonnerstag die „Greadorschdichsbrezel", eine Laugenbrezel, überreichte. Anfang der 1950er-Jahre stellte er diesen Brauch dann ein mit der Erkenntnis, dass eine Brezel nun nichts Besonderes mehr sei.

Brezeln waren und sind bis heute auch beliebt als Leichenschmaus.

Liebesbrezel am Scheunentor, Münsinger Alb um 1900

Nach der Beerdigung trifft man sich im Gasthaus und findet Trost bei Brezeln und Hefekranz zum Kaffee oder zum Wein. Im Wertachgebiet gibt es an Allerseelen die „Seelenbrezgen". Diese Brezeln hängt man zum Zeichen seiner „Verbundenheit" mit den Toten an die Grabkreuze. Wie schon vorher erwähnt, spielen solche Gebildbrote im Totenbrauch schon seit frühesten Zeiten eine Rolle.

Mancherorts waren und sind der Palmsonntag oder der Gründonnerstag besonders wichtige Tage für Verliebte. Junge Burschen erklärten mit einer Brezel ihre Liebe. Wollte die Angebetete die Werbung erwidern, bedankte sie sich an Ostern mit selbst gefärbten Eiern. Auf der Münsinger und Blaubeurer Alb wurden den geliebten Mädchen aufgefädelte Brezeln ans Fenster gehängt. Als ich einen Bäcker in Münsingen danach fragte, ob das heute noch üblich sei, meinte er nur, man wisse es nicht, denn die so verehrten Mädchen bewahrten solche Liebesbezeugungen als süßes Geheimnis. Ich denke, da die Liebe auch heute noch heftig blüht ...

Sichtbar für alle wurde der Liebesbeweis, wenn mit Kalkfarbe eine Brezel an das Scheunentor oder auf die Straße gemalt wurde. Allerdings müssen bei der Liebesbrezel die verschlungenen Arme oben sein – andersherum wird sie zur Schandbrezel und soll ein Fehlverhalten des Mädchens anzeigen. Solches galt auch, wenn eine Strohbrezel oder eine angebissene Brezel ans Tor gehängt wurde, wie es aus dem Schönbuch bezeugt ist.

Die Onstmettinger Mädchen hängten früher die Brezeln, die ihnen ihr

Laugenbrezeln

Verehrer am Palmsonntag oder Gründonnerstag schenkte, als Orakel in den Schrank: So lange sie nicht schimmelten, war die Liebe echt.

In Ottenhausen bei Neuenbürg traf man sich am Palmsonntag zum Brezeltanz. Ein Paar konnte bei dieser Veranstaltung eine große Brezel gewinnen. Da dieser Tanz jedoch auch als Verlobungstanz gewertet wurde, achteten die Mädchen genau darauf, von wem sie sich auffordern ließen.

Brezelmärkte

Die Brezelbräuche und Brezelmärkte in der Karzeit beinhalten nicht nur eine christliche Botschaft und den Hinweis auf die „Kasteiungen" der Gläubigen, sie zeugen auch von den Ritualen anlässlich der Begrüßung des Frühlings. Dabei wird die Fasten- und Palmbrezel mit der Brezel als Liebeszeichen fröhlich und unbekümmert vermischt.

Im Falle des Altenrieter Brezelmarktes verwebt sich in die Palmsonntags- und Frühlingsidee und das Fest für die verliebte Jugend auch noch die Sage von der Erfindung der Laugenbrezel. Das Fest wird alljährlich auf dem „Kräschnabel" (Grünschnabel) bei den Resten der einstigen Burg Neuenriet begangen. Solche Feste waren mit ihren Tanzveranstaltungen in früheren Zeiten besonders für die Jugend wichtige Zäsuren im Jahreslauf. Inzwischen hat sich das jahrhundertealte Brauchtum in Altenriet natürlich ziemlich gewandelt. Außer mit den traditionellen Laugenbrezelständen und dem historischen Umzug wird der Festgemeinde besonders durch aktuelle Jahrmarktsattraktionen Unterhaltung geboten.

Auch der „Brezgemarkt", der am Palmsonntag am Hungerbrunnen auf der Stubersheimer Alb zwischen Heidenheim und Ulm abgehalten wird, schlingt die verschiedenen Bräuche um die Brezel ineinander.

Als Hungerbrunnen bezeichnet man nur periodisch fließende Quellen. Wenn diese nach der Schneeschmelze und in nassen Jahren zu reichlich flossen, dann sah man darin ein böses Omen, ein Zeichen für Unglück, Krieg, Not und Hunger. Dieser Brezgemarkt ist bereits für das Jahr 1533 urkundlich durch Ulmer Ratsprotokolle belegt. Seither veranstalteten die jungen Ledigen jedes Jahr am Palmsonntag den „Hungerbrunnentanz". Dieser Tanz soll eingeführt worden sein zur Erinnerung an die Erlösung aus Notzeiten, die der Hungerbrunnen verkündet hatte. Logisch, dass dieser Treffpunkt der Jugend im Frühling zum Heiratsmarkt wurde. Die Palmbrezeln, die hier verkauft wurden und werden, waren wichtige Liebesgaben. Je größer die Brezel, die der Bursche seinem Mädchen schenkte, desto größer seine Liebe.

Heute ist diese Veranstaltung ein Volksfest mit Musik und kleinen Fahrgeschäften. Die Brezelstände werden immer weniger, sie spielen schon lange nicht mehr die Hauptrolle. Von zirka 180 Ständen werden nur noch an fünf Brezeln verkauft. Die anderen bieten allerlei Snacks und von Korbtaschen über Kleidung bis Praktisches für den Haushalt alles Mögliche an. Wir waren ganz begeistert, als wir

Der Hungerbrunnen auf der Stubersheimer Alb bei Heidenheim

dort für unseren Uraltstaubsauger ein wichtiges Ersatzteil fanden. Doch Jahr für Jahr strömen mehrere tausend Menschen am Palmsonntag in diesem idyllischen Tal zwischen Altheim, Heldenfingen und Heuchlingen zusammen. Wer nicht zu Fuß kommt, also wandert, oder eine Fahrradtour auf sich nimmt, der lässt sich von eigens eingesetzten Shuttlebussen aus den Dörfern der Umgebung in dieses abgelegene Tal fahren.

Bäcker Horst Banzhaf aus Heldenfingen gilt als der bekannteste und kompetenteste in Sachen Liebesbrezel! Allein zum Verkauf an seinem Stand bei diesem Fest hat er letztes Jahr 5000 mit Zöpfchen dekorierte Brezeln in allen Größen gebacken.

Doch es gibt an anderen Ständen auch die süßen Dornenkronenbrezeln und die einfachen, leicht eckig geschlungenen, gesalzenen Palmbrezeln.

Unter den Besuchern tummelt sich noch heute viel Jugend, und immer wieder sieht man sie auch Brezeln kaufen. Ich habe die mit den Brezeln gefragt, ob sie wissen, was diese bedeuten. Die meisten konnten es nicht sagen, aber sie wussten, dass man hier welche kaufen und mitbringen soll. „Hier kauft m'r halt emmer die Brezla!"

Brauchtum ist auch dann Brauchtum, wenn es unbewusst gelebt wird.

Waren und sind diese Feste eher der Jugend gewidmet, so waren die „trockenen" und „nassen" Brezelwochen in Neuffen – unterhalb der berühmten Burgruine – dagegen immer schon eine Veranstaltung für die ganze Bürgerschaft. Über ihren Ursprung ist nichts genaues bekannt. Die Brezel-

Laugenbrezeln

wochen fangen immer am „Sternentag", dem 6. Januar, an.

Man trifft sich in Bäckerwirtschaften, bei Besenwirten oder in einem Privathaus, isst warme Brezeln und trinkt Neuffener Wein. Diese Brezeln gelten als außerordentlich gut, weil der Teig mit Butter hergestellt wird.

Die Bäcker ohne Wirtschaften halten die „trockenen" Brezelwochen ab. Sie liefern bis in den Abend hinein frisch gebackene, noch warme Brezeln zu den Privatpartys. Die „trockenen" wechseln mit den „nassen" Brezelwochen der Bäcker- und Besenwirte ab. Ins Wirtshaus gehen die Männer allerdings häufig allein. Doch wagt es keiner, ohne ein Dutzend auf eine Schnur gefädelte Brezeln für seine Frau heimzukehren. Am ersten Fastensonntag ist dann Schluss mit dieser Geselligkeit.

Auch anderswo, zum Beispiel in Kaufbeuren, gibt es Brezelwochen, in denen die Bäcker zwischen Erscheinungsfest und Karwoche wochenweise reihum Brezeln backen. Seit einigen Jahren feiert auch Stuttgart-Bad Cannstatt ein Brezelfest, allerdings im Herbst.

Die Sinndeutung der Brezel hat also sehr verschiedene Aspekte und ist mindestens so verschlungen wie die Brezel selbst. Während bis ins frühe 20. Jahrhundert hinein Brezeln vielerorts nur in der Fastenzeit gebacken wurden, häufig nur aus Mehl, Wasser und Salz hergestellt, gibt es sie für uns heute immer und überall, hauptsächlich als Laugenbrezeln.

Wir genießen sie – ohne uns Gedanken über ihre Symbolik zu machen. Wie eingangs erwähnt, im Schwabenland gehört sie einfach dazu, die Laugenbrezel.

Trotzdem ist es schön, dass sich in einigen Gegenden die Erinnerung an früheres Brauchtum erhalten hat, wie bei den Brezelmärkten am Palmsonntag. Und wenn wir in der Karwoche in eine frische Fasten- oder Laugenbrezel oder gar in eine süße Dornenkronenbrezel beißen, dann schmeckt diese nochmal so gut, weil wir die Regeln der Fastenzeit nicht verletzen.

Siegeszug der schwäbischen Laugenbrezel

Längst gibt es auch in anderen Teilen Deutschlands Laugenbrezeln: Ob Frankfurt, Hamburg oder Berlin, Kassel oder Kiel – Laugenbrezeln werden inzwischen überall geschätzt. Wenngleich nicht alles, was so angeboten wird, auch schwäbische Wertarbeit ist. Vielleicht jedoch sind die Konsumenten anderswo leichter zufrieden zu stellen, weil sie nicht die klassischen Beurteilungskriterien für die Güte einer schwäbischen Laugenbrezel kennen. Voll Dankbarkeit erinnere ich mich an die wunderbaren Laugenbrezeln, die ein schwäbischer Bäcker in den 1960er-Jahren in Berlin-Lichterfelde verkaufte. Sie waren als süddeutsche Delikatesse zwar doppelt so teuer wie in Stuttgart, aber sie waren mir, dem Schwabenmädle in der großstädtischen Fremde, während der Studienzeit doch häufig ein rechter Seelentrost. Nach dem Genuss einer Laugen-

Bäcker Horst Banzhafs Palmbrezelstand am Hungerbrunnen

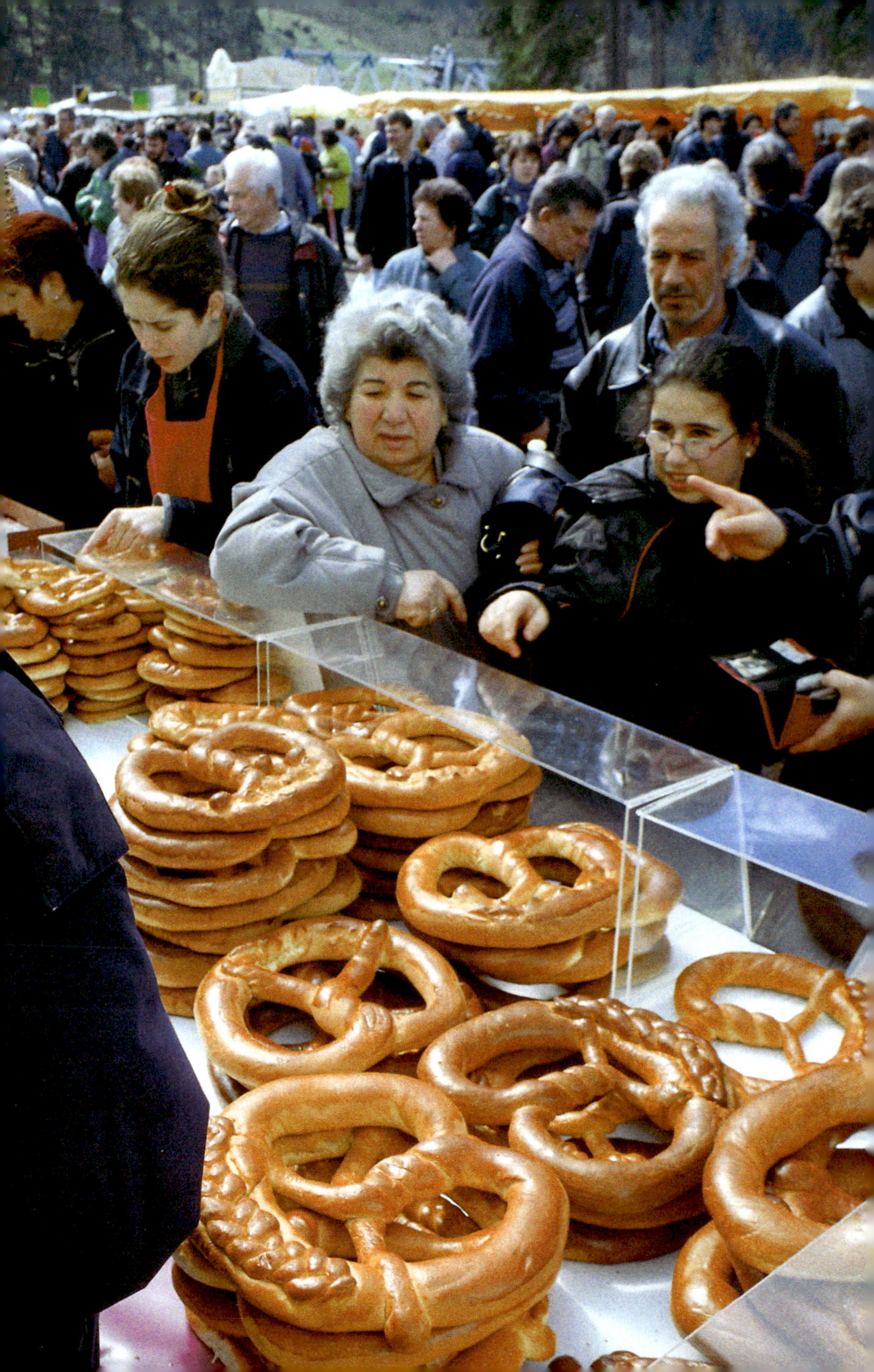

Laugenbrezeln

brezel mit Butter – in Kaffee eingetunkt – sah die Welt meist schon wieder viel besser aus.

In der Vertretung der Landesregierung in der provisorischen Hauptstadt Bonn war auch damals, in den 1960er und 70er-Jahren, ein Empfang ohne schwäbische Laugenbrezeln undenkbar. Man bestellte die Brezeln in Stuttgart, verlud sie per Eisenbahn vorne in der warmen Dampflok und beförderte sie kurz vor dem Empfang „rösch und knusprig frisch" nach Bonn. Als die Elektroloks aufkamen, war guter Rat teuer, denn „weich und kätschig" konnten die Brezeln keine Ehre erringen. Da befahl der damalige Minister Adalbert Seifriz kurzerhand einen schwäbischen Bäckergesellen nach Bonn. Dieser musste einem rheinischen Kollegen die Kunst des Brezelbackens beibringen. Natürlich schloss sich die bayrische Vertetung gleich an und ließ ebenfalls von diesem Gesellen ihre Version backen. Ihnen war's wichtig, dass auf ihrer Brezel viel Salz drauf war, damit ihre Gäste reichlich Bier tranken, bevor sie mit der Diplomatie anfingen. Die Baden-Württemberger dagegen bestellten auf ihrer Brezel nur wenig Salz, denn sie wollten ihren Gästen nicht zuviel vom heimischen Wein einschenken müssen. Vom diplomatischen Wert der schwäbischen Laugenbrezel in höchsten Bonner Kreisen erfuhr Annemarie Griesinger auf ihrer Antrittsparty als Ministerin. Als sie sich über die optisch unpassenden, großen Taschen wunderte, die die eingeladenen Damen zum Cocktailkleid trugen, erklärte man ihr, dass ihr Vorgänger Minister Seifriz den Damen immer noch reichlich Brezeln für die Kinder zu Hause mitgegeben hatte. Annemarie Griesinger pflegte natürlich diesen Brauch weiter.

Längst hat die Laugenbrezel ihren Siegeszug um die ganze Welt angetreten, oder mit Uta-Maria Heim ausgedrückt: die „Globalverbrezelung" ist in vollem Gange.

Es hat die ausgewanderten Schwaben schon früher nicht ruhen lassen, als bis es die Brezel in ihrer jeweils neuen Heimat auch gab. Auswandern war ja schon immer ein Thema für die Schwaben. In Russland und Ungarn finden wir zum Beispiel die Donauschwaben, die ihre Heimat im 18. Jahrhundert verließen, in Amerika die Schwaben, die im 19. Jahrhundert aufbrachen, in Australien eher die, die sich im 20. Jahrhundert eine neue Existenz aufbauen mussten.

Ich weiß aus Erzählungen meiner Großväter, dass man um 1900 gerne die in der Familie als schwarze Schafe geltenden Kinder nach Amerika abschob. Meist wurde nie mehr über diese Familienangehörigen gesprochen. Sie wurden einfach totgeschwiegen. In manchen Orten hat man ganz offiziell versucht soziale Probleme auf diese Weise zu lösen. So auch auf der Alb in Dapfen, wo die Dorfbewohner ihrem einzigen, aber lästigen Bettler eine Schiffspassage nach Amerika kauften. Dass sich der Bürgermeister, der den Bettler nach Hamburg begleitete, vor der Rückreise noch eine großstädtische Vergnügungsnacht gönnte, stieß den braven Dapfenern arg auf, denn der Bettler hielt sich keine weitere Stunde in Hamburg auf. Flugs verkaufte er seine

Siegeszug der schwäbischen Laugenbrezel

Passage weiter, fuhr zurück in seine Heimat und traf dort noch vor dem Bürgermeister ein, woraufhin dieser in arge Erklärungsnot geriet.

Da die Kommunikation ja in früheren Zeiten nicht so flugs und blitzschnell war wie heute, weiß man nicht genau, seit wann und wo in den anderen Ländern unserer Welt Laugenbrezeln gebacken wurden. Aber ich bin sicher, dass es nicht erst jetzt in New York und in Singapur Brezeln gibt.

Vor kurzem erhielten wir Besuch von einem ehemaligen Friseurmeister aus Karlsruhe. Walter Hammelehle führt inzwischen das Leben eines gut situierten Privatiers. Er war soeben mit seiner Frau von einer Reise aus Neuseeland zurückgekommen. Es sei wunderschön dort, schwärmten die beiden uns vor. Unglaublich viele Schafe, sympathische Menschen, eine herrliche Landschaft ... doch weit und breit keine Laugenbrezel. Sie sei es, stellte der Friseurmeister fest, die den Menschen dort zu ihrem paradiesischen Leben noch fehle. Ein fast nicht auszuhaltendes Manko in diesem ansonsten wunderschönen Land.

Inzwischen hat dieser Laugenbrezelfan alle Hebel in Bewegung gesetzt. Sein Neffe, ein Bäckermeister, und er haben die Erlaubnis des Staates erwirkt in Neuseeland eine Brezelbackstube eröffnen zu dürfen, was sie, während dieses Buch entsteht, gerade tun. Die Firma heißt dort „BREZEL Mania Ltd.". Die Brezeln sollen an Imbiss-Ständen – dem Land angepasst mit Lachs belegt – angeboten werden.

Und vielleicht, so denken sich das die neuen neuseeländischen Brezelbäcker, sollte man den Menschen dort endlich auch die Sage von der Erfindung der Laugenbrezel erzählen. Die Uracher Brezelsage global vermarktet? Ich werde darüber nachdenken.

Die Brezel als altes Zunftzeichen des Bäckerhandwerks ist auch heute noch Emblem und Werbeträger für Bäckereien und für Backwaren. Speziell die schwäbische Laugenbrezel ist zum Selbstläufer geworden und steht heute zunehmend in der Werbung als Symbol für schwäbische Innovation und Kreativität. Wenn das der Frieder geahnt hätte!

Maultaschen

Die Sage

Es ließ mir keine Ruhe. Nachdem ich die Brezelsage aufgeschrieben hatte, wollte ich auch die Sage von der Entstehung der Maultasche, die mich ebenfalls während meiner Kindheit begleitet hatte, nicht weiter der mündlichen Überlieferung überlassen. Auch diese Sage wurde beim Anlegen der großen Sagensammlungen im 19. Jahrhundert vergessen. Die meisten hier im Schwabenland kennen sie jedoch aus Erzählungen ihrer Mutter. Auch hier war ich auf eine Sage gestoßen, die noch immer – wie für Sagen ja charakteristisch – über Jahrhunderte bis in unsere Zeit im Volksmund lebte.

Während der Fastenzeit wollte ein Mönch im Kloster Maulbronn ein Stück Fleisch nicht verkommen lassen. Er verbarg es klein gehackt in Taschen aus Teig, damit der liebe Gott den sündigen Inhalt nicht sehen könne. Deshalb sagen manche Leute auch „Herrgotts-B'scheißerle" zu den schwäbischen Maultaschen.

Ich wollte nicht, dass diese Sage in Vergessenheit gerät. Nicht auszudenken, was geschehen würde, wenn einmal eine Mutter nicht mehr weitererzählen würde, was ihr ihre Mutter schon erzählt hat und was diese von ihrer Mutter und die von ihrer und so weiter und so weiter ... Natürlich weiß keiner, wann genau diese Sage entstand. Also suchte ich nach dem historischen Hintergrund, vor dem ich diese Geschichte erzählen konnte.

Ich stellte mir vor, dass der Mönch, dem ich den Namen Jakob gab, seine Erfindung zur Zeit des Herzogs Ulrich hätte gemacht haben können. Damals im 16. Jahrhundert nahm die Reformation in Württemberg immer größeren Raum ein. Es waren politisch unruhige Zeiten. Das Volk lebte in Armut.

Unsere Maultasche also die Erfindung eines Laienbruders im Zisterzienserkloster Maulbronn vor Ostern in einer Zeit des politischen und kirchlichen Umbruchs!

In diesem angesehenen Kloster verschwendete der Abt Entenfuß – er hieß wirklich so! – mit seiner unbändigen Baulust viel Geld. Um das vor dem finanziellen Ruin stehende Kloster zu retten, griff er schließlich nach jedem Strohhalm. Er heuerte die namhaftesten Alchimisten an. Sie sollten für ihn Gold herstellen. War auch ein Doktor Faustus dabei? Ich möchte das gerne annehmen, denn er stammte ja aus Knittlingen, und das liegt wirklich nur einen Katzensprung vom Kloster entfernt. Jedenfalls gibt es ein Gebäude im Klosterareal, das bis heute als Faustturm bezeichnet wird.

Der um seine politische Macht in Württemberg kämpfende Herzog Ulrich kooperierte währenddessen mit den Protestanten im Reich und über-

Die Sage

Der Kreuzgang im Kloster Maulbronn

legte, welcher neuen Nutzung er die katholischen Klöster zuführen könnte.

Von all dem wusste der einfache, ungebildete Mönch Jakob nichts. Sollte er ein Stück Fleisch verkommen lassen, an das er unversehens geriet? In einer Zeit, in der der Hunger regierte? Der fromme Jakob kämpfte seinen eigenen inneren Kampf. Nicht nur, dass Fastenzeit war, es war den Zisterziensern grundsätzlich verboten, Fleisch zu essen – erlaubt war lediglich hin und wieder etwas Fisch oder Geflügel.

Ich stellte mir vor, dass der Jakob den Hunger kannte. Dass er vielleicht aus einer armen Weingärtnersfamilie stammte. Häufig hat man in früheren Zeiten, um Esser loszuwerden, aber auch um den Kindern ihren Lebensunterhalt zu sichern, Jugendliche den Klöstern übergeben. Dort verbrachten sie als arbeitende Laienmönche dann ihr Leben. Auch in Adelskreisen versorgte man gerne Söhne und Töchter durch Einweisung ins Kloster, wenn es gerade in die Familienstrategie passte. Die gebildeten, lateinisch sprechenden Herrenmönche durften außer zum Gebet – bis auf wenige Ausnahmen – nicht sprechen und mussten im Kloster bleiben.

Als Laienmönch konnte Jakob der Besorgungen wegen gelegentlich das Kloster verlassen und auch das eine oder andere Wort sprechen. Doch grundsätzlich musste auch er sich der klösterlichen Strenge fügen. Aber

Maultaschen

wenn man den Hunger kennt, wie der Jakob, dann helfen alle frommen Regeln nichts. Um Zeit zu gewinnen, legte Jakob das Fleisch erstmal für zwei Wochen in eine konservierende Salzlake. Danach hängte er es eine Weile ganz oben in den Rauchfang über dem Herd. Er wusste, er musste das Fleisch verschwinden lassen, bevor es von den anderen Mönchen entdeckt wurde.

Es war Gründonnerstag. Die letzte Chance für Jakob ein warmes Fastenmahl zuzubereiten. Am Karfreitag durften die Mönche nur Brot und Wasser zu sich nehmen.

Auch bei der Erfindung der Maultasche musste – ähnlich wie bei der Laugenbrezel – Angst überwunden werden. Den lieben Gott auszutricksen, dieses Ziel kostete Jakob viel Überwindung. Er hat es geschafft, indem er das gekochte Fleisch fein hackte und zusammen mit Eiern, Wecken, viel vom mühsam gezogenen Winterspinat, Zwiebeln und der ersten Petersilie getarnt zu einer schmackhaften Fülle verarbeitete, die er in handtellergroße Taschen aus Nudelteig verpackte und in leicht köchelndem Wasser garen ließ. Jakob verhielt sich dabei absolut „gründonnerstagsmäßig". Obwohl dieser Tag eigentlich seinen Namen von „greinen" (weinen) ableitet, wurde er zum Gründonnerstag. An diesem Tag war es in vielen Gegenden Brauch, von dem jetzt gerade zu sprießen beginnenden zarten Grün zu essen. Es half das ganze Jahr über gesund zu bleiben.

An dieser Stelle der Geschichte unterbrachen mich meine Kinder immer:

„Hat der Jakob für die Maultaschenfüllung auch sieben oder neun Kräuter selbst gesammelt?"

Sie wollten lange nicht verstehen, dass in der Maultaschenfüllung zwar Spinat, eventuell Zwiebelröhrle und Petersilie sind, aber meist nicht mehr Kräuter. Jahrelang habe ich mit ihnen am Gründonnerstag auf einem Spaziergang sieben oder neun Kräuter gesammelt, die wir dann anschließend als Suppe zum Erhalt unserer Gesundheit gegessen haben. Ein alter Brauch mit heiligen und magischen Zahlen, wie sie uns ja immer wieder begegnen, so im Zusammenhang mit Lebkuchengewürz oder in der Märchen- und Sagenwelt.

Im Kloster in Maulbronn aßen alle Mönche, was ihnen da von Jakob vorgesetzt wurde, schweigend, wie vorgeschrieben ...

Ich denke, der liebe Gott hat beide Augen zugedrückt und wirklich nichts bemerkt. Dass eine solch göttliche Speise in einem Kloster erfunden wurde, das später als evangelisches Seminar Geistesgrößen wie Johannes Kepler, Friedrich Hölderlin, Georg Herwegh und Justinus Kerner, Hermann Kurz, Hermann Hesse und Karl Friedrich Reinhard, den späteren französischen Außenminister, hervorbrachte und inzwischen zum Weltkulturerbe erklärt wurde – das wundert einen Schwaben überhaupt nicht.

Das Maultaschenlied

Um den schwäbischen Liederschatz zu erweitern, hier mein Loblied auf die schwäbische Maultasche. Es wurde

Das Maultaschenlied

Maultaschenlied!

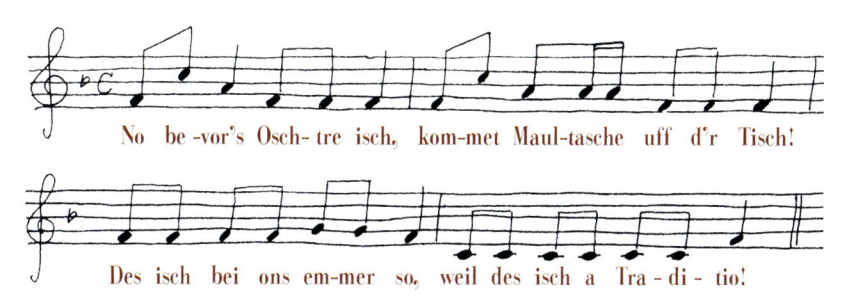

No be-vor's Osch-tre isch, kom-met Maul-tasche uff d'r Tisch!

Des isch bei ons em-mer so, weil des isch a Tra-di-tio!

Wenn i Maultasche ess,
älles and're i vergess!
Mir isch's na au ganz egal,
kommet se von Italia oder Ural!

Manche Leit behauptet au,
d' Gräfin Maultasch sei d' Stammfrau
S' Ällerbeschte wär's na schon,
se stammet aus Maulbronn!

En d'r Bria oder g'schmälzt,
mit Salat ond en d'r Pfann romg'wälzt.
Wichtig isch für mi alloi,
was drenna isch – m'r sieht net nei!

während einer Autorückfahrt aus den Sommerferien komponiert und musste drei Stunden lang gesungen werden, bis es endlich zu Hause mit dem Kassettenrekorder für die Musiker-Mama zur endgültigen Niederschrift festgehalten werden konnte.

Nachdem ich nun auch dieses Lied glaubte „erfinden" zu müssen und nachdem sich Schriftstellerkollegen um entsprechende Spätzlehymnen bemühten, frage ich mich allmählich wirklich: Wo war eigentlich unser verehrter großer Liederkomponist Friedrich Silcher? Haben ihn Laugenbrezeln, Maultaschen und Spätzle nicht inspirieren können?

Zur Abstammung der Maultasche

Es gibt immer wieder Störenfriede, die an dieser Maulbronner Entstehungsgeschichte herummäkeln. Für sie tun sich bei der Frage nach der Herkunft der Maultasche unverständlicherweise viele Möglichkeiten auf. Neulich erst sprach mich eine Stuttgarterin im Alten Schloss an. Ich erklärte gerade während einer Führung im Museum die wechselseitigen Beziehungen des Württembergischen Herzogs- und Königshauses mit Russland, als diese Stuttgarterin doch tatsächlich meinen Vortrag dahingehend ergänzte, unsere geschätzte Königin Katharina habe als russische Großfürstin mit ihrem Brautschatz nicht nur einen bodenlangen

Maultaschen

Schwanenpelz und ein Service aus purem Gold, sondern auch das Rezept für Maultaschen nach Württemberg gebracht.

„Nein", entgegnete ich mit fester Stimme, „das kann nicht sein."

„Doch", beharrte sie, ihre Mutter stamme aus Moskau und habe von dort Rezepte für Piroggen mitgebracht, die genau wie Maultaschen schmeckten und in dieser Art auch von den Ukrainern gemacht würden.

Die Museumsbesucherin steht nicht alleine mit dieser Meinung. Auch Alfred Marquardt vermutet in der Maultasche ein russisches Importstück und weist in seinem Buch „Pudding für den Zaren", das 1982 in Stuttgart erschien, auf die vielfältigen Beziehungen des Hauses Württemberg mit dem russischen Zarenhof hin.

Das Service aus purem Gold wurde 1815 in Sankt Petersburg gefertigt. Die russische Großfürstin Katharina Pawlowna brachte es tatsächlich in ihrem Brautschatz mit nach Stuttgart. Doch der Schwanenpelz wurde erst in den 70er-Jahren des 19. Jahrhunderts in Moskau hergestellt und zwar für das Fürstenhaus Hohenlohe-Langenburg. Piroggen werden aus Hefeteig gemacht und sind eher kleine Pastetchen. Und ich bin mir ganz sicher: Zur Zeit von Königin Katharina, die von 1816 bis zu ihrem frühen Tod drei Jahre später in Stuttgart lebte, da gab es hier im protestantischen Württemberg bereits den Brauch, Maultaschen vor Ostern zu essen, während man sie im oberschwäbischen Raum sogar das ganze Jahr über gegessen hat.

Eine Mitarbeiterin bei uns im Museum ist Russlanddeutsche. Helene Schnell, geborene Beck, erzählte mir, ihre Familie und die ihres Mannes seien einst von Kaiserin Katharina der Großen aus dem Elsass und aus dem Schwabenland nach Russland gelockt worden. Man habe ihnen großzügig Land geschenkt. Ihrer beider Vorfahren haben am Schwarzen Meer einst gut gelebt, im eigenen Haus mit ausreichend Ländereien. Spätere Generationen der Russlanddeutschen wurden dann allerdings wieder enteignet und erlebten Pressionen, das Aberkennen ziviler Rechte, Verschleppungen und Zwangsumsiedlungen nach Kasachstan und nach Sibirien. Viele kehrten zurück ins Schwabenland. Helene Schnell kam erst vor kurzem mit ihrem Mann aus Kasachstan nach Stuttgart. In ihrer Familie wurde schwäbisch-alemannisches Brauchtum gepflegt. Sie lernte als Kind nicht nur Russisch, sondern auch Schwäbisch. Traditionell wurden in ihrer Familie nicht nur schwäbische Knöpfla, sondern auch russische Pelmeni gekocht. Pelmeni gibt es in Sibirien und in der Ukraine. Ähnlich sind auch die polnischen Kolduny. Für Pelmeni werden aus einem Nudelteig Kreise ausgestochen, die dann über einer mit etwas Essig oder Whisky aromatisierten Hackfleischfülle – Rind und Schwein gemischt – zu Halbmonden zusammengeklappt und in Salzwasser gekocht werden. Also doch, da sind sie – unsere Maultaschen! Schon. Doch bei all diesen Rezepten fehlen das Rauchfleisch, die Hartwurst, der Spinat, die Petersilie und die Zwiebelröhrle. Zutaten, die zur Vollendung einer schwäbischen Maultasche beitragen. Außerdem wurde bislang nicht geklärt, ob schwäbische Auswanderer im 18.

Zur Abstammung der Maultasche

Jahrhundert Maultaschenrezepte nach Russland brachten und man sie dort einfach anders benannte, oder ob die Schwaben bei ihrer Ankunft in Russland einst erfreut feststellten, dass die Maultaschen schon vor ihnen da waren und bereits auf sie warteten. Zwischen Budapest, Belgrad und Bukarest und im Banat gibt's ja auch Spätzle und Tascherl ... Vielleicht doch kulinarische Spuren von Schwaben?

Ich studiere die alten Kochbücher: Die Köchin des Karlsruher Gasthauses „Zähringer Hof" M. Trieb beschreibt 1844 ihre Maultaschen mit einer Füllung aus gebratenem Fleisch und Spinat in Nudelteig, die sie in Salzwasser kocht und mit Butter und Bröseln überschmälzt.

Ich schlage im Kochbuch unserer berühmtesten Köchin nach, bei Friederike Luise Löffler, auch die „Löfflerin" genannt. Sie war unter Herzog Carl Eugen „Landschaftsköchin", das heißt sie kochte für die gemeinsam speisenden Abgeordneten, die „Landschaft". Doch finde ich erst in der Kochbuchausgabe von 1858 unsere Maultaschen. In ihrer ersten Ausgabe, die 1791 erschienen ist, da nennt sie ein ähnliches Rezept, allerdings ohne Fleisch: „Spinat-Strukklen". Die werden dann in der Ausgabe von 1907 zu Spinatstrudeln oder Maultaschen – natürlich mit etwas Fleisch in der Fülle. Bereits in der verbesserten Ausgabe von 1795 erscheint folgendes Rezept:

Suppe von gefüllten Nudeln

Uebergelassenes Fleisch, Rind- oder Kalbfleisch, oder Geflügel, auch zur Noth Hammelsbraten, wird mit etwas Petersilien und einem kleinen Zwibel fein gehakt, nach diesem in einen Mörsel genommen und zu einem Taig gestossen, dann in eine Schüssel gethan, Salz und Muskaten dazu, mit 4 Eiern angerührt. Hierauf wird von zwei Eiern und 2 Eßlöffel süssem Rahm ein fester Nudelteig gemacht, derselbe zu einem dünnen Kuchen gewält, der Kuchen mit dem angerührten Fleisch überstrichen, und zusammengerollt, nicht gelegt wie Maultaschen, sondern ganz leicht aufgerollt, in eine Serviette gewikelt, mit einem Bindfaden leicht umbunden, und im Salzwasser eine Stunde gesotten. Wenn es fertig ist, wird es aus der Serviette genommen, die Wurst zu Rädlein geschnitten in die bestimmte Terraine oder Schüssel gelegt, gute Fleischbrühe, welche mit Wurzeln gesotten worden, darüber gegossen und auf der Kohlpfanne aufgekocht ...

Maultaschen

Dieses Rezept findet sich leicht verbessert auch wieder in der Ausgabe von 1907. Die „gefüllten Nudeln" sind mit unserer gewickelten Maultasche vergleichbar, außerdem erwähnt die Löfflerin die Maultasche als etwas wohl Bekanntes.

Im Schwäbischen Kochbuch der Johanna Christiana Kiesin von 1796 findet sich ebenfalls ein Rezept zu „gefüllten Nudeln". Diese werden jedoch mit dem Rädle zu Taschen verarbeitet. Die Füllung wird aus Spinat, Petersilie, Schnittlauch und Wecken mit Eiern gemacht. Im selben Kochbuch erscheinen auch „gebackene Maultaschen", die mit Mandeln und Früchten, sowie „Krapfen", die mit Gsälz gefüllt werden.

Bereits in dem 1711 erschienenen „Europäischen Sprachschatz" von Johann Rädlein, einem deutsch-italienisch-französischen Wörterbuch, finde ich auch die Bezeichnung „Maultasche".

Unsere Maultaschen russisch? Nein. Aber sind sie vielleicht italienisch? Immer wieder wird auch auf die italienischen Ravioli verwiesen. Ich will nicht verschweigen, dass in jenem „Europäischen Sprachschatz" Maultaschen auch als „Rafiolen" bezeichnet und dann die italienischen „Ravioli" angeführt werden. In der französischen Übersetzung wird daraus: „viande faite de frommage, herbe & d'oeufs en forme de riffole".

Zu meinem Schrecken finde ich tatsächlich im „Brandenburgischen Koch-Buch" von 1723 Folgendes zu Rafiolen: „Rafiole ist ein Oesterreichisches, oder vielmehr ein Italianisch Gerichte, von dannen es erst in Oesterreich kommen, und von daraus nach Nürnberg, daher es auch mir bekannt, aber in Form einer Auster, oder länglichen Muschel erscheinet, in welche allerley Gehacktes in einen Teig eingeschlagen wird. Der Unterschied bestehet im Geschmack, Figur und Backen; denn Rafiolen nicht so hart, als die Pastetchen, sondern fein weich und ganz weißlich bleiben müssen."

Es folgen in diesem Kochbuch Rezeptvarianten zur Füllung mit Fleisch, mit Fleisch und Mangold, mit Käse und Mangold und Zubereitungshinweise wie in Butter braten, kühl stellen, danach in Fleischbrühe kochen oder auch ungebraten in Fleischbrühe kochen.

Auch im „Neuen wohleingerichteten Kochbuch", das 1749 in Tübingen verlegt wurde, tauchen Rafiolenrezepte auf. Hier sind sie mit Spinat und Parmesan, mit Krebsen, Kalbsbrieslein und Weißbrot gefüllt und in Brühe gekocht oder auch mit süßer Mandelfülle und in Schmalz gebacken. Es gibt außerdem ein Rezept für „gefüllte Nudeln", die man mit verschiedenen Fleischsorten füllen kann und in Fleischbrühe kocht. Mit Fleisch gefüllte Strucklen sollen in Milch gar ziehen, bis diese eingekocht ist.

Als ich dann im Kochbuch der Augsburgerin Sabina Welser von 1553 nachschlage, finde ich unter „Rabiolin zu machen" ein Rezept, das als Füllung Spinat, Käse oder Brät von einer Henne oder einem Kapaun, das gekocht oder gebraten sein kann, empfiehlt. Als Zubereitungsanweisung heißt es nach der Übersetzung von Ulrike Gießmann: „... dann tut einen kleinen Batzen Füllung an den Rand

Zur Abstammung der Maultasche

des Fladens und formt ihn zu einem Krapfen. Und drückt ihn an den Rändern gut zusammen und legt ihn in Fleischbrühe und laßt ihn ungefähr so lange wie weiche Eier kochen. Das Brät soll klein gehackt sein und der Käse klein gerieben."

Auch ein Rezept – ohne Fleisch, aber mit Spinat – unter dem Begriff Krapfen kommt vor: „Wiltu gesottene krepflen machen"! Außerdem erscheint ein Rezept „Wie man kaponerkrapfen machen soll", wo die Teigkrapfen mit gekochtem Brät von Hennen gefüllt und anschließend in Fleischbrühe gegart werden.

Auch im Kochbuch der F. Anna Weckerin, das 1598 in Amberg erschien, verschwindet in vielen Rezepten das vom Vortag übrig gebliebene Fleisch in Krapfen. Und H. Jürgen Fahrenkamp, der darüber schreibt „Wie man eyn teutsches Mannsbild bey Kräfften hält", entdeckt im Standardkochbuch des Mittelalters, im „Kuchenmaistrey" aus dem 15. Jahrhundert, unter „ain hoflich ezzen vonn ayren" eine Anweisung, Teigtaschen mit Kräutern und gebratenem oder gekochtem Wildfleisch zu füllen und anschließend in heißem Schmalz zu backen. In den Aufzeichnungen der Tegernseer Klosterküche findet Fahrenkamp dann ein Rezept zu „fein affenmündelin" auf, das im Prinzip unserer heutigen Maultasche – allerdings ohne Spinat – entspricht.

Vom „Affenmündeli" zur Maultasche? War unser Mönch Jakob womöglich auf Wanderschaft?

Da man im 16. Jahrhundert noch vorwiegend mit den Fingern aß, versteht es sich von selbst, dass schon deshalb die verschiedensten Köstlichkeiten gerne in Teig eingepackt wurden, um sie bei Tisch besser greifen zu können. So finden wir Teig zum Beispiel in Form von Fladen, das heißt, die Füllung wurde auf ein Teigblatt gelegt und mit einem zweiten abgedeckt, als Pasteten und Pastetchen, indem eine Form mit Teig ausgelegt und dann gefüllt wird, oder als Krapfen – kleine gefüllte Teigtaschen ...

Mir fällt auf, dass in den alten Kochbüchern die Bezeichnungen Raviolo, Rafiolen, Krapfen, gefüllte Nudeln, Strucklen und Maultaschen (Affenmündeli kommt außerhalb des Tegernseer Klosters nie mehr vor) unbekümmert durcheinander gehen und auch ihre Schreibweise variiert. Es gibt Rafiolen mit Käsefüllung, Krapfen mit Fleischfüllung, Strucklen mit Spinatfüllung, mit Fleisch und Spinat gefüllte Nudeln, die aufgewickelt im Ganzen gekocht und dann erst zerschnitten werden, und gefüllte Nudeln, die wie Maultaschen verarbeitet werden. Es gibt Spinatstrudel mit Fleisch und natürlich auch süß gefüllte Maultaschen. Manchmal werden Krapfen und Maultaschen in Schmalz gebacken, dann wieder in Fleischbrühe gekocht und bisweilen zuerst gebacken und anschließend in Fleischbrühe gelegt. Jahrhundertelang gab es also ein ziemlich unklares Bezeichnungsspiel für eine seit frühester Zeit geschätzte Zubereitungsidee – wie wir das ähnlich bei den Spätzle und Knöpfle erleben.

Natürlich verdanken wir Schwaben den Römern viel. Den Weinbau zum Beispiel, die christliche Religion – und

Maultaschen

vielleicht sogar das Dolce Vita, zu dem auch wir gelegentlich neigen.

Doch ich finde, die wirklich italienischen Ravioli – in denen schon in den frühen Rezepten meist Parmesan verarbeitet wird – schmecken einfach anders als unsere Maultaschen. Das gelegentliche Überbacken von Maultaschen mit Käse ist ja bei uns neueren Datums. Ravioli erscheinen uns eher so, als wären sie der gescheiterte Versuch die schwäbische Maultasche zu kopieren.

Bleibt noch die Sache mit China. Sind die Maultaschen über die Seidenstraße zu uns gekommen? Oder wurden sie von Marco Polo, dem berühmtesten reisenden Italiener des Mittelalters, aus dem Chinesischen Reich über Italien direkt ins Schwabenland geschleust? Alles, was recht ist, kein Schwabe mag daran glauben, dass die Maultasche das Mitbringsel von einer Expedition nach China sein könnte.

Die Chinesen haben eine hervorragende Küche, gewiss – und sie packen auch allerhand in Teigtäschchen. Doch die Auffassung der chinesischen Kochkultur ist so grundverschieden von der unseren, dass sich schon aus diesem Grund ein Vergleich verbietet. Nicht alles, was in den Küchen der Welt in Teig gepackt wird, ist gleich eine schwäbische Maultasche.

Dass die Gräfin Margarete Maultasch aus Tirol, die im 14. Jahrhundert lebte und wegen ihres hässlichen Mundes diesen Beinamen bekam, die Namenspatronin unserer köstlichen Maultasche sein soll, verbietet sich schon aus rein ästhetischen Gründen, aber auch deshalb, weil wir das „Maul" ja von Maulbronn ableiten.

Maulbronn aber erhielt seinen Namen – so erfahren wir aus der Gründungssage –, weil Maultiere dort, wo jetzt das Kloster steht, eine Quelle, einen „Bronnen" fanden. Deshalb war der Hamburger Gastronom, von dem Sebastian Blau in seinem Buch „Schwäbisch" schreibt, auf dem Holzweg. Er bot auf seiner Speisekarte vornehmerweise „Mundtaschen – schwäbische Spezialität" an.

Ich bitte die kulinarische Gemeinde, sich einfach damit abzufinden, dass der Nabel der Maultaschenwelt nun mal in unserem schönen Land liegt.

Ansichtssache Maultasche

Was aber macht eine Maultasche zur Maultasche? Wie sieht sie aus, wie muss sie schmecken, die Maultasche? Maultaschen schwämmen „so farblos wie Leichen in der Brühe" – dieser Ausspruch ist unserem sonst so geschätzten schwäbischen Dichter Thaddäus Troll ganz einfach daneben geraten. Ich finde, Maultaschen sehen aus wie Maultaschen – einfach herrlich! Dabei ist es ganz gleich, ob sie gewickelt oder als Taschen, in der Brühe, geschmälzt oder geröstet auf dem Teller liegen.

Weiter könnte ich jetzt sagen: Schmecken müssen Maultaschen halt wie Maultaschen – einfach köstlich! Also meine tun's, köstlich schmecken natürlich! Weil ich das einzig wahre Rezept für die Maultaschenfülle besitze.

Mit Zwiebeln geschmälzte Maultaschen

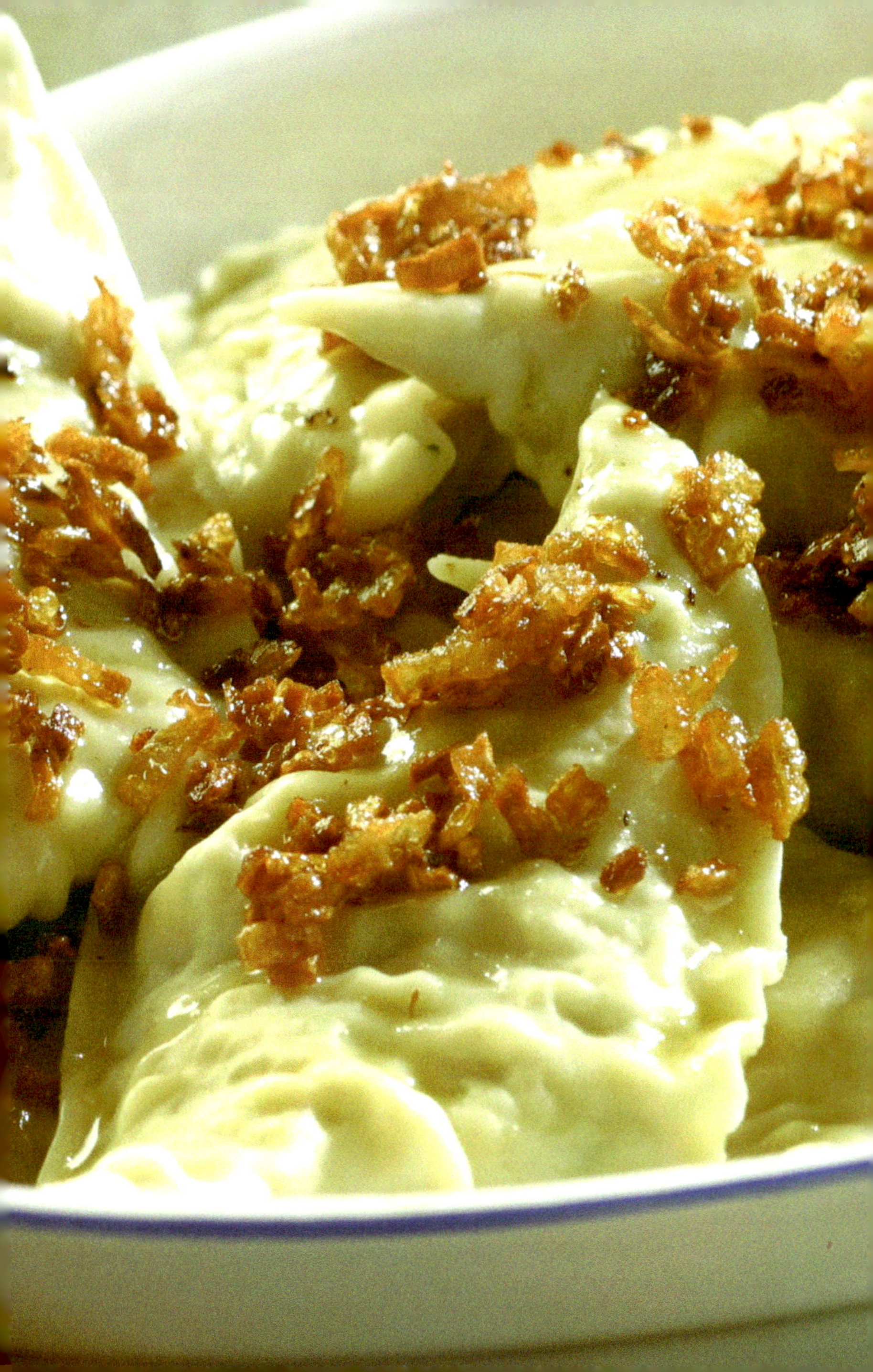

Maultaschen

Die wirkliche Problematik der Geschichte liegt nämlich beim Thema „Füllung" und weniger bei der historisch-geografischen Ansiedlung dieser kulinarischen Erfindung.

Gehen wir noch einmal zurück zu Jakob ins Kloster nach Maulbronn. Jakob trug die Schüsseln mit Ackersalat und die Platten mit den gefüllten Nudeltaschen, die er noch mit etwas Fleischbrühe aromatisiert und mit einer leicht gebräunten Zwiebelschmälze überzogen hatte, in die beiden Refektorien zu den Herrenmönchen und zu den Laienmönchen, die getrennt zu speisen pflegten. Die Mahlzeit ging wie gewohnt schweigend vorüber, wenngleich man die Mönche schon lange nicht mehr so andächtig hat essen sehen.

Nur Jakob saß mit eingezogenem, tief gesenktem Kopf da. Seine zitternde Hand war kaum fähig, den Löffel zu halten. Er wartete darauf, dass der Himmel voller Zorn aufreißen würde, dass das Kloster zusammenfallen oder wenigstens er selbst zu Boden sinken würde. Doch nichts geschah – außer, dass ein ungewöhnlich kalter Wind durchs Kloster pfiff. Fröstelnde Mönche waren jedoch im ungeheizten Kloster nichts Ungewöhnliches ...

Wie immer, so wurden auch diesmal die restlichen Nudeltaschen an die Hungernden vor der Klosterpforte ausgeteilt, und da die kein Redeverbot hatten, lobten sie von Herzen die herrliche Speise.

Allen im Kloster und vor dem Kloster hat es geschmeckt, auch dem Abt Entenfuß und seinen Gästen.

Bald wusste man im ganzen Land, was es am Gründonnerstag im Kloster Maulbronn zu essen gegeben hat. Natürlich wollten die Hausfrauen im Lande nicht minder fromm den Gründonnerstag begehen. Sie machten sich daran, die Maulbronner Nudeltaschen nachzukochen. Ihnen war's recht, dass auch ein wenig Fleisch darin sein durfte, denn auch sie wollten nichts von dem verkommen lassen, was sie rein zufällig im Hause hatten. Jede füllte ihre Nudeltaschen ein bisschen anders – denn keine hatte ja das genaue Rezept vom Jakob.

Längst ist der Jakob in den Himmel gekommen. Auch der Abt Entenfuß ist tot. Doktor Faustus soll sich in Luft aufgelöst haben. Herzog Ulrich hat keine Macht mehr. Sein Nachfolger richtete später in Maulbronn eine evangelische Schule ein.

Allein die Maulbronner Nudeltaschen haben die vielen Jahrhunderte überlebt und wurden als „Maul-Taschen" beliebt im ganzen Land. Und weil sie so gut schmecken, essen wir sie inzwischen nicht nur vor Ostern, sondern so oft wie möglich.

Jede Familie hier im Schwabenland hat ihr eigenes, einzig wahres Rezept. Diese Rezepte werden in den Familien weitergegeben und kultiviert. Auch regionale Unterschiede lassen sich beobachten.

Ob nun lediglich Bratwurstbrät, das man in Süddeutschland fertig beim Metzger kauft, in die Fülle kommt oder zusätzlich auch gemischtes Hackfleisch von Rind und Schwein, ob unbedingt gekochtes Siedfleisch verarbeitet werden muss oder ob die Fülle mit Peitschenstecken – das ist eine süddeutsche Landjägerversion – und Rauchfleisch gewürzt werden soll –

Ansichtssache Maultasche

das Rezept ist reine Ansichts- und Familiensache.

Wie wichtig das Thema Maultaschenfüllung in unserem Land ist, zeigt auch, dass eine Ministerin sich in den 1970er-Jahren mit schwäbischer Entschlossenheit gegen die von der Europäischen Kommission in Brüssel angestrebte neue Hackfleischverordnung einsetzte, nach der Bratwurst- und Lyonerbrät nicht mehr hätten roh verkauft werden dürfen. Annemarie Griesinger war entsetzt. Wie sollten da die schwäbischen Hausfrauen ihre Maultaschen machen? Wer die Ministerin für Arbeit und Soziales einmal erlebt hat, weiß, dass es gegen ihr temperamentvolles Mundwerk keine Chance gibt. Für sie ging's um die Rettung der schwäbischen Maultasche. Zumal auch noch das 25-jährige Jubiläum ihres Bundeslandes bevorstand. Sie redete im Bundesrat in Bonn solange auf ihre nord- und westdeutschen Kollegen ein, bis alle erschöpft aber geschlossen gegen diese Verordnung stimmten. Oder gaben sie nur deshalb brav ihre Stimme im Sinne der schwäbischen Kollegin ab, weil diese ihnen ein „zünftiges Maultaschenessen im Schwabenland" in Aussicht stellte? Aus Dankbarkeit, so sagt sie mir am Telefon, habe sie ihre Ministerkollegen und die Senatoren der damals noch elf Bundesländer mit Damen nach der 50. Arbeitsministerkonferenz am 29. September 1977 ins Schlosshotel Monrepos bei Ludwigsburg zum Maultaschenessen eingeladen. „Allen hat's sauguat g'schmeckt". Sie drückte noch jedem Gast zum Abschied persönlich ein Maultaschenrezept zum Nachkochen in die Hand.

Annemarie Griesingers diplomatische Glanzleistung wurde von der Ditzinger Fastnachtsgesellschaft mit der Verleihung eines Maultaschenordens gewürdigt. Die schwäbischen Hausfrauen hatte sie voll auf ihrer Seite, die Presse auch. Politik auf kulinarisch höchstem Niveau.

Manche verzichten bei der Herstellung ihrer Maultaschen allerdings ganz aufs Fleisch oder begnügen sich mit wenig.

Ich weiß von meinen Großmüttern, dass das Fleisch früher weniger Platz in der Fülle eingenommen hat. Meiner Schmidener Großmutter, Tochter eines königlichen Spinnrädlesfabrikanten aus dem Neckarland, reichte ein kleines Stück Rauchfleisch. Meine Mittelläter Großmutter, Tochter eines Schwarzwälder Sägewerksbesitzers, die in Freudenstadt kochen gelernt hat, verzichtete manchmal ganz aufs Fleisch. Sie tat etwas mehr Brötchen in die Füllung und etwas Sahne dazu. Meine alte Tante aus Besigheim, Tochter eines Weingärtners, stritt nie über die Menge des Fleisches. Sie legte größten Wert darauf, dass das wild wachsende Zirkele, „das Wengertergrün" aus dem Weinberg, die Fülle aromatisierte.

Wenn Sie mich fragen, es muss sehr viel Grünes rein, nämlich frischer Spinat und auch Petersilie – sonst ist es ja keine Gründonnerstagsspeise.

Das mit dem Spinat in der Fülle – das ist eine Glaubensfrage. Hier prallen Welten aufeinander, öffnen sich Gräben, die sich kaum schließen lassen. Hier beginnt die eigentliche Maultaschenpolitik, keineswegs bei der Geschichte ihrer Entstehung, die

Maultaschen

wir, wie ausgeführt, zwar für uns beanspruchen, der wir aber im Kern ein durchaus internationales Flair nicht absprechen!

Mein eigener Mann ist nicht bereit, mein einzig wahres Maultaschenrezept mit sehr viel Spinat, Siedfleisch, Hackfleisch und Peitschenstecken zu akzeptieren. Er schwört auf Maultaschen ohne Spinat. So hat er's bei der Mutter und der Oma auf der Münsinger Alb gegessen. So müssen sie sein.

Mit raffinierten Verunsicherungstouren versucht er seine spinatlose Partei bei mir zu stärken: „Sag mir mal, wo dein Jakob im 16. Jahrhundert den Spinat hernahm?", flötet er mir, während ich schreibe, über die Schulter. „Damals gab es nämlich noch keine Gewächshäuser. Die kommen erst im 17. und 18. Jahrhundert auf!" Ich gebe zu, das sitzt. Verdammt noch mal. „Hat Jakob seine Erfindung doch ohne Spinat gemacht?", schießt es mir durch den Kopf. Doch wir wissen aus den Schriften des Gelehrten Albertus Magnus, der 1193 in Lauingen auf der schwäbischen Alb geboren wurde, welche Gemüsearten bei uns im 13. Jahrhundert schon bekannt waren. In seinem Buch „De vegetabilibus – von den Pflanzen" erwähnt er auch den Spinat. Vermutlich wurde dieses Gemüse von Kreuzfahrern mitgebracht. „Warum", denke ich, „soll es einem Laienbruder im Kloster nicht möglich gewesen sein, den Spinat irgendwo geschützt heranzuziehen?" Außerdem war ja nicht jedes Frühjahr winterlich und streng. Schließlich wächst auch der Ackersalat auf kaltem Feld ...

Wir beide sind mit unseren konträren Standpunkten in berühmter Gesellschaft. Während Thaddäus Troll die Fülle seiner Maultaschen aus Siedfleisch, Hackfleisch, Bratwurstbrät und Rauchfleisch lediglich mit etwas Petersilie und Majoran und sogar Knoblauch abschmeckt, ganz nach Art seiner Mutter, verrät uns Sebastian Blau, dass er mit etwas gebratenem Schweinefleisch zufrieden ist, dafür aber ein ganzes Pfund Spinat dabeihaben will.

Jahrelang waren wir beide – sonst wirklich ein Herz und eine Seele – nicht fähig, den Maultaschengraben zwischen uns zu schließen.

Höhepunkt unseres familiären Maultaschenkrieges war, dass wir zwar den Nudelteig gemeinsam zubereiteten, jeder jedoch seine eigene Fülle zusammenmanschte. Besonderen Genuss bereitete es uns dann, den anderen beim gemeinsamen Mahl mit Zungenschnalzen und lautem Schmatzen, mit Augenverdrehen und genüsslichem Stöhnen zu quälen. Versöhnliche gegenseitige Versucherle wurden strikt abgelehnt.

Doch Maultaschenmachen ist für uns zwei Berufstätige halt ein Heidengeschäft. So findet es nicht allzu häufig statt, insbesondere, da wir beide Wert darauf legen, auch den Teig selbst herzustellen. Nudelteig kann man im Schwabenland überall kaufen, das ganze Jahr über und besonders reichlich angeboten vor Ostern. Ich allerdings habe lange Zeit meinen Nudelteig in nostalgischer Erinnerung so hergestellt, wie ich es als Kind bei meiner Schmidener Großmutter gesehen habe. Aus Eiern, Mehl und Wasser knetete sie mit ein paar Tropfen Öl und etwas Salz einen festen Nudelteig. Dann rollte sie mit dem Wellholz

Gewickelte Maultaschen vom Hasenwirt aus Uhlbach im Kochwasser

große Teigplatten aus, die ich vorsichtig über die mit Geschirrtüchern abgedeckten Küchenstuhllehnen hängen durfte. Inzwischen hat mich mein Mann davon überzeugt, dass der Einsatz einer Nudelmaschine Erleichterung bringt. Ich habe mich immer geweigert, tiefgekühlten Spinat zu verwenden, weil man eben die Frische des Spinats in der Fülle schmeckt. Besonderen Wert lege ich auch auf die Verwendung von gekochtem Siedfleisch und Landjägern oder noch besser Peitschenstecken, was ja alles vor der Verarbeitung durch den Fleischwolf gedreht werden muss und so weiter ...

Man kann also „sotte und sotte" Maultaschen machen. Wenn ich allerdings Maultaschen herstelle, dann so viele, dass sich das Einfrieren lohnt. Wie schön, wenn man Freunde zum Maultaschenessen einladen und dabei auf eigene Tiefkühlware zurückgreifen kann – schwäbisches Fastfood! Maultaschen vertragen solches ohne geschmacklich zu leiden. Sie sollten allerdings nicht länger als sechs Wochen eingefroren bleiben, was guten Maultaschen sowieso nicht gelingt.

Elke Knittels einzig wahres Maultaschenrezept mit Philosophie

Ich bereite aus 3 bis 4 Eiern einen festen Nudelteig (siehe Seite 119). Während er ruht, bereite ich die Füllung aus:

- 1 Zwiebel, fein gehackt
- 1 Bund Petersilie, fein gehackt
- 50 g Rauchfleisch, fein gewürfelt
- etwas Butter
- 200 g altbackene Laugenbrezel oder Brötchen

Maultaschen

- 200 g mageres, gekochtes Siedfleisch
- 1 Peitschenstecken
- 150 g Tartar oder Hackfleisch
- 500 g Spinat
- Zwiebelröhrle, fein geschnitten
- 4–5 Eier
- Salz und Pfeffer
- Muskatnuss
- Außerdem brauche ich ein leicht angeschlagenes Eiweiß, einen Backpinsel, ein Messer, ein gezacktes Kuchenrädle, ein Wellholz und ein Backbrett.

Zuerst dämpfe ich Zwiebel und Petersilie mit dem Rauchfleisch in wenig Butter an. Die eingeweichte und gut ausgedrückte Laugenbrezel wird mit dem Siedfleisch und dem Peitschenstecken oder Landjäger durch den Fleischwolf gedreht. Ich füge noch das Tatar oder Hackfleisch, den gekochten und gewiegten Spinat sowie die Zwiebelröhrle zu. Zusammen mit den Eiern wird alles zu einer geschmeidigen Masse vermengt, die man mit Salz, Pfeffer und Muskat abschmeckt. Falls nötig eventuell zum Zusammenhalten der Füllmasse noch etwas Semmelbrösel – in Schwaben nimmt man Ulmer Mutschelmehl – einarbeiten.

Ich welle den Nudelteig dünn aus, schneide Streifen und daraus längliche Rechtecke. Dann gebe ich auf einen Teil des Rechtecks gut 1 Esslöffel Füllung. Die Ränder bestreiche ich mit Eiweiß und klappe die andere Teighälfte darüber. Die Ränder gut festdrücken. Dann bringe ich die Ränder der Tasche zusätzlich noch mit dem gezackten Kuchenrädle ordentlich in Form.

Die Maultaschen lasse ich in einem großen, weiten Topf in Salzwasser wie Nudeln leicht köcheln, etwa 10–15 Minuten je nach Dicke des Teiges und der Füllung. Das Kochwasser aromatisiere ich mit Instant-Fleisch- oder Gemüsebrühe.

Die kräftige, echte Fleischbrühe steht ja vom Abkochen des Siedfleisches parat um dann, je nach Geschmack, vor dem Servieren über die fertigen Maultaschen gegossen zu werden. Doch soll nur so viel angegossen werden, dass der herausragende Teil der Maultaschen auf der Servierplatte noch mit in reichlich Butter gebräunten Zwiebeln abgeschmälzt werden kann! Wer die Maultaschen morgens macht und erst abends servieren will, sollte sie in kaltem Wasser abschrecken. Anschließend im Kühlschrank aufbewahren und vor dem Servieren kurz in heißem Wasser heiß werden lassen.

Wer will, kann die Maultaschen auch wickeln. Das geht auf jeden Fall schneller. Dazu wird die Füllung auf dem ausgerollten Teig verteilt und in Art eines Strudels eingerollt. Allerdings sollte die Rolle schön fest und stramm gewickelt werden. Dann schneidet man mit einem scharfen Messer schräge, handtellergroße Stücke herunter und verfährt beim Kochen und Servieren wie oben beschrieben. Bei diesem Verfahren nimmt man natürlich in Kauf, dass die Maultasche aus viel Teig besteht!

Einmal hatte ich keine rechte Geduld beim Maultaschenmachen und habe dabei eine prima Erfindung gemacht:

Maultaschenauflauf

Die Füllung auf der Teigplatte verteilen, straff einrollen und die Rolle als Ring in eine runde Auflaufform setzen. Mit reichlich hausgemachter Fleischbrühe übergießen, einen passenden Deckel auflegen und gut 30 Minuten bei etwa 180 Grad garen. Den herausragenden Teil der Rolle immer wieder mit Fleischbrühe begießen. Mit Zwiebelbutter überschmälzt servieren ... Ein super Maultaschenauflauf!

Die Maultaschenfüllung zwischen gekochte Lasagneplatten in eine Form geschichtet und mit Fleischbrühe übergossen, könnte natürlich auch wunderbar sein. Wie das dann wohl heißen würde?

Zu allen meinen Maultaschen, ob mit Brühe, ob in Stücke geschnitten, gebraten und mit verquirltem Ei übergossen oder als Auflauf, gibt es natürlich Kartoffelsalat und Acker- oder Gurkensalat.

Der Jakob in Maulbronn musste allerdings noch auf den Kartoffelsalat verzichten. Zu seiner Zeit kannte man im Schwabenland die Knolle aus den Anden noch nicht. Erst mit dem Edikt von 1742, das den Anbau der Kartoffel befahl, hielt dieses Nahrungsmittel ganz allmählich Einzug in deutsche Küchen. In seinen „Betrachtungen über landwirtschaftliche Dinge in dem Herzogtum Württemberg von einem Herzoglichen Offizier" schreibt Schillers Vater Johann Kaspar 1767: „Grundbieren sind erst seit einem halben Seculo in hiesigen Landen bekannt und gepflanzt worden." Ein Hungerjahr wie 1771/1772 brach dann auch die schwäbische Zurückhaltung, und die Kartoffel – die Grund- oder Erdbirne – fand bald Anerkennung. Viele Gerichte wurden erfunden – ganz besonders aber war der Weg frei zum schwäbischen Kartoffelsalat. Doch die Kartoffel konnte in der Beilagensymphonie auf unserem Teller die Mehlspeisen nicht gänzlich ersetzen wie im Norden Deutschlands, wo es entweder Nudeln oder Kartoffeln gibt. Wir servieren den Kartoffelsalat zu Spätzle und Flädle oder mischen durchgepresste Kartoffeln unter den Nudelteig und machen daraus Schupfnudeln.

Elke Knittels Kartoffelsalat mit Philosophie

Für meinen Kartoffelsalat nehme ich nur die besten Salatkartoffeln, also eine absolut fest kochende Sorte, zum Beispiel „Sieglinde".
- 1 kg fest kochende Kartoffeln
- 1 mittelgroße Zwiebel, sehr fein gehackt
- Salz und Pfeffer
- 1 Teelöffel mittelscharfer Senf
- 1 1/2 Tassen Fleisch- oder Gemüsebrühe (selbst gekocht oder Instantprodukt)
- 1/2 Tasse Weinessig
- 3 Esslöffel Salatöl
- Schnittlauchröllchen zum Bestreuen

Die in der Schale gekochten Kartoffeln noch heiß schälen und in feine Scheiben schneiden. Nicht über den Gurkenhobel ziehen, die Kartoffeln zermatschen sonst. Man muss mit dem Küchenmesserle arbeiten. Dann die Zwiebel, etwas Salz und reichlich frisch gemahlenen Pfeffer sowie den Senf darüber geben.

Die Fleisch- oder Gemüsebrühe mit dem Weinessig aufkochen. Keinen Balsamico oder Kräuteressig nehmen, sondern wirklich einen scharfen, guten Rotwein- oder Branntweinessig. Diese Mischung heiß über die Kartoffeln gießen. Den Salat sehr vorsichtig wenden und gut 15 Minuten ziehen lassen. In dieser Zeit werden die Kartoffeln mariniert. Dann eventuell nochmals mit etwas Brühe oder Essig abschmecken, bis der Salat einen kräftig-sauren Geschmack hat! Erst danach das Salatöl darüber geben und vorsichtig untermengen. Möglichst eines ohne Eigengeschmack, also kein Olivenöl nehmen. Die Kartoffeln müssen glitschig sein, der Salat muss beim Wenden „schwätzen". Alles darf also nicht zu trocken sein. Zur Dekoration Schnittlauchröllchen darüberstreuen.

Manche gießen statt der Fleischbrühe einen „Gutsch" Spätzleswasser über die Kartoffeln, damit er „mehr rutscht". Doch ich kann das weniger empfehlen, weil Spätzleswasser zu wenig Geschmack hat.

Den Gurken- oder Ackersalat sollte man unbedingt mit dem gleichen Essig und Öl anmachen. So passt alles geschmacklich zusammen.

Statt Ackersalat essen wir im Frühling auch gerne Löwenzahn, den wir einfach auf unserer ungedüngten Wiese vor dem Haus pflücken. Er wird dekoriert mit Gänseblümchen oder Veilchenblüten. Das sieht sehr hübsch aus, schmeckt toll in Verbindung zum Kartoffelsalat und kostet nichts.

Als sich mal bei einer Einladung einige der Gäste darüber beklagten, dass ihre Wiesen regelmäßig von zu viel Löwenzahn heimgesucht würden, den zu bekämpfen ihnen viel Mühe bereite, sagte ich, dass wir dieses Problem nicht hätten, weil wir ihn einfach aufessen würden, den Löwenzahn. Daraufhin herrschte eine Weile verwunderte Stille, bis einer sagte: „Könnten wir Sie beide mal mieten?"

Ich finde allerdings, man muss nicht gleich für ein Schaf gehalten werden, nur weil man um die Köstlichkeit eines Löwenzahns weiß.

Das Maultaschenpatent

Gelegentlich kommt es auch vor, dass wir Maultaschen kaufen oder dass wir sie im Gasthaus essen, was man ja eigentlich mit dem entsprechenden Anspruch als Gourmet-Schwabe nicht wirklich kann.

Und siehe da – wir fanden auf diesem Wege die Maultasche der Versöhnung. Eine, die wir beide akzeptieren; eine, von der wir nicht genug essen können. Übrigens, es ist Spinat drin … „Aber halt im richtigen Verhältnis zu allem anderen", erklärt mir mein Mann.

Es ist die Maultasche aus der Hand! Der Hasenwirt aus Uhlbach hat aus der an sich schon einmaligen Maultaschenerfindung auch noch ein extra Patent gemacht. Am 22. Juni 1998 ließ der Erfindergastronom unter der Nr. 298 110520 im Münchner Patentamt Gebrauchsmusterschutz auf seine „eine Maultasche enthaltende Verkaufseinheit" eintragen.

Das Maultaschenpatent

1 Kesselfrische Maultasche aus der Hand DM 5,-

„Das war ein Mordspapierkrieg", erzählt mir seine Frau auf dem Stuttgarter Weindorf, während sie eine handtellergroße Maultasche aus dem Wasser fischt, halb in eine Papiertüte versenkt und mit einer Serviette umhüllt mir aus dem Ständle reicht. „Mein Mann musste sogar eine Zeichnung anfertigen, weil die auf dem Münchner Patentamt gar nicht wussten, wie eine Maultasche aussieht!" Während wir in diese köstliche Maultasche beißen, frage ich nach dem Rezept ihres Mannes, dem Hasenwirt. „Er tut Spinat und Petersilie zur Fleischfülle, allerdings nicht zu viel. Er dreht alles durch die gröbere Scheibe des Fleischwolfes, so bleibt die Füllung locker und hat Biss. Außerdem hat er ein spezielles Teigrezept, denn der Teig darf nicht klebrig sein! Aber fragen sie doch meinen Mann selbst nach dem Rezept!", fordert sie mich auf. Das hab' ich getan. Er gab mir großzügig die Zutaten für seine Fülle an (sie stehen auf Seite 121). Doch ich hab' das Gefühl, die „letzten Geheimnisse" hat er mir nicht verraten ...

Ich finde, dass diese Maultasche aus der Hand jede Thüringer Bratwurst und jede Rote Wurst um Längen schlägt und außerdem für das Stuttgarter Weindorf absolut eine kulinarische Zierde ist.

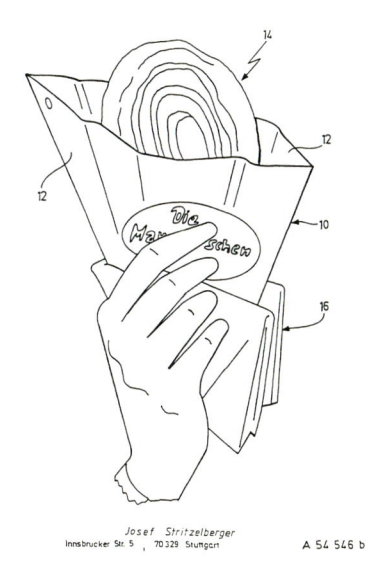

Josef Stritzelbergers Urkunde vom Patentamt für die „Maultasche aus der Hand"

Maultaschen

Auf Maultaschenspur durchs Stuttgarter Weindorf

Es gilt als das schönste und größte seiner Art in Europa. In herrlich geschmückten Lauben werden nicht nur die köstlichen Weine des Landes angeboten, sondern auch alle erdenklichen schwäbischen Spezialitäten: von Maultaschen über Rostbraten mit Spätzle bis zu Bubenspitzle, von Rehbraten bis Leberkäs, von Wurstsalat bis Zwiebelkuchen. Natürlich gibt's auch überall genug Brezeln zum Wein.

Wir sind weiter unterwegs – ich will meinem Mann die am schönsten dekorierte Laube zeigen. Diese Laube von Winzer Tilmann Ruoff ist schön geschmückt mit frischen Blumen, echten Trauben und Rebholz. Er hat den ersten Preis bekommen. Wir bestellen seinen ebenfalls preiswürdigen Wein, einen Grauburgunder, auf dessen Etikett er mit seinem eigenen Porträt wirbt. Ruoffs Weinberge liegen an den Hängen des Rotenbergs, des einstigen Württembergs, von dem unser Land seinen Namen herleitet. Heute krönt die Grabkapelle für Königin Katharina diesen Berg.

Wir versuchen diesmal vegetarische Maultaschen mit Kartoffelsalat und erfahren, dass die Spur des hervorragenden Kartoffelsalats und der köstlichen Maultaschen wieder zurück zum Hasenwirt führt, der diese Ware an Tilmann Ruoff liefert.

Waltraud Stritzelberger, die Frau vom Hasenwirt, erklärt mir zur Füllung der Vegetarischen, dass außer Spinat und Karotten unbedingt etwas Kartoffel hinein muss: „Die Kartoffel hält alles zusammen und verhindert, dass die Masse zu fest wird!"

Drei Herren in dunklen Anzügen bändeln in dieser Laube mit uns an. Sie kämen aus Berlin und wollten sich mit „echten Schwaben" unterhalten. Sie schwärmen vom Wein und unseren kulinarischen Köstlichkeiten. Wie sich herausstellt, gehören sie zum Begleittross von Königin Silvia aus Schweden, die soeben dem Schloss in Ludwigsburg einen Besuch abgestattet hatte. Einer der Herren, Herr Sommerlath, stellt sich als Bruder der Königin vor und entpuppt sich als Pfälzer aus Heidelberg. Die beiden anderen sind echte Berliner. Warum ich das erzähle? Weil es jeden Schwaben freut, wenn Trollinger, Maultaschen, Kartoffelsalat und Laugenbrezeln von Nordlichtern gelobt und als unsere Heiligtümer anerkannt werden. Gutes Essen verbindet mehr als viele Worte.

Das Weindorf ist zu groß, um alle Lauben, alle guten Tropfen, alle kulinarischen Spezialitäten zu lobpreisen und zu beschreiben. Diese Veranstaltung, die jedes Jahr Ende August in Stuttgart stattfindet, hat sich auf die Fahnen geschrieben, nicht nur für eine stimmungsvolle „Hocketse" im großen Stil zu sorgen, sondern wirklich traditionelle und qualitativ hochwertige Gastronomie zu bieten. Ich finde, das ist gelungen. Erfreulicherweise sieht man auch hier unter den Gästen viel Jugend.

Vorbei an appetitlich aussehenden und herrlich duftenden Pfannen, in denen Maultaschen geröstet und in

Vegetarische Maultaschen mit Kartoffelsalat in der Weinlaube von Tilmann Ruoff

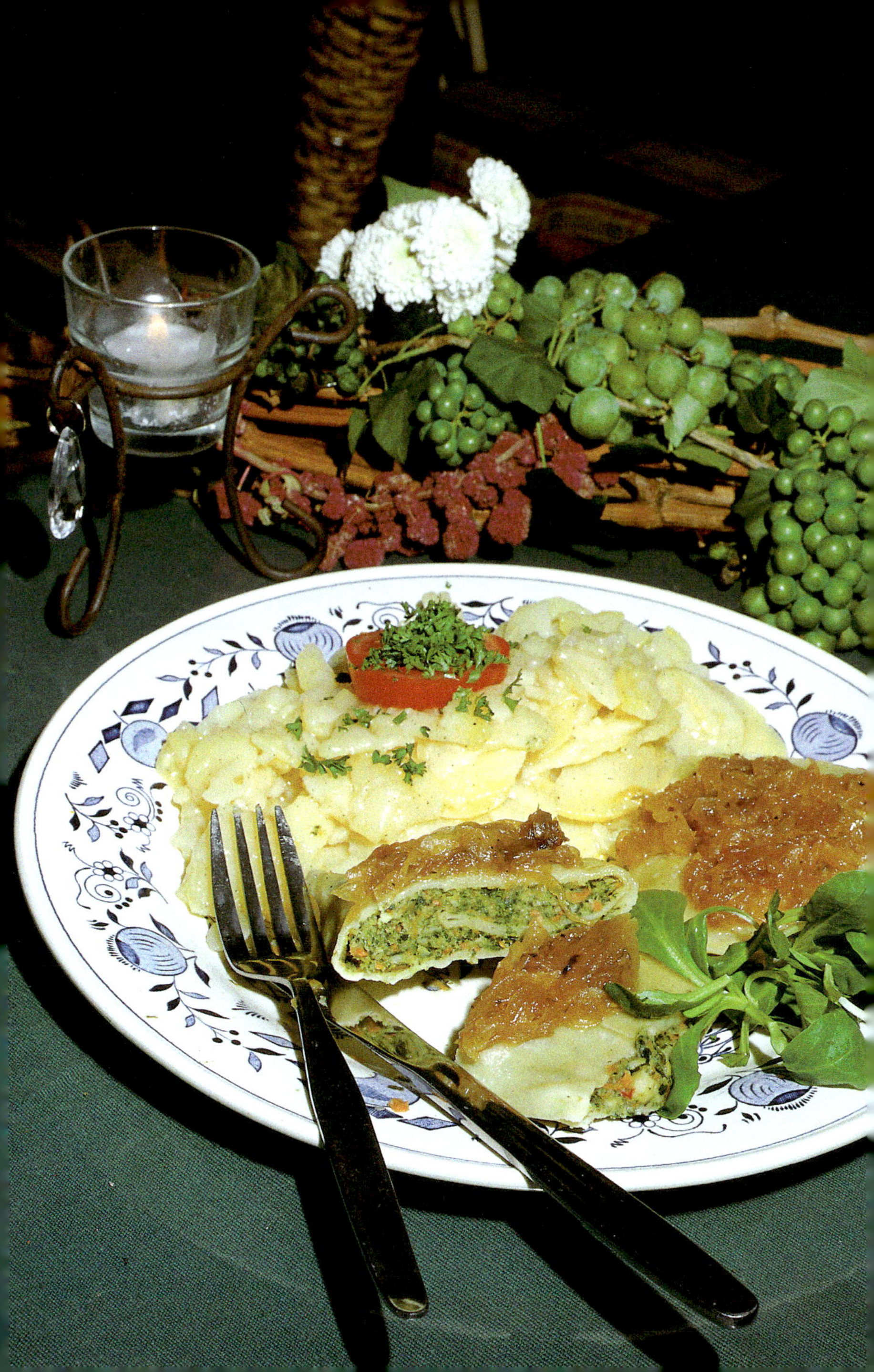

Maultaschen

geschlagenem Ei gewendet werden, vorbei an vielen Menschen, die Maultaschen in der Brühe schlürfen, lassen wir uns in der Laube von Erika Wilhelmer nieder. Die umtriebige und kesse Wirtin betreibt in Stuttgart drei dicht beieinander liegende Lokale, die „Stuttgarter Stäffele". Ihr ganzer Stolz ist außerdem eine riesengroße Schweinchen-Sammlung, die in ihrem Museum in Bad Wimpfen zu besichtigen ist, bald aber nach Stuttgart in das Gebäude des unter Denkmalschutz stehenden Stuttgarter Schlachthofs umziehen soll.

Wir diskutieren über ihren „Maultaschensalat", den gibt's nur bei ihr. Sie macht die in Scheiben geschnittenen Maultaschen mit Zwiebeln, Essiggurken, Essig und Öl an. Ich finde, dass das eine echte Alternative zum schwäbischen Wurstsalat ist. Solch ein gekühlter Maultaschensalat schmeckt am besten an einem richtig warmen Sommerabend im Garten.

Auch Erika Wilhelmer ist eine Gourmet-Erfinderin. Sie hat vor fünf Jahren zusammen mit ihrem Koch 20 Maultaschenvariationen kreiert, von der Gemüsemaultasche über die Käse- und Lachsmaultasche bis zur Apfel- und Schokomaultasche. Sie finden die Rezepte ab Seite 123.

Erika Wilhelmers Maultaschensalat

Ein Beispiel dafür, dass Schwaben sich – trotz aller Pflege der Traditionsrezepte und Familienüberlieferungen – doch immer wieder voll unbändiger Lust ihrer Tüftlerseele und ihrem Erfindergeist hingeben.

Dass die umtriebige Wirtin Erika Wilhelmer auch die Spätzleküche aufmischte, ist logisch.

Spätzle

Spätzle bilden mit der Laugenbrezel und der Maultasche das Triumvirat der schwäbischen Küchenheiligtümer. Sie sind die Nationalgerichte schlechthin.

Ohne Spätzle läuft eigentlich in der schwäbischen Küche gar nichts. In Spätzle nur eine Beilage zu sehen, würde ihnen nicht gerecht. Eher ist das, was es zu den Spätzle gibt, als solche zu verstehen. Sie gehören zum klassischen schwäbischen Sonntagsessen: gemischter Braten und Kartoffelsalat. Man isst sie mit Rostbraten und mit Wild, sie gehören zu Linsen, zum Sauerkraut, sie schmecken köstlich als Allgäuer Kässpätzle und natürlich im schwäbischen Eintopf, der „Spatzensuppe mit Kartoffelschnitz", wie er in den Kochbüchern des 19. Jahrhunderts heißt.

Diese harmonische Vereinigung von Spätzle mit Kartoffelschnitz und Siedfleisch kennen wir heute als „Gaisburger Marsch". Ein Name, der also noch

Spätzle mit Kartoffelschnitz: Gaisburger Marsch

Spätzle

gar nicht so alt ist. Vor dem Ersten Weltkrieg erhielten die Soldaten abends lediglich ein Laible trockenes Brot. Ihre Frauen und Mütter mussten ihnen zusätzlich eine Suppe in die Kaserne bringen. Der Wirtin des Wirtshauses „Bäckerschmiede" in Gaisburg, heute ein Stadtteil Stuttgarts, taten die jungen Männer Leid. So wird erzählt, dass die Soldaten der nicht allzu weit entfernten Stuttgarter Bergkaserne regelmäßig im Gleichschritt nach Gaisburg marschierten, um von der herzensguten Wirtin mit diesem kräftigen Eintopf verwöhnt zu werden – einer Suppe, die sie aus den Resten des Tages, eben Spätzle, Kartoffeln und Fleisch, zusammenbraute. Eine andere Version dieser Überlieferung sagt, es hätten nur die Offiziere dieser Kaserne das Privileg gehabt, auswärts – also in der „Bäckerschmiede" – diesen Eintopf zu essen. Dafür meldeten sie sich regelmäßig beim Diensthabenden zum „Gaisburger Marsch" ab.

Die Mehlspeise

Die schwäbische Küche hat ein Herzstück, und das ist eindeutig die Mehltruhe. Unter Zugabe von Milch und Wasser, Eiern, Butter und Schmalz wurden daraus über Jahrhunderte immer neue köstliche Gerichte hervorgezaubert!

Spätzle sind eine Mehlspeise. Einst waren sie allerdings ein Arme-Leute-Essen: Eier im Spätzleteig gab es nur an den Feiertagen. Wenn gespart werden musste, reichte auch ein Teig aus Mehl und Wasser oder Milch. Als ich mich vor kurzem in einem Haushaltsgeschäft in Stuttgart-Weilimdorf für die verschiedenen Spätzleschaber interessierte, erfuhr ich von der Verkäuferin, einer alten Weilimdorferin, dass sie nie mehr als ein oder zwei Eier für den Spätzleteig aus einem Pfund Mehl nehme. „Ja, aber warum nicht?", fragte ich. „Ich nehme auf diese Menge Mehl immerhin fünf bis sechs Eier." „Weil's net nedig isch", antwortete sie bestimmt und abschließend.

In früheren Jahrhunderten verwendete man hierzuland allerdings meist Mehl aus Dinkel. Diese alte Getreideart wird oft auch „Schwabenkorn" genannt, weil es sie in Europa nur im Schwabenland und in einem kleinen Teil Portugals gab. Bis zum Ende des 19. Jahrhunderts war bei uns der Dinkel im Getreidebau vorherrschend. Dieses Mehl hat eine ausgezeichnete Back- und Kochqualität. Es ist in seiner Konsistenz „klebriger", weshalb die Spätzle auch ganz ohne Ei gut und wohl schmeckend gelingen.

„Wenn der Sommer gut ist, bildet sich im Weizen auch ein guter Kleber", belehrt mich Bäckermeister Frank aus Stuttgart. „Kleberreiches Mehl ist gute Qualität. Ob das Mehl kleberreich ist, kann man spüren, wenn man das Mehl zwischen den Fingern zerreibt und es sich ganz leicht „griesig" anfühlt. So ein Mehl ist auch gut für Spätzle!"

Die Oberschwäbin Anneliese Maier-Martini meint dasselbe, wenn sie mir schreibt: „Das Mehl muss ‚lang' sein. Spätzlemehl und Springerlemehl sind die feinsten!" Außerdem betont sie: „Der Spätzleteig muss ‚keck' (fest) sein."

Warum Spätzle Spätzle heißen

Ein auf einem Holzbrettchen angehäufter Mehlteig mit oder ohne Eier wird mit einem Messer, in früheren Zeiten war es aus Holz, stückchenweise ins siedende Wasser geschabt.

Diese aus solchem Teig hergestellte Mehlspeise gibt es im ganzen alemannischen Raum, in Württemberg, bei den Deutschschweizern, den Elsässern, den Voralbergern, den Badenern, am Oberrhein und in Bayrisch-Schwaben. Doch was im Norden Württembergs in länglich-dünner Spätzleform vom Brett geschabt wird, das streicht man im südlicheren Teil des Landes und in der Schweiz zu tropfenförmigen Knöpfle durch ein grob gelochtes Sieb.

In manchen Teilen des Landes macht man keinen Unterschied zwischen der Bezeichnung Spätzle und Knöpfle. Andernorts versteht man unter Knöpfle mit dem Löffel geformte Klöße, und gelegentlich bezeichnet man Klöße wiederum als Spatzen, die allerdings auch wieder Spätzle sein können. Wobei mit Spätzle nicht nur die jungen Sperlinge gemeint sein können, sondern auch ein kleines Kind oder gar das eigene geliebte Schätzle. Dieses Spätzledurcheinander existiert friedlich vor sich hin und hat keinerlei Auswirkungen auf die Genießenden.

In den sternendekorierten Gourmetküchen des Landes versteht man inzwischen unter handgeschabten Spätzle das längliche, ungleichmäßig dicke, nudelartig vom Brett Geschabte. Als Knöpfle bezeichnet man hingegen die kurze, durchs Sieb getropfte Version.

Warum Spätzle Spätzle heißen und wo sie herkommen

Es ist alles andere als einfach, die Ursprungsgeschichte unserer Spätzle darzustellen. Woher was kommt, kulturhistorisch gesehen, ist nämlich nicht zu klären. Es gibt allerlei mehr oder weniger ernst zu nehmende oder auch amüsante Erklärungsversuche.

Die Bezeichnung Spätzle wird mit dem italienischen „spezzare" (streifig abschneiden, schnetzeln) in Verbindung gebracht. Sind aus dem Küchenjargon der Mönche, die in italienischen Klöstern „spezzato" – also Geschnetzeltes – aus Teig machten, die schwäbischen Spätzle geworden? So jedenfalls will es der Ulmer Theologe Georg Hertz 1938 in seinen „Lebenserinnerungen" gedeutet wissen. Dazu passt das Rezept, von dem H. Jürgen Fahrenkamp 1986 in seinem Buch „Wie man eyn teutsches Mannsbild bey Kräfften hält" behauptet, die Mönche im Kloster zu Tegernsee hätten „smalzic nudelin" gemacht. Sie schabten einen Teig aus Mehl, Eiern, Wasser, zerlassener Butter, Salz und Muskatnuss von einem Brett mit dem Messer streifig ins Wasser. Anschließend wurden die „Spätzle" in einer Pfanne mit Schmalz geschwenkt und mit Petersilie bestreut.

Wurden sie gar von den Staufern aus Italien mitgebracht? Spätzle – „Spezzato"!

Als die große Stauferausstellung im Jahre 1977 in Stuttgart veranstaltet wurde, da brach das ganze Land in ein unbeschreibliches Stauferfieber aus. Entlang der neu kreierten Stauferstraße, die an Denkmälern aus der

Spätzle

Stauferzeit vorbeiführt, wollten viele Gaststätten in „Stauferstuben" passende „Staufermenüs" anbieten. Das Stuttgarter Fremdenverkehrsamt stellte deshalb im Auftrag der Gastronomen des Landes uns Museumsleuten die Frage, ob es zur Stauferzeit schon Spätzle gegeben habe.

Ich leitete diese Anfrage weiter an unseren damals maßgebenden Landeshistoriker Hans-Martin Decker-Hauff: „Haben die Staufer, also der legendäre Barbarossa und der weltenerneuernde Friedrich II. schon Spätzle gegessen?" Decker-Hauffs Antwort: „Was denn sonst?"

Belegt dieser spontane Ausspruch unseres Landeshistoriker-Papstes die italienische Herkunft unserer Spätzle? Könnte man sich vorstellen, dass die Nachkommen des noch eher Knöpfle, Klößle und Knödel essenden Barbarossa dessen Leibspeise mit italienischem Temperament zu Spätzle umformten? Dass also der Erneuerungsdrang des großen Friedrich II. von der Verwaltung über die Naturwissenschaft, Erziehung und Ausbildung bis hin zur gepflegten höfischen Küche reichte? Gab es also Spätzle schon im Mittelalter unter diesem Namen?

Oder kochten gar die Alamannen, die Vorgänger der Sueben, im 3. Jahrhundert schon zur Verwunderung der römischen Besatzungsmacht in unserem Lande „bleiche Würmer" in großen Kesseln? Spätzle also schon alamannische Nationalspeise? Mein Kollege, der Volkskundler Gustav Schöck, hat in der 1990 erschienen Festgabe für Arno Ruoff den Spätzlestreit mit dieser launigen Version ad absurdum geführt.

Auch hält sich hartnäckig das Gerücht, Spätzle seien eine Weiterentwicklung der alemannischen Knöpfle. Zur Herstellung von Knöpfle verwendet man schließlich den gleichen Teig – wenn auch etwas flüssiger –, streicht diesen dann allerdings durch ein groblöchriges Sieb, den Knöpflemodel, ins Wasser. Allerdings machte man früher den Teig manchmal auch etwas fester und formte dann daraus kleine Knöpfle, mit einem Löffel oder einfach mit der Hand, die man ins siedende Wasser legte.

Knöpfla nach Helene Schnell

Hier das in der Familie mit diesen Maßeinheiten überlieferte „Knöpfla-Rezept", das die Russlanddeutsche Helene Schnell ins Schwabenland zurückbrachte. Auf meine Nachfrage erfahre ich, dass ein Glas etwa 200 ml beinhaltet.

- 3 Gläser Mehl
- 2 Eier
- $1/3$ Glas Wasser
- 1 Teelöffel Salz
- Außerdem: Brotwürfel, Butter

Die Zutaten zu einem festen, formbaren Teig verarbeiten. Den Teig 20 Minuten ruhen lassen. Aus dem Teig 1 cm dicke „Würstle" rollen. Davon etwa $1/2$ cm lange Stückle abschneiden. Aus diesen Teigscheiben kleine Hütle formen und diese 10–15 Minuten lang in Wasser kochen.

In der Zwischenzeit ganz kleine Brotwürfel in reichlich Butter rösten. Die abgetropften Knöpfla mit den gerösteten Brotwürfeln überschmäl-

Warum Spätzle Spätzle heißen

zen. Man kann die Knöpfla auch mit Schmand vermischen.

Die nahrhaften Knöpfle setzte man dem Gesinde oft vier- bis fünfmal in der Woche vor. Anneliese Maier-Martini kennt die oberschwäbischen Varianten: Mal wurde der Knöpfleteig mit klein gehackten Zwiebelröhrle angereichert, mal ergaben sie zusammen mit Kartoffelschnitz – die Kartoffel- und die Knöpflebrühe zusammengeschüttet – eine Suppe. Manchmal schwammen die Knöpfle oder „siedigen Knöpflespatzen" auch in einer Rauchfleischbrühe. Dazu mischte man das fein gewürfelte Rauchfleisch unter den Teig, verwendete dann aber keine Zwiebelröhrle, weil sich sonst der Geschmack „beißt". Die einfachst zubereiteten Knöpfle, die „Bettelknöpfle", servierte man freitags! Die Oberschwäbin Anneliese Maier-Martini sagt: „Knöpfle ohne Zwiebelröhrle in gekochtem bayrischen Kraut war bei uns in der Familie das typische Freitagsessen".

Knöpfle gibt es seit Jahrhunderten. Der „Knöpfleschwob" taucht bereits in der im 15. Jahrhundert entstandenen Sage von den sieben beziehungsweise damals noch neun Schwaben auf.

Aus vielen Orten sind uns so genannte Neckgeschichten zu den Knöpfle überliefert. So wird erzählt, wie die Einwohner von Bärenthal im Kreis Tuttlingen zu „Knöpfleschluckern" wurden, über die Täbinger im Zollernalbkreis gibt's eine Geschichte, die sie zu „Knöpflesäcken" macht und die Heidenheimer auf der Ostalb werden zu „Knöpflewäschern".

Das Wort Knöpfle stammt aus dem Althochdeutschen „chnodo", der Knoten, das Knötlein. „Ein Knötlein, die Schwabenländer sagen Knöpfle", erklärt uns der Simplizissimus. Albrecht Keller behauptet allerdings 1907 in seinem Buch über die Geschichte des Volkshumors der Schwaben, dass Simplizissimus die Knöpfle mit den bayrischen Knödeln verwechselt hätte, was häufig passiere!

Seit wann der Knöpfleschwab auch Spätzleschwab genannt wird, konnte ich nicht klären. Kluge vermutet in seinem „Etymologischen Wörterbuch der deutschen Sprache" von 1995, dass die Bezeichnung Spätzle ein anderer Ausdruck für Klumpen sein könnte. Heißt das, dass ein Knöpfle und ein Klumpen halt sowieso derselbe Bollen aus Teig ist? Meist findet man „Knöpfle- und Spätzleschwab" begrifflich zusammenstehend, was entweder meint, alles ist dasselbe oder aber auf die ungeklärten Begriffsverhältnisse hindeutet. In Fischers „Schwäbischem Wörterbuch" von 1920 jedoch wird das Spätzle vom Sperling, dem Spatz abgeleitet.

Vielleicht aber sind die Spätzle erst mit der zunehmenden Verwendung der Gabel im 18. Jahrhundert immer feiner und schmaler geworden und mancherorts mehr und mehr an die Stelle der leichter mit dem Löffel zu essenden Knöpfle getreten.

Karl Lerch ergänzt in seinem „Spätzle-Brevier" 1962 die Beweisführung zur Bezeichnung Spätzle, indem er auf das schwäbische „Spächle" oder „Spächtele" hinweist, wie man hierzulande zu dem fein aufgespaltenen Holzscheit sagt.

Spätzle

Die Ulmer, denen man nachsagt, sie hätten einst eine große Jagd auf Spatzen (Sperlinge) gemacht, und ein Spatz hätte sie lehren müssen, wie man einen langen Balken durchs Tor bringt, tragen deshalb den Spottnamen Spatzen oder Spätzleschwaben. Ob das nun von der Geschichte mit den Vögeln kommt oder heißen soll, dass sie gar die Spätzle erfunden hätten – keiner weiß es. Doch Siegfried Ruoß behauptet in seinem Spätzle-Kochbuch von 1994, dass so oder so Ulm die heimliche Hauptstadt der Spätzle bleibe.

Die Spätzlegeschichte selbst beginnt offensichtlich erst vor etwa 230 Jahren. So wird immer wieder der schwäbische evangelische Pfarrer Flattich angeführt, der dem Herzog Karl Eugen (1737–1793) auf die Frage, weshalb seine Perücke so schlecht gepudert sei, antwortete: „Herr Herzog, mir brauchet's Mehl zum Spätzlemache!" Oder sagte er: „... fürs Spatzemache?" Die Überlieferung ist ungenau.

In den frühen Ausgaben der Löfflerin-Kochbücher kommen jedoch nur Knöpflerezepte vor, die sie auch Klößle nennt. Gegen Ende des 19. Jahrhunderts erscheinen dann auch in diesen immer wieder neu überarbeiteten Kochbüchern „Spätzlein-Rezepte". Die Löfflerin lässt sie vom Brettle schaben.

Im „Neuesten Kochbuch" aus Reutlingen von 1864, in dem Auguste Barthenheim kurze und deutliche Anweisungen zur Zubereitung der im bürgerlichen Leben vorkommenden Speisen, Getränke, Backwerke und von Eingemachtem verspricht, gibt es Knöpfleinrezepte, die ebenfalls häufig eigentlich Rezepte von Klößen sind. Mal werden lange oder runde Knöpflein in Fleischbrühe gelegt, mal werden die Knöpflein erst gebacken und dann in die Brühe gegeben. Sie bringt allerdings auch „Spätzlen": „... dann nimmt man von dem Taig auf ein Spatzenbrett, breitet ihn mit dem hölzernen Messer auseinander und legt lange Spätzlein in siedendes Wasser ..." Auch Marie Abele führt in ihrem 1870 erschienen „Neuesten Stuttgarter Kochbuch" Rezepte zu „Spätzlen" an und gibt folgende Anweisung: „Entweder legt man den Teig auf ein hölzernes Brett und schneidet mit dem Messer kleine Stückchen davon ab (das Wasser darf nicht aus dem Sieden kommen solange man die Spätzchen einlegt), oder man kann den Teig in einen sogenannten Durchschlag thun (eine blecherne Form, die große runde Löcher hat); nun treibt man den Teig mit dem Kochlöffel durch denselben ..."

Man kann beobachten, dass die alten Kochbücher von Knöpfle- über Spatzenrezepte erst ab der Mitte des 19. Jahrhunderts verstärkt Rezepte mit „Spätzle" und „Spätzlein" titulieren, besonders im evangelischen Württemberg. Vermutlich wurden sie ja wirklich hier ersonnen und breiteten sich dann – immer mehr verfeinert – in der ganzen Welt aus. Allerdings, im Übergangsgebiet zwischen Donau und Neckar spricht man bis heute in dem einen Ort noch von den „katholischen

Die Neutor-Brücke in Ulm mit Blick aufs Münster

Warum Spätzle Spätzle heißen

Spätzle

Knöpfle" und in der nächsten Ortschaft bereits von den „evangelischen Spätzle".

Das Spätzleschaben

Während zur Herstellung von tropfenförmigen, kurzen Knöpfle der Teig aus Mehl und Wasser oder Mehl und Milch mit vielen oder gar keinen Eiern durch das groblöchrige Knöpflesieb oder den Knöpflemodel in das kochende Wasser gestrichen wird, wird der festere (kecke) Spatzen- oder Spätzleteig von einem hölzernen Brettle mit einem Messer ins siedende Wasser geschabt, sodass ungleichmäßig dicke und ungleichmäßig lange „nudelartige" Spätzle entstehen.

Natürlich sind Spätzle trotzdem keine Nudeln und somit auch keine Teigwaren, wenngleich wir nicht abstreiten wollen, dass sie den Teigwaren nahe stehen.

Das Spätzleschaben wird bis heute in unserem Land als eine wirklich hohe Kunst verstanden. Der Balinger Lehrer und Mundartpoet Karl Hötzer hat diese Kunst in den 1920er-Jahren poetisch gefasst.

Viele Schwaben schätzen es außerordentlich, wenn ihre Frau des Spätzleschabens mächtig ist. Lange hieß es, dass die Heiratschancen eines Mädchens mit dem Beherrschen dieser Kunst gewaltig steigen.

Selbst meine Mama, die mit dem von ihren Eltern erzwungenen Studium am Stuttgarter Konservatorium als Pianistin und Künstlerin nicht so recht in das klassische Hausfrauenbild vor dem Zweiten Weltkrieg passte, lernte Spätzle schaben. Mein aus

---

Spätzle schärre

Spätzle schabe, Spätzle schärre –
D' Baure möget's ond ao d' Herre.
Eier, Wasser, Salz ond Mehl
machet d' Spätzle guet und geel;
gröstet ond ao en dr Brüeh,
liebe Leut, so mag ma's hie'!
Spätzle schabe, Spätzle schärre
(keine graoße, wüeste Flärre!)
mueß ma könne bei de Schwobe,
dazue hent mir gschickte Dobe.
Wenn a Mädle des net ka,
kriegt se ao kein reachte Ma'.
Spätzle schärre, Spätzle schabe,
dozue ghöret bsondre Gabe.
Dicke, dünne, grobe, feine,
lange, kurze, graoße, kleine
mueß ma richtig schabe könne.
Bloß so ka' ma d' Mannsleut gwenne!
Spätzle schärre, Spätzle schabe –
O, wie ka' ma' sich dra labe!
Wie die rutschet über d' Zong!
Wie die schmecket alt ond jong!
Ond dr Ma' sait: "O, liebs Schätzle,
i mag di ond deine Spätzle!"

Das Spätzleschaben

Schmiden bei Waiblingen stammender Vater, so erzählte sie, liebte es nicht nur, wenn sie für ihn ganz alleine die Mondscheinsonate spielte, er schätzte es auch, wenn sie ihm Spätzle schabte, die er direkt aus dem Kochsud auf den Teller haben wollte.

Auch mir hat sie das Spätzleschaben beigebracht.

Eine Portion Teig auf ein angefeuchtetes, hölzernes Spätzlebrettle streichen, grade so viel, dass das Brettle aussieht, als wär's schwanger. Ein Spätzlebrett erkennt man daran, dass es vorne eine abgeschrägte Kante hat – entweder kauft man es oder man erbt eines, dessen Schräge durchs jahrelange Schaben ganz dünn geworden ist. Das Geerbte ist natürlich das Bessere, weil eingeschabt, und muss gehütet werden wie ein Schatz.

Mit der linken Hand hält man das mit dem zähen, sehr dickflüssigen Teig belegte Brettle am Griff über das leicht köchelnde Salzwasser und schabt mit einem Messer – eines mit einer geraden, nicht geschwungenen oder gezackten, langen Klinge – dünne Spätzle ins Wasser. Man schabt so fest auf dem Holz, als wolle man dieses abschaben.

Immer wieder schiebt man mit dem Messer den Teig bauchartig auf dem Brettle zusammen und streicht ihn nach vorne zur abgeschrägten Kante hin dünn aus. Dann setzt man das Messer fest auf dem unteren, dünn mit Teig bestrichenen Brettleteil an und macht: da, da da, daaa – Pause. Jetzt mit angefeuchtetem Messer den

Fachgerechte Spätzlezubereitung

Spätzle

Teig zuerst aufwärts zurechttrimmen und ihn dann nach vorne wieder glatt und dünn ausstreichen. Da, da, da, daaa – Pause – das Messer kümmert sich wie oben beschrieben um den Teig, dann: da, da, da, daaa ...

Das war die Schicksalssymphonie, Beethovens „Fünfte" ... haben Sie's gehört? So hab ich's gelernt – von meiner Musiker-Mama. Das heißt: schnelle, lockere Schabbewegungen, Pause, Teig zurechtstreichen, wiederholen. Dabei immer darauf achten, dass das Brettle mit der Vorderkante die Wasseroberfläche berührt. So können die Spätzle gleich sanft und melodisch ins Wasser gleiten. Die abgeschabten Teigstückchen sollen also nicht aus der Höhe vom Brettle ins Wasser purzeln!

Eigentlich alles gar nicht so schwierig – mit ein bisschen Musik und Rhythmus, mit ein bisschen da, da, daaa ...

Halt, halt – mein Mann, der nicht nur meine Computeraktionen überwacht, sondern ebenfalls am heimischen Herd mitwerkelt, mischt sich hier ein. Er ist der Meinung, das Brettle sollte beim Schaben gerade nicht zu dicht über die Wasseroberfläche gehalten werden. Die Spätzle sollten eher vom Brettle runterpurzeln, weil sie dann im Fallen noch Gelegenheit hätten, ganz von alleine dünner und länger zu werden ... Ich staune über seine Theorie, weil schaben tut er ja eigentlich nicht selber, er schlägt mir den Teig, bis er die geforderten Blasen wirft. Ich stell' mir vor, wie es doch meiner Figur gut täte, wenn ich Gelegenheit hätte von irgendwo runterzupurzeln, um etwas länglicher und dünner zu werden ...

Probieren Sie es einfach selbst aus! Ich meine mit den Spätzle!

Tüchtige Bäuerinnen haben sich's früher einfacher gemacht. Sie hielten die Schüssel, in der sie den Teig mit einem hölzernen Kochlöffel geschlagen hatten, bis er Blasen bildete – meist war diese aus Keramik – direkt übers siedende Wasser, ließen den Teig zur Schüsselkante laufen und schabten ihn mit einem Holzmesser von der Kante runter.

Kommentar meiner Töchter, als ich ihnen das erzählte: „Echt cool!"

Statt einem Messer kann man auch den Spätzleschaber nehmen. Der Schaber ist aus Metall, hat eine rund geschwungene Kante zum Halten und eine breite, stumpfe Schneide. Ich verwende ihn nicht so gerne, weil man die Hand über dem heißen, dampfenden Wasser hat. Der Griff eines großen Messers sorgt durch den waagrechten Verlauf dafür, dass die Hand außerhalb des Topfes und damit weniger der Hitze ausgesetzt ist.

Elke Knittels Spätzlerezept mit Philosophie

Die Spätzle sind für 4 Personen, wenn's noch was anderes dazu gibt.
- 5 große Eier
- 1 Teelöffel Salz
- 2 halbe Eierschalen kaltes Wasser
- 2 Esslöffel Hartweizengrieß
- etwa 500 g Weizenmehl Type 405
- Geräte: Kochlöffel, Spätzlebrett, Messer

Alle Zutaten mit einem hölzernen, gelochten Rührlöffel zu einem glatten Teig verarbeiten. So viel Mehl verwen-

Rezepte

den, wie die Eier und das Wasser „schlucken". Den Teig kräftig mit dem Rührlöffel schlagen, bis er Blasen wirft und sich ziehen lässt. Dann ist er genau richtig. Mit Fingerspitzengefühl kann man mit kleinsten Wasser- oder Mehlzugaben die richtige Konsistenz erreichen. Man kann auch das Rührgerät mit den Knethaken nehmen – doch ich finde der Teig wird dann nicht so „richtig". Ich arbeite mit dem Rührlöffel oder bitte meinen Mann darum, den Teig kräftig zu schlagen!

In einem großen, weiten Topf Wasser mit Salz und wenigen Tropfen Öl zum Kochen bringen.

Dann streiche ich eine Portion Teig aufs Spätzlebrettle und schabe mit einem geeigneten Messer oder einem Spätzleschaber wie ab Seite 63 beschrieben den Teig ins Wasser: Da, da, da, daaa ... Sie wissen schon! Immer wieder muss nebenbei die Hitze reguliert werden, damit der Topf mit den Spätzle nicht überkocht. Man lässt die erste geschabte Portion einige Male aufwallen, hebt sie dann mit einer breiten, gelochten Kelle – dem Spätzleseiher – heraus und legt sie sofort in einen bereitstehenden Topf mit kaltem Wasser. Jetzt die Spätzle mitsamt dem Wasser in ein Sieb gießen und abtropfen lassen. Währenddessen wird die nächste Partie Teig übers Brettle zu Spätzle verarbeitet. Hitze regulieren, aufwallen lassen und ins kalte Wasser abschöpfen. Jetzt die inzwischen gut abgetropften Spätzle aus dem Sieb auf ein großes Holzbrett legen und die aus dem kalten Wasser wieder im Sieb abtropfen lassen, während man die nächste Portion Teig bearbeitet: Da, da, da, daaa, aufwallen lassen, ins kalte Wasser legen, ins Sieb schütten, abtropfen lassen, aufs Holzbrett legen.

Während das Kochwasser immer dasselbe bleibt, nehme ich für jede herausgefischte Portion Spätzle frisches kaltes Wasser und gieße es komplett mit den Spätzle übers Sieb ab.

Wenn alle Spätzle locker auf das Holzbrett geschichtet sind, reinige ich sofort alle Gerätschaften mit kaltem Wasser. Es lohnt sich, hier nicht nachlässig zu sein, denn Spätzleteig kann hart wie Beton werden.

Jetzt muss man das geplante Essen organisieren. Die Spätzle können, mit Küchenkrepp abgedeckt, ohne weiteres bis abends so liegen bleiben. Wenn sie erst in einigen Tagen gegessen werden sollen, kann man sie einfrieren.

Ob Sie die Spätzle übers Brettle schaben, durch eine Presse drücken oder mit dem Spätzlehobel arbeiten, ändert an dem beschriebenen Verfahren nichts. Suchen Sie sich die Technik aus, die ihnen liegt. Werden die Spätzle mit einer der vielen Maschinen gemacht, muss die Teigkonsistenz entsprechend angepasst werden. Beachten Sie das dem Gerät in der Regel beigefügte Rezept. Teig, der durch Maschinen gepresst oder gedrückt wird, ist meist etwas weicher und flüssiger als der übers Brettle geführte.

Sind Braten, Linsen oder Kraut fertig, dann erwärmen Sie die Spätzle 5 Minuten in kochend heißem Wasser (nicht mehr kochen lassen!), gießen sie in ein Sieb ab und legen sie auf eine große, flache, vorgewärmte Platte. Diese stellen Sie zum Warmhalten

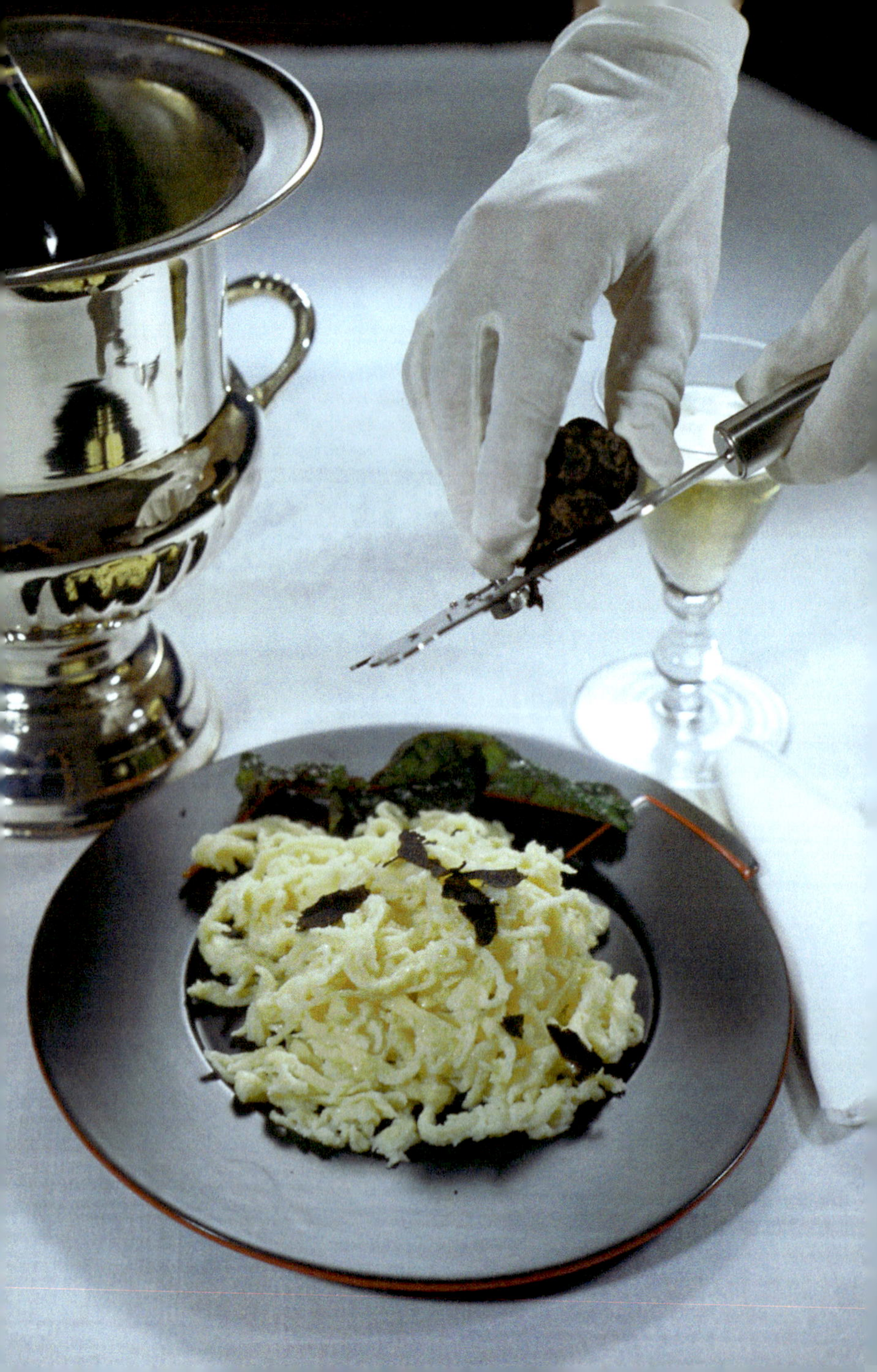

in den Backofen. Jetzt die gewünschte Butterschmälze herstellen. Die Spätzle entweder nur mit gebräunter Butter oder mit in reichlich Butter gerösteten, fein geschnittenen Zwiebeln, Semmelbröseln oder Nüssen – am besten schmecken gehackte Mandeln oder Pinienkerne – abschmälzen.

Elke Knittels Trüffelspätzle

Etwas Trüffelöl, einen Hauch Butter und etwas Sahne erhitzen und die leicht gesalzenen Spätzle darin schwenken. Sofort portionsweise auf vorgewärmten Tellern anrichten. Am Tisch mit einem Trüffelhobel die zuvor hauchdünn geschälten, rohen Trüffel großzügig über die Spätzle raspeln.

Trüffelspätzle schmecken pur oder mit einem grünen Salat – ein wahrhaft königliches Essen, zu dem ein Gläschen Champagner gehört.

Natürlich, Trüffel sind teuer. Doch ich finde, eine Portion Trüffelspätzle schlägt jede Kaviar- oder Hummerorgie. Auch wir Schwaben verstehen was vom Dolce Vita!

Trüffelspätzle passen sehr gut zu den Weihnachtsfeiertagen. In dieser Zeit gibt es zum Beispiel in der Stuttgarter Markthalle bei Olivana Savio Guerriero immer den herrlich duftenden Wintertrüffel. Sie bezieht die kostbaren schwarzen Pilze natürlich aus Italien und sagt: „Teure Sachen lieber selten essen – aber wenn, dann reichlich! Trüffel großzügig – wie Petersilie – über Pasta streuen beziehungsweise hobeln."

Auch früher hat man Trüffel auf dem Speiseplan geschätzt. Im „Neuen Stuttgarter Kochbuch" der Löfflerin von 1900 stehen Trüffelrezepte zwischen Champignongemüse und Pfifferlingen. Sie empfiehlt, ein Dutzend (!) feste schwarze Trüffel vor der Weiterverwendung fein geschnitten oder ganz in Wein oder Champagner zu kochen. Solche üppigen und teuren Rezepte findet man in unseren modernen Kochbüchern nicht mehr.

Die besten Trüffel stammen aus Italien und Frankreich. Das italienische Piemont ist berühmt für seinen „tartufo bianco". Die köstlichen „tartufi neri" kommen von Oktober bis Dezember ebenfalls aus Italien, aus der Gegend um Turin. Im französischen Périgord erntet man sie von November bis März. Ob nun die weißen oder die schwarzen Trüffel delikater sind, ist reine Ansichtssache. Ich bevorzuge aus optischen Gründen die schwarzen Trüffel auf meinen Spätzle.

Gurkenspätzle

Erika Wilhelmer, die umtriebige Wirtin der „Stuttgarter Stäffele" und Laubenbetreiberin auf dem Stuttgarter Weindorf, mischt fein gehobelte Salatgurke unter ihre Spätzle. Sie legte mit ihren Gurkenspätzle ein im 19. Jahrhundert beliebtes Rezept neu auf, das besonders auch bei Kindern gut ankommt. Das Rezept steht auf Seite 138.

Ein echtes Festessen: Spätzle mit Trüffeln

Spätzle

Linsen und Spätzle

Besonders gerne esse ich – wie alle Schwaben – Linsen zu meinen Spätzle. Bei Linsen gibt es sehr unterschiedliche Sorten. Ich liebe die kleinen grünen oder die großen Tellerlinsen. Aber lesen Sie in jedem Fall die Anweisung auf der Packung. Manche muss man einweichen, manche kann man sofort verarbeiten. Ganz klassisch isst man dazu Rauchfleisch und Saitenwürstle (siehe Seite 144).

Ich persönlich bevorzuge die Linsen in vegetarischer Form. Hier also meine Variante:

Elke Knittels Linsen mit Spätzle

- 250 g Linsen
- 1 kleine gelbe Rübe, sehr fein gewürfelt
- 1 kleines Stück Lauchstange, sehr fein geschnitten
- 1 Zwiebel, fein gehackt
- wenig Olivenöl
- 1 Liter Instant-Gemüsebrühe
- 2 Kartoffeln (fest kochende Sorte), fein gewürfelt
- 1 Hand voll getrocknete Steinpilze, nach Packungsanleitung eingeweicht
- 1 kräftiger Schuss Weinessig oder Balsamico
- etwas frischer oder getrockneter Thymian
- 50 g Butter
- 1 Zwiebel, in feine Scheiben geschnitten

Die Linsen falls notwendig über Nacht einweichen und anschließend in einem Sieb abtropfen lassen.

Gelbe Rübe, Lauch und Zwiebel schwitze ich in wenig Olivenöl an. Dann lösche ich mit reichlich Instant-Gemüsebrühe ab, gebe die abgetropften Linsen hinein und lasse sie bissfest köcheln. Immer wieder nachschauen, ob genug Flüssigkeit im Topf ist. Notfalls etwas Gemüsebrühe zugeben. Die Linsen gehen sehr auf. Kurz vor Ende der Garzeit gebe ich die Kartoffelwürfel hinzu. Sobald die Linsen fertig sind, entnehme ich $1/2$ Tasse, püriere sie und rühre sie zum Andicken wieder unter die Linsen. Dann füge ich die Steinpilze hinzu und lasse sie einige Minuten mitziehen. Zuletzt werden die Linsen mit einem Schuss Essig und Thymian abgeschmeckt.

Spätzle und Linsen vor dem Servieren mit in Butter gebräunten, fein geschnittenen Zwiebeln abschmälzen.

> ***Tipp:*** Wer mag, ersetzt die Steinpilze durch eine Hand voll eingeweichter Backpflaumen.

Wie man „Faule-Weiber-Spätzle" macht

Nicht jede Hausfrau hat geschickte Hände. Nicht jede kennt Beethovens „Fünfte", nicht jede ist eine Brettle- und Messerkünstlerin. Und da freilich nicht jeder Ehemann solch ein Weib gleich vertreiben wollte, fühlten sich nicht wenige ritterliche Männer geradezu aufgefordert, dem zarten, süßen, ach so schwachen Geschlecht zu helfen, die hohe Kunst der Spätzleherstellung durch entsprechende Wundergeräte zu vereinfachen.

„Faule-Weiber-Spätzle"

Es wurde getüftelt und erfunden was das Zeug hält: Spätzlepressen wie zum Beispiel der „Spätzle-Schwob", Spätzlesiebe und Spätzlehobel wie zum Beispiel der „Spätzle-Max", Spätzlemühlen und die „Spätzle-Hex". Insgesamt gibt es über 100 Geräte, mit denen Spätzle mühelos und fast wie handgeschabt hergestellt werden können.

Den Tüftlern sind inzwischen mehr als 60 Patente und Gebrauchsmuster für Spätzlemaschinen erteilt worden. Dies zeigt den hohen Stellenwert dieses Themas im Schwabenland. Auch ein Regierungspräsident, nämlich Manfred Bulling, war sich nicht zu schade, ein bisschen Spätzlepolitik zu machen: Er ließ am 20. Dezember 1984 eine von ihm erfundene Spätzlemaschine patentieren. Das „Spätzlewunder System Bulling" mit der Patentnummer DE 3304746 C2 verkauft sich bis heute gut. Seine Maschine ist ein Druckapparat: Ein Kolben wird mit Teig gefüllt, den man dann durch eine Scheibe drückt, die mit 60 unterschiedlich geformten Löchern und Schlitzen ausgestattet ist. So sollen die herausfallenden Spätzle wie handgeschabt aussehen und sich, laut Bulling, nicht mehr von solchen unterscheiden.

Die Wirtin Ingrid Blank vom Gasthaus „Rößle" in Zwiefaltendorf schwört auf die Qualität ihrer Spätzlemaschine. Die Delta-Spätzlemaschine ist die in der Gastronomie übliche, erzählt sie mir. Den Teig allerdings macht sie per Hand. Schon in aller Frühe schlägt sie 90 Eier in die große Schüssel und schafft mit dem Kochlöffel kraftvoll 5 kg Mehl darunter. Jetzt setzt sie die Spätzlemaschine ein. Was dann herauskommt – aus der Maschine und aus dem Wasser – sind Spätzle, die sich sehen lassen können und die schmecken. Wenn man der Wirtin zuschaut, wie sie schon in aller Herrgottsfrühe schaffen muss, bezweifle ich, ob man bei dieser aufwändigen Tätigkeit wirklich von „faulen Weibern" sprechen kann.

Einsatz der Spätzlemaschine im „Rößle" in Zwiefaltendorf

Natürlich kann man auch Spätzle in der Tüte kaufen. Industriell wurden sie schon kurz nach 1900 hergestellt. Das ist dann wirklich für die echt „Faulen". Alle großen Teigwarenfirmen im Schwabenland bieten getrocknete Spätzle und als Variante Knöpfle an.

Für mich persönlich allerdings bleiben die wirklich vom Brettle handgeschabten unerreicht.

Spätzle

Das Spätzlelied

Dieses Mal brauchte ich kein Lied zu komponieren. Zwar finde ich auch hier nichts im Volksliederschatz – doch Winfried Kuhn ist mir zuvorgekommen. In seinem „Spätzlebuch" veröffentlichte er 1999 ein „Spätzlesliad". Er hat's gedichtet und Conny Schock hat's komponiert.

Ein weiteres Spätzlelied, mit einem Text von Heinz Eugen Schramm und komponiert von Helmut Schell, finden wir im Buch von Siegfried Ruoß.

Das Spätzlesliad

Refr.: I mog Spätz-la. Spätz-la mit viel Soß', oh-ne mei-ne Spätz-la isch bei mir nex los!

1.: Mor-gnat's en dr Friah, geits Spätz-le en dr Briah. Spätz-la geits zur Me-digs-zeit ond wenn se's et zom Ob-nad geiht, noh schab I mr halt gschwend a paar. Spätz-la send so won-der-bar. *Refr.:*

Das Spätzlelied

Spätzla en dr Pfann'
mit zwoi Oier drann,
Spätzla us em Ofarohr
des kommt viel zu selta vor
Spätzla so wia i se mog
mit am Grmbirasalat.

Spätzla mit viel Käs
dees isch ebbas schee's
Spätzla ond a Brotastick
meglichscht groß, des isch mei Glick,
Lensa, Spatza ond an Schpeck
brengt da greeste Hong'r weg

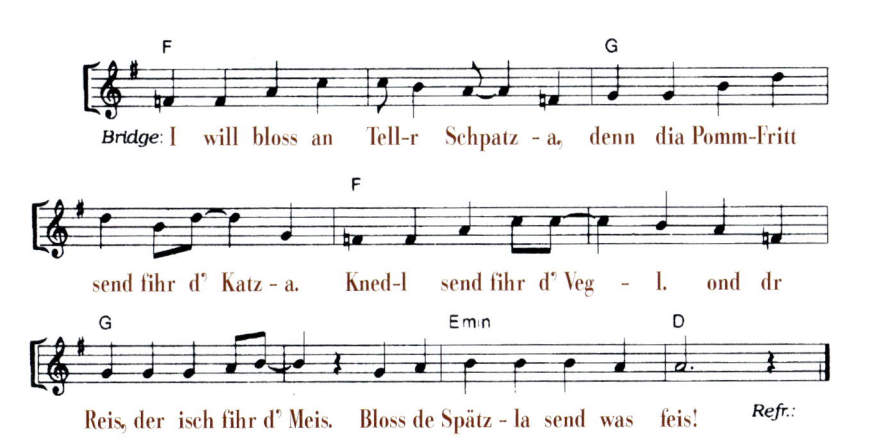

Bridge: I will bloss an Tell-r Schpatz-a, denn dia Pomm-Fritt send fihr d' Katz-a. Kned-l send fihr d' Veg-l, ond dr Reis, der isch fihr d' Meis. Bloss de Spätz-la send was feis! **Refr.:**

Oimol isch's soweit
wenn d'r G'vatt'r said,
Zeit das du en Heem'l komsch,
hosch du oimat's no an Wonsch?
Sag i in meim Sterbebett
was i jetscht am liabschta hätt:

Die Sage

Auch hier bei den Spätzle kommt eine alte Sage ins Spiel: Die abenteuerliche Geschichte von einem Trupp tapferer Schwaben taucht zu Beginn des 16. Jahrhunderts auf und geistert in verschiedenen poetischen Abwandlungen durch die volkstümliche Literatur. Die zunächst neun Schwaben werden zu sieben in der Komödie „Die Hasenjagd", die Sebastian Sailer, Kapitular des Prämonstratenserklosters Obermarchtal, in der Mitte des 18. Jahrhunderts in Mundart verfasste und aufführen ließ. Bei ihm tritt außer einem Knöpfleschwab noch ein Suppenschwab auf. Im Stück kommt zwar auch ein Allgäuer vor, Sailer zählt ihn aber nicht zur Truppe – sonst wären es nämlich acht Personen.

Die sieben Burschen sollen verschiedene Regionen des Schwabenlandes

Spätzle

charakterisieren. Allerdings schwankt die Sage weiterhin stark in ihrer Darstellungsform, sowohl was die einzelnen „Schwaben" und deren Herkunft betrifft als auch in Bezug auf deren abenteuerliche Erlebnisse.

Der große Volksdichter Ludwig Aurbacher schrieb dann auf Sebastian Sailers Darstellung aufbauend 1827 die Geschichte von den sieben Schwaben in der uns allen bekannten Version. Er vereinigt in der Person des Knöpfleschwabs den Suppen- und den Spätzleschwab. Den Allgäuer nimmt Aurbacher in die Truppe auf. In dichterischer Freiheit erzählt er die Abenteuer, die seine sieben Schwaben auf ihrem Zug gegen das Ungeheuer am Bodensee bestehen mussten. Illustriert wurden die verschiedenen Ausgaben seiner Erzählung von Moritz von Schwind und von Ludwig Richter.

Ich will versuchen, in der Geschichte das Augenmerk mehr auf den Knöpfle- oder Spätzleschwab zu lenken. Bei Sailers Knöpfleschwab sind wir aufgrund der Formulierung sicher, dass hier die Knöpfle mehr Klößleform hatten, denn er lässt den Knöpfleschwab sagen, dass er mit „an baar Dutzat Knöpfle vorliab neamma däd". Allerdings kannte ja der oberschwäbische Katholik Sailer auch nur Knöpfle.

Wie Aurbachers Knöpfle- oder Spätzleschwab diese Mehlspeise formte, wissen wir nicht. Karl Lerch behauptet in seinem „Spätzle-Brevier", zu Aurbachers Zeiten seien Knöpfle und Spätzle immer noch mit dem Löffel geformt worden. Außerdem stammt auch Aurbacher aus Oberschwaben. Er wuchs in Türkheim in Bayrisch-Schwaben auf und wurde im Kloster Ottobeuren zum Ordensmann erzogen. Sowohl Ludwig Richter als auch Moritz von Schwind zeichneten immer verhältnismäßig dicke Klöße in die Schüsseln des Knöpfle- und Spätzleschwabs. Michel Buck schreibt 1872 in seinem Aufsatz über den Schwank von den sieben Schwaben: „Der ... am frühesten bekannte der ehrlichen Schwaben ist der Knöpfleschwab ... In der Schweiz, in Oberschwaben, Lechschwaben und im Elsass heißen die Mehlklößchen Knöpfle, Knöpfli, in Niederschwaben Spätzle. Neben den Suppen aller Namen sind diese Knöpflen oder Spätzle das Leibessen der Schwaben ..." Buck will den Knöpfleschwab schon im 14. Jahrhundert in der Wolfenbüttler Handschrift im Codex des Sachsenspiegels erkannt haben, wo die vier Hauptstämme des deutschen Volkes abgebildet sind: nämlich Bayer, Sachse, Franke und Schwabe, der angeblich einen Knöpflelöffel in der Hand hält. So recht wollen wir heute diese Sachsenspiegelidee nicht mehr glauben.

Doch was wissen wir sicher? Ludwig Aurbacher war schon längst aus dem Orden ausgetreten, als er „Die sieben Schwaben" schrieb und lebte als Erzieher und Lehrer in Ulm, wo ja die Spätzle auch herkommen sollen.

Könnte man sich nicht vorstellen, dass gerade der Spätzleschwab auf seinem Marsch durchs Land einen Beitrag zur Entstehung einer fein geschabten Spätzlekultur geleistet hat? Dass gerade er den Löffel weglegte und zum Brettle und Messer griff?

Elke Knittels Sagenversion frei nach Aurbacher

Vor langer, vor sehr langer Zeit saß Hänsle in der milden Frühlingssonne vor der Haustür und träumte wie so oft vor sich hin: „Einmal", so formte es sich in seinem Kopf, „einmal werde ich etwas Großes tun. Einmal werde ich allen zeigen, was in mir steckt!"

Es musste ja nicht gleich sein, denn er wusste noch nicht so recht, was er können wollte. Während seine Eltern und seine zahlreichen Geschwister draußen auf den Feldern arbeiteten, saß er gerne allein zu Haus. Oft stöhnte sein Vater bekümmert: „Was soll nur aus dir werden, wenn du dich für nichts interessierst?" Seine Mutter flehte ihn an, wenigstens eine Mahlzeit auf den Tisch zu stellen, bis sie vom Feld heimkämen. Das war sehr wichtig im Ries, wie die Gegend um Nördlingen heißt. Über die Leute in diesem Teil des früheren Schwabenlandes, das heute zu Bayern gehört, erzählte man sich, dass sie zwei Mägen hätten und dafür kein Herz. Sie aßen nämlich fünfmal am Tag eine Suppe und dreimal dazu Spätzle oder Knöpfle. Hänsle war sehr für ein gutes Essen zu haben und ums Kochen hat er sich noch am ehesten gern gekümmert.

Während er nun darauf wartete, dass das Wasser auf dem Herd zu kochen anfing und in die Sonne blinzelte, sah er drei lustige Burschen die Straße heraufschlendern. Sie blieben vor ihm stehen, musterten ihn neugierig und fragten: „Wie sitzt sich's in der Sonne?" „Danke", brummte Hänsle abweisend, „sie mag mich!"

„Könntest ruhig ein bissle gastfreundlicher sein, wir sind hungrig und müde", maulten die drei ihn an. „Habt ihr Neuigkeiten?" fragte Hänsle. „Klar, Neuigkeiten wie die Welt sie noch nie gehört hat", versicherten sie. Daraufhin ließ Hänsle die drei in die Küche und machte sich am Herd zu schaffen. Bald stand die dampfende Suppe auf dem Tisch und die drei langten mit einem großen Holzlöffel in die Schüssel und ließen sich's schmecken.

„Ich bin der Seehas, komm' aus Überlingen am Bodensee", stellte sich der eine vor. „Ich bin der Gelbfüßler", kicherte der andere. „Hast du gelbe Füße?", wollte Hänsle wissen. „Klar", prusteten die zwei los, „das ist ein Bopfinger. Die treten so lange die Eier zusammen, bis alle in den Korb gehen."

„Ich bin der Nestelschwab und stamme wahrscheinlich aus dem Breisgau bei Freiburg", stellte sich der Dritte vor. „Bei uns näht man keine Knöpfe, sondern Bändele an, weil's praktischer ist." Alle drei lachten und gröhlten und Hänsle stimmte fröhlich mit ein. Das waren Burschen nach seinem Geschmack! Locker und flockig – cool eben würde man heute sagen.

Dass der Nestelschwab vielleicht aus dem Breisgau stammt, heißt nicht, dass er kein Schwabe ist, nur weil wir diesen Teil unseres Landes heute Baden nennen. Früher gehörte auch diese Gegend zu Schwaben. Vielleicht wundert es den Leser auch, dass der Gelbfüßler ebenfalls ein Schwabe – dazu noch aus Bopfingen – ist, wo doch heute eher die Badener als Gelbfüßler geneckt werden, weil in deren

Spätzle

Landesfarben gelb vorherrscht. Dieser Begriff ist halt mehrfach belegt. Es gibt noch eine Reihe weiterer württembergischer Orte, deren Bewohner als Gelbfüßler tituliert werden.

Ganz nebenbei schabte Hänsle Spätzle ins kochende Wasser und servierte den lustigen Gesellen diese Köstlichkeit großzügig mit Butter abgeschmälzt.

Ohne lange zu fackeln, griffen die drei zu und lobten das Hänsle ob seiner Kochkunst. Bewundernd schaute ihn der Seehas an: „So einer wie du, Hans, der fehlt uns noch. Deine Spätzlekunst ist was wert. Willst du nicht mit uns kommen und für uns kochen, auf dass Leib und Seele beieinander bleiben auf unserer gefährlichen Reise?" Geschmeichelt, dass er mit Hans angesprochen wurde, wollte er wissen, was das denn für eine gefährliche Sache wäre, die sie da vorhätten! Da fing der Seehas von dem fürchterlichen Untier an, das im Wald am Bodensee hause, und dass er mutige Leute brauche zum Kampfe gegen das Ungeheuer.

„Was soll das für ein Tier sein?", wollte Hans wissen. „Stell dir seine Ohren so breit und so lang wie dein Spätzlebrett vor und sein Maul so groß, dass es deine ganze Spätzleschüssel auf einmal schnappen kann und seine feurigen Augen so groß wie dein Salzbüchsle hier!"

Hans fing prustend an zu lachen. „Ja, ja", sagte er mit beiden Händen nach den Gerätschaften auf dem Herd greifend, „und einen Schwanz hat es wie mein Bratspieß hier und Pfoten wie meine Pfannen und ..." Da stand der Seehas auf, kletterte auf den Küchentisch, breitete feierlich seine Arme aus und sprach ernst wie ein Prediger: „Während du lachst, Hans, und uns nicht glaubst, wächst das Ungeheuer und wird immer größer – erst ein Pudelhund, dann ein Kalb und dann ..." Bekümmert schlug der Seehas seine Hände vors Gesicht, stieg vom Tisch und murmelte: „Es ist nicht auszudenken ..."

Nach einer kurzen, bedrückenden Stille redeten alle auf Hans ein, er müsse mitziehen und helfen das Untier zu besiegen. Hans wurde ganz unsicher. Was sollte er tun? War die Zeit gekommen, etwas Großes zu leisten? „Ich kann nicht kämpfen", wehrte er sich. „Das brauchst du nicht", versicherte ihm der Seehas. „Du sollst für uns kochen, denn wir müssen bei Kräften bleiben!"

Da packte Hans kurzerhand Schüssel, Topf und Pfanne, das Spätzlebrett, verschiedene Messer, Löffel und Kellen und zog mit den drei Burschen davon. Von jetzt an war er für alle der Spätzleschwab.

Seine Mutter, heißt es, habe geweint, als sie von den Nachbarn hörte, dass der Hans weg sei. Der Vater aber sprach: „Es ist gut, dass Hänsle in die Welt hinausgeht. Vielleicht kehrt er doch noch als tüchtiger Hans zurück."

Die vier zogen hinunter zum Donautal, wo sie in Ulm im Gasthaus zum Roten Ochsen einkehrten. Sie tranken Bier und bestanden darauf, dass der Hans in der Küche Spätzle machen dürfe. Erst war der Wirt über dieses Ansinnen ungehalten: „Potz Blitz!" In seiner Küche hatte kein anderer zu kochen. Doch als er hörte,

Elke Knittels Sagenversion

dass es Spätzle geben sollte, schleppte er freiwillig sein bestes Mehl und die frischesten Eier herbei. Er wollte sehen, wie man sie macht. „Das Wasser mit etwas Salz zum Kochen bringen", wies Hans den eifrigen Wirt an. „Dann schlägst du ein Pfund Mehl mit vier Eiern und einer Eierschale voll Wasser bis der Teig Blasen wirft. Jetzt nehm' ich das Holzbrettle und das Messer und du guckst mir zu!" Der Wirt schaute sprachlos zu, wie der Hans mit dem Messer locker und flink über das Brettle schabte und den Teig in Form dünner, langer Spätzle ins Wasser gleiten ließ. Während der Wirt immer wieder „Potz Blitz!" fluchte, holte Hans mit einem Sieb die oben schwimmenden Spätzle aus dem Wasser, ließ sie abtropfen und schwenkte sie in viel brauner Butter.

Inzwischen hatte die Wirtsfrau eine Schüssel grünen Salat angemacht, und alle zusammen ließen sich's schmecken. „Potz Blitz!", sagte der Wirt, „ihr braucht eure Rechnung nicht zu bezahlen, wenn ihr mir erlaubt, dem Hans seine Spätzle künftig hier im Wirtshaus nachzukochen." Dagegen hatte keiner etwas, und der Hans war stolz, dass seine Kunst offensichtlich in der Welt geschätzt wurde. Man ließ den Spätzleschwab hochleben und trank ein Bier ums andere auf sein Wohl.

Ein junger Bursche schielte die ganze Zeit neugierig vom Nebentisch aus herüber. Als der Seehas ihn bemerkte, fing er laut an, vom Ungeheuer zu erzählen, das zu besiegen sie sich aufgemacht hatten: „In dem großen Wald am Bodensee, da haust ein entsetzliches Tier. Groß wie ein Ochse, hat es Augen wie Suppenteller. Sein Schwanz aber ist ganz fürchterlich – wie der des leibhaftigen Teufels!"

„Potz Blitz! Das Ding lässt sich womöglich gern sehen und noch dafür Eintritt bezahlen!", mischte sich der Bursche vom Nebentisch ein. „Das kannst umsonst sehen", bot ihm der Seehas an, „brauchst nur mit uns zu kommen." „Potz Blitz!", donnerte der Bursche wieder los, „Mut hab' ich für zwei und fluchen kann ich wie nichts – Blitz und Hagel noch einmal! Ich komm mit!" Da freuten sich die anderen und nannten ihn den Blitzschwab, weil alle in dieser Gegend so gut fluchen können.

Nun waren sie zu fünft und zogen fröhlich lärmend weiter in die Stadt Memmingen. Dort trafen sie den Spiegelschwaben, der so hieß, weil er seine Nase so lange in seinen Ärmel schneuzte, bis dieser im Sonnenlicht glitzerte wie ein Spiegel. Das störte damals allerdings niemanden, denn ein Taschentuch zu benutzen war in jener Zeit nicht üblich. Der Seehas schilderte ihm das Ungeheuer als so groß wie ein Trampeltier mit Augen wie Mühlsteine. „Wir suchen einen, der uns mit Rat und Tat zur Seite steht", sagte der Seehas zu ihm. Darauf führte der Spiegelschwab die fünf in die Küche und erlaubte dem Hans, sich ans Kochen zu machen. Als seine Frau, die gerade beim Wäscheaufhängen war, die Mannschaft in ihrer Küche bemerkte, stapfte sie wütend herbei, um sie hinauszuwerfen. „Du elender Kerl", schrie sie ihren Mann an, „du Nichtsnutz, wie kannst du solch ein Gesindel hier hereinlassen." Gerade wollte sie ein nasses Tuch um

Spätzle

den Kopf ihres Mannes schleudern, als ihr Blick auf Hans fiel, der sich anschickte in aller Ruhe Spätzle ins kochende Wasser zu schaben. Sie ließ das Tuch sinken, das sich jetzt sanft über den Kopf ihres Mannes faltete, und schaute Hans interessiert über die Schulter. „Du gefällst mir", schmeichelte sie ihm mit honigsüßer Stimme, „lass mich auch mal probieren." Zusammen mit Hans schabte sie eine riesige Menge Spätzle. Sie war so begeistert von diesem Rezept, dass sie noch eine Schüssel Sauerkraut mit Speck und Würsten aus der Speisekammer holte. Alle aßen zufrieden und lobten das köstliche Mahl, währenddessen der Seehas wieder anfing, vom Ungeheuer zu sprechen und auf die Notwendigkeit hinwies, dass man es bekämpfen müsse.

Da fiel der Frau vom Spiegelschwaben wieder ein, was für ein Nichtsnutz doch ihr Mann sei. Ganz unvermittelt schimpfte sie auf ihn ein und schlug ihm mit dem Spatzenbrettle auf den Kopf – Grund genug für unsere fünf die Flucht zu ergreifen.

Das war zu viel für den Spiegelschwab. Er schneuzte seine Nase in den Ärmel und rannte den anderen hinterher. „Nehmt mich mit!", schrie er. „Ich kann mich zwar nicht gegen meine Frau und ähnliche Untiere wehren, aber wenn ihr einen braucht, der euch berät – bin ich dabei!" Die Beschimpfungen seiner Frau noch im Kreuz, schloss er sich der Truppe an.

Sogleich fing er an, den Seehas zu beraten: „Ich weiß euch noch einen tapferen Schwaben", sagte er, „das ist der Allgäuer, der fürchtet sich vor nichts!"

Als der Allgäuer die Furcht erregende Geschichte vom Bodensee hörte, sagte er schnell entschlossen: „Ich zieh' mit euch! Denn hier bin ich sicher, Gott verlässt einen ehrlichen Schwaben nicht!"

Als alle sieben nun einen gemeinsamen großen Mut entwickelt hatten, schworen sie sich im nahe gelegenen Wäldchen, immer Freunde zu sein und als Landsleute in allen Gefahren und Nöten zusammenzustehen. Sie beschlossen auch eine Ausrüstung zu kaufen, um dem Untier nicht unbewaffnet gegenübertreten zu müssen.

In der weltberühmten Stadt Augsburg wollten sie sich bei einem Schmied in der Waffenkammer Geeignetes aussuchen. Nach langem Hin und Her schlug der Allgäuer vor: „So wie wir durch unseren Schwur alle sieben für einen stehen, so wollen wir auch zusammen nur einen Spieß nehmen. Freilich muss er sieben Mannslängen lang sein." Alle waren einverstanden und während der Waffenschmied den riesigen Spieß fertigte, suchte sich noch jeder etwas für seine ganz persönliche Sicherheit aus. Der Allgäuer einen Sturmhut mit Feder, um seinen Kopf zu schützen, Hans, unser Spätzleschwab, einen Bratspieß, weil er damit am besten umzugehen wusste, der Gelbfüßler Sporen für seine Stiefel, damit er auch nach hinten ausschlagen könne. Der Seehas wählte einen Brustharnisch, um sein Herz zu schützen, der Spiegelschwab kaufte eine alte Blechschüssel und band sie sich aufs Hinterteil. Er fand, wenn er von hinten verfolgt würde, wäre er so am besten geschützt.

Elke Knittels Sagenversion

Während sie über die Tauglichkeit ihrer Waffen diskutierten und der Schmied noch mit der Herstellung des großen Spießes beschäftigt war, machte sich Hans daran, bei des Schmieds Frau in der Küche ein Spätzleessen vorzubereiten. „Wie machst du das?", wollte sie wissen und der Hans zeigte ihr Zug um Zug, oder besser ausgedrückt „Schab um Schab", wie's geht. Und weil sie eine sehr hübsche Schwäbin war und der Hans ihr gefallen wollte, gelangen ihm die Spätzle besonders fein, lang und dünn. Die Frau des Waffenschmieds war so angetan von dieser Lehrstunde, dass sie dazu noch ihren eben fertig gegarten Braten mit herrlicher Soße aus dem Ofen holte. Bald saßen alle samt dem Meister um den Tisch und ließen sich's schmecken. Als es ans Zahlen ging, bekam unser Hans, der Spätzleschwab, seinen Teil umsonst und hinter der Tür noch einen leidenschaftlichen Abschiedskuss von des Schmieds Frau, die unsagbar glücklich über die Spätzlestunde war.

Langsam wurde es ernst. Deshalb hörten sich unsere sieben als gute Christen noch eine heilige Messe in der Kirche von St. Ulrich an, quasi als seelische Stärkung. Sie kauften auch Proviant ein: Mehl, Eier, Butterschmalz, Speck, Käse, Zwiebeln und viele Augsburger Würste beim Metzger am Gögginger Tor. Fröhlich singend und schwer bepackt zogen sie aufgereiht an ihrem langen Spieß aus Augsburg hinaus. Der Allgäuer, der an der Spitze marschierte, weil er der Mutigste war, blies dazu auf seinem Posthorn. „Auf in den Kampf", nahmen sie sich tapfer vor und zogen kreuz und quer feldein. Das heißt, sie kamen überein, dass der beste Weg noch immer geradeaus, nämlich der Nase nach sei.

So kamen sie an Brachzell und Durlesbach vorbei und mussten durch das Flüsschen Schussen waten, bis sie plötzlich das unheimliche Schweigen eines großen Waldes umgab. „Ist das der Seewald?", flüsterte der Gelbfüßler ängstlich. „Nein, nein", beruhigte ihn der Seehas, und erleichtert und voll Muts ging's geradeaus weiter. Plötzlich rammte der Allgäuer, mit markerschütterndem Schrei, einem vor ihm liegenden Bären den Spieß mit aller Macht in den Bauch. – Längst hatten die anderen Gesellen den Spieß losgelassen und sich zu Boden geworfen.

Dem Bären hat's nicht mehr wehgetan, denn er lag schon vorher mausetot herum. Erst als der Allgäuer den Bären für echt tot erklärt hatte, erhoben sich die anderen und taten dann auf einmal recht mutig. Zupften lachend an des Bären Fell herum und kitzelten ihn mit der Hand im Rachen.

Während sie nun Rat hielten, was mit dem Bären geschehen solle, sammelte unser Hans Reisig fürs Feuer und fand Wasser in einem Bächlein. Auch mitten in der freien Natur konnte ihn keiner davon abhalten, Spätzle zu schaben. Den Teig würzte er diesmal mit fein geschnittenen Wildkräutern und servierte den tapferen Freunden die Spätzle mit einer Haselnussbutterschmälze.

Die herrliche Verpflegung befähigte die sieben zu gedanklichen Höchstleistungen, dahingehend, dass sie dem Bären das Fell abziehen und demjeni-

Spätzle

gen unter ihnen als Belohnung zusprechen wollten, der aus dem noch bevorstehenden Kampf mit dem Bodenseeungeheuer als Ruhmreichster hervorginge. Derweil sollte der Nestelschwab das kostbare Fell auf seiner Schulter mittragen.

Sie marschierten weiter und kamen immer tiefer in den Wald hinein. Er wurde so dicht und unwegsam, dass der Allgäuer nicht mehr richtig den Spieß zu führen wusste und wie ein Verrückter hin und her rannte, bis er den Spieß aus Versehen in einen Baumstamm rammte. Der ganze Heldenzug stockte und jetzt erst hörten sie Hans, den Spätzleschwab, schrecklich jammern. Eingeklemmt zwischen Baumstamm und Spieß schnappte er nach Luft. Seine Freunde machten sich daran, ihm zu helfen, doch der Spieß wollte nicht vor und nicht zurück. Da spuckte sich der beherzte Allgäuer in die Hände und riss den Baum, der so unglücklich im Weg stand, mitsamt den Wurzeln aus. Hans plumpste schwer atmend ins weiche Moos und die anderen bewunderten den Allgäuer, während dieser auch noch die Spitze des Spießes aus dem Stamm zog.

Ihr Weg führte sie weiter durchs Waldesdickicht, bis sie an einer Lichtung erschöpft Rast einlegen konnten. Da ließ sich unser dankbarer Hans nicht davon abhalten, eine Kocherei zu veranstalten. Er mischte seine Spätzle diesmal mit Allgäuer Käse und schmälzte sie liebevoll mit gebräunten Zwiebeln ab. Dazu gab's Salat aus frischem Löwenzahn. Und zu Ehren seines Lebensretters nannte Hans seine Kreation „Allgäuer Kässpätzle", was seinem sonst so hart gesottenen Retter vor Rührung das Wasser in die Augen trieb.

Wie sie so weiterzogen, kamen sie ungefähr bei Durlesbach im Wald zu der Klause eines Einsiedlers, der in frommer Weise vor seiner Hütte hockte und im Rosenkranz versunken betete.

Während der Seehas ihm erklärte, dass sie auf dem Weg zu einem fürchterlichen Ungeheuer seien und er ihnen doch bitte den Weg zum Seewald beschreiben solle, machten sich's die anderen um das Feuerchen vor der Hütte gemütlich und Hans begann einen Spätzleteig herzustellen. Diesmal wollte er die Spätzle in der Pfanne braten und einige Vogeleier, die er unterwegs gefunden hatte, darüber schlagen. Der Mönch sprach kein Wort und tat die ganze Zeit so, als seien sie nicht da, schielte aber ein ums andere Mal nach dem Hans. Als sie aber immer mehr auf ihn einredeten und auf eine Auskunft nach dem richtigen Weg drangen, stand er auf und schwenkte wortlos und bedrohlich seinen Rosenkranz. Während der Seehas noch einmal versuchte, ihm den Sinn ihrer mutigen Reise zu erläutern, griff der Einsiedler nach einem riesigen Holzkreuz und fing an, in fremder Sprache gar fürchterlich zu fluchen. Da machten sich die sieben eilends aus dem Staube. Hans aber jammerte, weil er in der Aufregung seine Teigschüssel samt Brettle und Messer hatte stehen lassen: „Wetten, dass der fromme Kerl uns nur vertrieb, um die Spätzle jetzt ganz alleine aufessen zu können", sagte er verärgert zum Blitzschwab, der mit einem vernehmlichen Knurren seines Magens

Elke Knittels Sagenversion

antwortete und dann anfing zu fluchen: „Potz Blitz noch einmal!"

Was unsere Sieben nicht erfuhren: Der Einsiedler hockte vor dem Kessel und schabte zufrieden Spätzle ins Wasser: „Spezzatto, spezzatto!"

Um voranzukommen, gönnten sich unsere Tapferen in den nächsten Tagen kaum Ruhepausen. So kamen sie nach etlichen Tagen in die Gegend von Meckenbeuren und Tettnang. Als sie ein Gasthaus sahen, kehrten sie ein und bestellten ein Bier. Da der Wirt an jenem Tag Abgesandte der Regierung erwartete, die unterwegs waren, die Reinheit des gebrauten Bieres zu prüfen, hielt er die Sieben für die Erwarteten und kümmerte sich sehr gefällig und großzügig um sie. Auch hatte er nichts dagegen, dass sich der Hans am Herd zu schaffen machte. Hans nahm seine Aufgabe, für das leibliche Wohl seiner Freunde zu sorgen, sehr ernst. Und wie er so den Spätzleteig anrührte, fiel sein Blick auf die frische Leber, die in der Schüssel auf dem Küchentisch lag. Da kam ihm die glorreiche Idee, diese zu hacken und unter den Teig zu mischen. Des Wirts hübsche Töchter halfen ihm eifrig dabei und übten abwechselnd mit dem Spätzleschwab zwei Versionen von Leberspätzle: solche, die mit dem Löffel geformt und solche, die ins Wasser geschabt werden. Aus der Küche drang fröhliches Gelächter und als alle am Tisch saßen, lobte der Wirt das gute Essen und die Sieben sein außerordentliches Bier. Sie zechten viel zu lange und tranken viel zu viel. Dennoch brachen sie in der Dämmerung auf, denn es fiel ihnen wieder der wichtige Grund ihrer Reise ein.

In alkoholisiertem Zustand und zusätzlich noch beeinträchtigt durch die hereinbrechende Nacht, verloren sie auch prompt die Landstraße nach Leutkirch und tapsten stattdessen orientierungslos in irgendwelchen Hopfengärten herum. Endlich wieder auf freiem Feld blies der Allgäuer in sein Horn und schlug vor, nach der Iller zu suchen, weil ja dann die Brücke auch nicht weit sein könne.

Plötzlich standen sie an einem Abhang und glaubten auf Wasser zu blicken, in dem sich Wellen kräuselten. Es war aber ein blau blühendes, vom Tau benetztes Flachsfeld, das der Wind im Mondlicht zum Wogen veranlasste. Hans, der Spätzleschwab, fürchtete sich: „Vielleicht sind ja große Walfische drin!" Da gab ihm der Blitzschwab von hinten einen Stoß. Hans plumpste wie ein Sack hinunter und blieb wie tot liegen. Das Scheppern seiner Pfannen und Geschirre war lauter als sein Schrei. „Der sinkt nicht", jubelte daraufhin der Gelbfüßler. Das war das Zeichen für alle anderen, der Reihe nach ins Flachsfeld zu springen. Ziemlich lädiert standen sie nach einer Weile auf und zogen weiter querfeldein. Der Hans aber sprach kein Wort mehr mit dem Blitzschwab.

Endlich glaubte der Allgäuer die Landstraße gefunden zu haben und schritt munter auf ein hell glitzerndes, breites Band zu. Doch diesmal war es die Iller. Er fiel ins Wasser und schrie: „Hilfe, ich ersauf'!" Vor Schreck liefen alle davon, nur Hans, der Spätzleschwab, blieb. Er wusste, was er dem Allgäuer schuldig war. Mutig band er sich mit seinem Gürtel an einem Baum am Ufer fest und hielt dem Allgäuer

Spätzle

mit weit ausgestreckten Armen seinen längsten Pfannenstiel entgegen. Daran konnte er sich Stück für Stück aus dem Wasser herausarbeiten und noch den langen Spieß mit herausziehen.

Hier haben wir das Heldenstück des Spätzleschwaben auf dieser Reise. Hans war jetzt quitt mit dem Allgäuer, lebensrettertechnisch gesehen. Zum Glück trug der Allgäuer sein Horn am Leib festgebunden und somit war es nicht im Wasser untergegangen. Jetzt blies er so lange darauf herum, bis es, von Wasser und Schlamm befreit, wieder Töne machte. Nachdem die Truppe sich erneut formiert hatte, wollte er nicht aufhören, den Hans vor den anderen zu loben. Endlich fanden sie auch eine Herberge, um ihren Rausch auszuschlafen.

Am nächsten Morgen ging es ohne Suppe, Knöpfle oder Spätzle gleich weiter. Jetzt fiel ihnen so nach und nach ein, was sie in der Nacht alles angestellt hatten und sie wollten sich ein ums andere Mal ausschütten vor Lachen.

Immer wieder schubsten sie sich und gingen mal vorwärts, mal rückwärts, grad so aus Jux.

Als sie an der Kronburg vorbeikamen, beobachtete sie der Junker von und auf Kronburg von seinem Burgfenster aus. Er hielt sie für eine elende Bagage und wies seinen Schergen an, die Strolche einzufangen. Der Scherg nahm sieben Bullenbeißer mit, sodass jeder unserer verschreckten Schwaben von einem zähnefletschenden Hund den Berg hinaufgetrieben wurde. Sie konnten den Junker von ihrer treuherzig vorgetragenen Mission am Bodensee nicht überzeugen. Er hielt sie für Diebesgesindel und sperrte sie ein. Weil der Junker aber trotz allem auch ein frommer und milder Herr war, befahl er, den Gefangenen Nahrung zu reichen. Da der Spiegelschwab ihn aber kannte und wusste, dass auf der Burg Schmalhans Küchenmeister war, schmiedete er mit seinen Freunden einen Plan.

Als dann der Scherg mittags eine große Pfanne voll Milchspätzle brachte und sie dem Blitzschwab reichte, weil der der Kerkertür am nächsten stand, fiel diesem ein, dass er gleich noch eine Versöhnung einfädeln könne. Statt wie besprochen die Spätzle ruckzuck aufzuessen, reichte er die Schüssel weiter zu Hans, dem Spätzleschwab: „Die ist wohl ganz allein für dich! Du bist unser Spätzleexperte. Du musst die Qualität der Mahlzeit testen." Der Scherg wies darauf hin, dass die Pfanne für alle reichen müsse, was bei unseren Sieben ein empörtes Gelächter auslöste. Hans prüfte die Spätzle fachmännisch, indem er sie befühlte und mit den Fingern quetschte. Er roch auf der Pfanne herum und aß mit großem Bedacht Löffel für Löffel. Er aß alles auf und kratzte auch noch die letzten Spätzle zusammen. Dann hing er wie ein Hund seinen Kopf tief in die Pfanne und leckte sie blitzblank. Der Scherg verfolgte mit Erstaunen diesen großen Appetit und das fachmännische Gebaren. Dann musste er sich noch anhören, dass die Spätzle nur von mittlerer Qualität seien. Zum einen seien sie nicht elegant genug bezüglich ihrer Form, zum anderen seien offensichtlich Mehl und Milch nicht gerade die frischeste Ware gewesen. Der Scherg

Elke Knittels Sagenversion

machte über alles sofort Meldung beim Junker und auch in der Küche und meinte, dass man noch sechsmal so viele Pfannen mit Spätzle füllen müsse, bevor die Gefangenen satt seien. Die Küchenmagd fing bitterlich an zu schluchzen, da sie sich nicht zutraute, diese große Menge Spätzle ganz alleine herzustellen. Und noch formschöner könne sie die Spätzle nun wirklich nicht schaben. Da müsse der gefangene Experte sie schon selbst unterweisen und gefälligst mithelfen. Außerdem machte sie dem Junker klar, dass die Mehl-, Eier- und Milchvorräte mit solch einer aufwändigen Gefangenenverpflegung schnell erschöpft sein würden.

Der Junker von und auf Kronburg erkannte die Gefahr einer Revolte der hungrigen Gefangenen. Nachdenklich runzelte er die Stirn und kam dann zu der Erkenntnis, dass es eigentlich nicht notwenig sei, der Menschheit ein so großes Opfer zu bringen, nämlich einer Bagage Magd und Küche zur Verfügung zu stellen und sich um einiger Strolche willen auszuhungern zu lassen. Er befahl die Sieben auf der Stelle in Freiheit zu setzen.

Vieles ließe sich noch erzählen von den abenteuerlichen Erlebnissen unserer Sieben. Ein frecher Bayer musste zusammengeschlagen werden. Eine Zigeunerin am Wegesrand klärte alle über ihr Schicksal auf. In Leutkirch nahm es der Allgäuer alleine mit einem wild gewordenen Ochsen auf. In einer Herberge lehrten sie dem Germanistikstudenten Adolphus, der Schwabenstreiche sammelte, das Fürchten und jagten ihn durchs Fenster. Dann foppten sie einen Tiroler, und schließlich wollten sie einem Gehenkten vor den Toren Ravensburgs den Finger abschneiden, weil ein Diebesfinger geheime Kräfte hat. Doch der Tote machte ihnen Angst und jagte sie fast bis ans Ende der Welt. Dann verfiel der Blitzschwab dem großen Jammern, weil er an das schöne Kätherle aus der Grafschaft Schwabeck denken musste. Der Nestelschwab traf vor Markdorf am Weg beim Brunnen seine alte Mutter, eine Schweizerin. Er erzählte ihr, dass er weiterziehen müsse, um Taten zu tun. Der Seehas stellte fest, dass weiterhin unklar sei, was nun der Nestelschwab für ein Landsmann sei.

Es war eine Reise kreuz und quer durchs Land. Nicht umsonst wird sie auch die „Schwäbische Ilias" genannt.

Lassen wir die Sieben endlich an den Bodensee kommen, den der Seehas seinen sprachlosen Freunden als „Deutsches Meer" vorstellte. Man sage auch Bodensee, erklärte er weiter, weil er keinen Boden habe. Bei hellem Wetter sehe man Städte, Schlösser und ganze Landschaften darin und jede Menge hübscher Nixen!

Seine Freunde zogen tief beeindruckt mit ihm weiter, an der Stadt Überlingen vorbei in ein nahe gelegenes Wäldchen – dahin, wo das Ungeheuer hauste.

Auf einer Lichtung hockten sie zur letzten Leib- und Magenstärkung zusammen. Der Spätzleschwab wuchs hier über sich selbst hinaus: Er schwang den Kochlöffel, er schlug kraftvoll den Teig, er ließ sein Messer übers Brettle tanzen, er röstete und schwenkte in Schmalz, er würzte mit

Spätzle

Kräutern und mischte einen Salat frisch von der Wiese. Er sparte an nichts.

Trotzdem kam eine große Todesfurcht über alle, während sie die Henkersmahlzeit in sich hineinwürgten. Hans, der Spätzleschwab, fing sogar an zu weinen, während er gleichzeitig versuchte, sein Maul mit Spätzle zu stopfen. Der Blitzschwab sang mit vollem Mund Lieder vom frühen Tod, und der Allgäuer seufzte ein ums andere Mal noch tiefer. Der Seehas versuchte, Mut zu spenden. Und schließlich fingen sie an, über die Schlachtordnung, nämlich ihre Reihenfolge am Spieß, zu diskutieren. Der Seehas meinte, sie sollten alle zugleich in der Reihe losziehen, wie bis hierher auch. Der Spätzleschwab hielt auch nichts von Neuerungen. Doch der Allgäuer meinte, es langweile ihn inzwischen, immer der Erste zu sein. Der Nestelschwab schlug vor, alle sollten sich nur in der Mitte halten. Der Spiegelschwab aber meinte, einer solle für alle sterben und schlug gleich den Hans als Opfer vor. Der sei der beste Bissen. Mit ihm könne das Untier am ehesten besänftigt werden. Der Spätzleschwab schrie voll Todesfurcht auf bei diesem Ansinnen und wollte sich gleich auf den undankbaren Freund stürzen: „Du wagst es, dich von mir mit Spätzle verwöhnen zu lassen und mich dann als Opfer vorzuschlagen? Man braucht mich wohl nicht mehr?" Der Spätzleschwab machte ein Geschrei und einen Wirbel, als zapple er schon im Maul des Untiers. Da ergriff der Seehas das Wort, wandte sich an den Gelbfüßler und sprach: „Gang Jockele, gang du voran, du hast Sporen und Stiefele an, dass dich der Has nicht beißen kann." Der Gelbfüßler ließ sich überreden, weil er an die Zigeunerin dachte, die ihm prophezeit hatte: „Einem, der ist übermannt, dem ist fliehen keine Schand!"

Als sie dann loszogen in Richtung Drachennest, das sie hinter einem Busch vermuteten, da machte plötzlich ein Hase vor ihnen Männle, erschrak und hoppelte davon.

Die sieben Schwaben bleiben wie erstarrt stehen, dann riefen sie: „Hast's gesehen? Groß war's wie ein Pudelhund, nein, wie ein Mastochs, nein, wie ein Trampeltier!" Nur der Allgäuer beharrte drauf, es sei nur ein Has' gewesen. Doch der Seehas erklärte, dass Seehasen halt grundsätzlich größer und grimmiger seien als alle Hasen anderswo.

Nach einem kurzen, heftigen Streit beschlossen sie, das Bärenfell samt Spieß zur Erinnerung an ihre Heldentat der Stadt Überlingen zu vermachen und im Rathaus zu deponieren.

Nachdem die tapferen Schwaben das vermeintliche Ungeheuer als ein ängstliches Häschen entlarvt hatten, redeten sie nur noch von einem gefährlichen Mythos, dem sie erfolgreich ein Ende bereiten konnten und trennten sich in alle Himmelsrichtungen. Nur der Seehas, von dem wir wissen, dass er ein ziemlicher Lügner war, hat als Anführer der Helden das Heldentum der Schwaben auf seine Weise verkündet.

Ich finde, dass Hans, der Spätzleschwab, seinen Auftrag, für das leibliche Wohl seiner Freunde auf ihrer abenteuerlichen Wanderung an den Bodensee zu sorgen, mit großer Fanta-

Elke Knittels Sagenversion

sie erfüllt hat. Er fühlte sich absolut zuständig für die Feldküche und erfand immer neue Varianten bei der Verarbeitung des Teiges aus Mehl, Eiern und Wasser. Mal legte er Knöpfle als kleine Klößle ins Wasser, mal strich er den Teig durch ein gelochtes Sieb und ließ tropfenähnliche Knöpfle entstehen, meist allerdings griff er fröhlich singend zum Holzbrettle und schabte mit dem Messer dünne Spätzle. Während der Reise kochte er, wo immer man ihn gerade ließ: in Gasthäusern, in Privathäusern und in der freien Natur. Er verarbeitete, was er vorfand. Mal gab es einfach nur Spätzle aus Mehlteig, mal verwendete er mehrere Eier oder reicherte den Teig mit klein gehackten Kräutern oder fein gewiegter Leber an. Mal wurden die Spätzle mit in Butter gerösteten Zwiebeln oder Haselnüssen überschmälzt oder lagenweise mit Käse in eine Schüssel geschichtet. Mal gab es Braten dazu, mal Linsen, mal Sauerkraut oder einfach nur eine saure Soße. Immer war diese Mehlspeise unsagbar gut und kräftigend.

Die schwäbische Performance unserer Sieben in Sachen Mut wäre anders nicht so erfolgreich gewesen.

Viele Wirtstöchter und Hausfrauen schauten dem Spätzleschwab im Verlauf seiner Reise am warmen Herd über die Schulter. Manche ließen sich gar in zärtlicher Weise von ihm instruieren. Sie von hinten liebevoll umgreifend, half er ihnen das Messer übers Brettle zu führen. „Bei einem der zwei Mägen hat, ist kein Herz nötig, denn die Liebe geht so doppelt gut", stellten seine Kumpane nicht ohne Neid fest. Es waren also nicht wenige Mädchen und Frauen, die Zeit ihres Lebens bei der Zubereitung von Spätzle und Knöpfle voll zärtlicher Dankbarkeit und mit einem heimlichen Seufzer an den charmanten Hans dachten. Natürlich gaben die Mütter das Geheimnis der vollendeten Spätzle- und Knöpfleherstellung an ihre Töchter weiter, wie diese ihrerseits an ihre Töchter ... Um jedoch keine unnötigen Irritationen in der Familie aufkommen zu lassen, wurde in diesem Zusammenhang von Hans nicht gesprochen.

Was aus ihm geworden ist? Er zog auf die Ulmer Alb, um dort, wo es bislang die dicksten Knödel und Knöpfle gab, die hohe Kunst des Spätzleschabens zu verbreiten. Seine Freunde vermuten allerdings, dass es ihn eher der schönen Mädle wegen in diese Gegend trieb.

Springerle

In die Reihe der schwäbischen Heiligtümer gehören unbedingt auch unsere Gutsle oder Brötle. Vom Weihnachtsgebäck, da verstehen wir Schwaben nämlich was, da sind wir kaum zu schlagen, was unseren Einfallsreichtum, die Güte unserer Produkte und deren Sortenvielfalt anbetrifft. Allen Sorten voran muss man natürlich die Springerle nennen. Auch heute noch sind sie etwas Besonderes, wenn sie – umgeben von Zimtsternen, Bärentätzle, Ausstecherle, Butter-S und vielen anderen Köstlichkeiten – auf dem Gutslesteller liegen. Sie beherrschen die weihnachtliche Gebäckversammlung wie Hoheiten ihr zwar köstliches, aber doch einfacheres Volk.

Einem Nichtschwaben könnte man dieses süße, schwäbische Weihnachtsereignis zum Beispiel so erklären:

Ein Springerle ist ein mit einem Holzmodel geprägtes Gebäck, das auf den ersten Blick aussieht, als wäre es zweischichtig, als säße auf einem goldgelben Sockel ein weißes Baiser.

Ein echt schwäbischer Gutslesteller

Doch der Eindruck täuscht. Das Gebäck besteht aus einem Teig. Das zweischichtige Aussehen wird während einer 24-stündigen Ruhephase der ausgemodelten Teiglinge durch das Absinken der Eigelbbestandteile im Teig vorbereitet. Beim Backen in milder Hitze „springt" dann das weiße, geprägte Bildle über dem goldgelben „Füßle" hoch. Ich denke, dass der Name Springerle nur davon abgeleitet werden kann.

Springerle – echt historisch

Springerle gibt es bei uns eigentlich nur noch auf dem Gutslesteller an Weihnachten. Doch in früheren Jahrhunderten waren sie ein Gebäck für alle Jahres- und Lebensfeste. Denn die geprägten Bilder, die wir natürlich heute auch noch gerne bewundern – besonders, wenn sie gut ausgemodelt sind – waren in früheren Zeiten von größerer Bedeutung: Als nicht jeder schreiben und lesen konnte, als gedruckte Nachrichten noch recht überschaubar waren, keine Television die Welt ins Haus holte und keine Handys ein kommunikatives Netzwerk bildeten, da konnte die bildliche Darstellung auf einem Gebäckstück eine wichtige Botschaft vermitteln und die Kraft eines Symbols durch das Verzehren seine Wirkung entfalten. Es ging hier also nicht nur darum, etwas Essbares herzustellen, sondern eben auch darum, Botschaften weiterzuleiten und zu empfangen.

Früher verschenkte man Springerle außer zu Weihnachten auch an Neujahr, an Ostern, zu Geburts- und Namenstagen, anlässlich von Taufen, Verlobungen, Hochzeiten und Kirchweihfesten. Die Paten schenkten den Kindern gern eine modisch gekleidete, schöne Dame, ein „Zuckerdockele", oder einen prächtigen Reiter. Mit einem Springerlesherz konnte man seine Liebe überzeugend ausdrücken und mit einem Handschuh ewige Treue versprechen. Die Braut und die junge Mutter freuten sich über ein „Pfetschenkind" – auch Fatschen- oder Wickelkind genannt. Ein Abc-

Reitermotive aus dem 18. Jahrhundert

Täfelchen aus Springerlesteig versüßte den Kindern den Schulanfang und ließ sie leichter das Alphabet erfassen. Für Weihnachten gab es Engel, Krippen-

St. Nikolaus-Motiv aus dem 18. Jahrhundert

szenen und die Heiligen Drei Könige. An Ostern finden wir die Kreuzigungsszene und das Gotteslamm. Sogar für Modelbilder mit frivolen Szenen und derben Sprüchen gab es genug Anlässe.

Im Kloster der Zisterzienserinnen in Lichtenthal bei Baden-Baden werden auch heute noch Springerle zu bestimmten Anlässen gebacken. So verteilt die Abtissin am Gründonnerstag Springerle mit einem Abendmahlbild an die Schwestern und Gäste des Klosters. Zum Christfest gibt es Springerle mit dem Weihnachtsstern, manchmal auch ein neu entstandenes Motiv des Weihnachtslichtes. Zum Neujahranwünschen verschenkt die Äbtissin gern Springerle mit den Initialen J-H-S für „Jesus-Heiland-Seligmacher". Es soll denen, die das Springerle essen, Segen bringen. Gelegentlich gibt es Springerle mit extra ausgesuchten Motiven zu besonderen Anlässen und Jubiläen. Das Kloster verfügt über einen eigenen kostbaren, alten Modelschatz. Um die historischen Stücke zu schonen, hat man die Model zum weiteren Gebrauch kopieren lassen. Gemodelt wird jetzt also mit den Nachbildungen.

Welch unglaublicher Motivschatz vergangener Zeiten. Welche Vielfalt. Die Darstellungen umfassten alle Lebensbereiche. Die ganz frühen Gebäckmodel waren aus Ton, Stein, oder aus Zinn, ab dem 17. Jahrhundert zunehmend aus Holz. Immer wieder wurden neue, publikumswirksame Themen gestochen. Zuerst von den Lebküchnern und Konditoren selbst – die Herstellung von Gebäckmodeln gehörte ja lange Zeit zu ihrer Ausbildung – später zunehmend von den Modelstechern, die einen eigenen Berufszweig bildeten. Sie verwendeten Obstbaumhölzer wie Apfel, Kirsche und Birnbaum, aber auch Nussbaum und für besonders feine Arbeiten auch das sehr harte Buchsbaumholz.

Die heutigen im Schwabenland in Haushaltsgeschäften und auf Weihnachtsmärkten angebotenen Springerlesmodel sind nicht nur im Format viel kleiner und handlicher als früher, sie sind leider auch sehr viel bescheidener, was Bildidee, Holzart und Schnitzqualität anbetrifft. Es gibt allerdings Aus-

Springerle – echt historisch

nahmen. Gelegentlich werden auch heute noch von guten Bildhauern – Modelstecher gibt es ja nicht mehr – meist auf Bestellung und für teures Geld qualitativ hochwertige Springerlesmodel geschnitzt. Beliebt ist es geworden, sich sein Familienwappen abbilden zu lassen. Immer häufiger wird das Gebäck auch als Werbeträger eingesetzt. Hier setzt man wieder auf die eine Botschaft vermittelnde Kraft des Bildes. So hat das Schwabenradio in Ulm vor Jahren schon mit einem „Ulmer-Spatz-Springerle" um seine Hörer geworben.

Die AOK in Sindelfingen hat ihre Mitglieder an Weihnachten mit einem „AOK-Springerle" erfreut. Ein großer Zimmermannsbetrieb in Rottweil schenkt seinen Kunden traditionell jedes Jahr ein Springerle mit einem neuen, werbewirksamen Motiv.

Springerle für Werbezwecke einzusetzen, ist nicht ganz neu. Schon 1870 gab es Springerlesmodel mit dem eisernen Kreuz und auch 1914, zum Ausbruch des Ersten Weltkriegs, nutzte man dieses Medium. Ich kenne einen Model in Privatbesitz, in den nicht nur die „dicke Berta", so hieß damals eine Kanone der Firma Krupp, sondern auch das Eiserne Verdienstkreuz geschnitten ist.

Süße, nach Anis duftende Springerle als Kriegspropaganda! Auch die Kochbücher richteten sich ein und formulierten „Kriegsrezepte" für Gutsle und andere Speisen. So heißt ein Rührkuchen in der Löfflerausgabe von 1927 „Das Eiserne Kreuz", weil er in der passenden Form gebacken wird.

Dass sich die politischen Geschehnisse der jeweiligen Zeit nicht nur in den Namen von Gutslesorten – etwa Napoleonhütchen, Husarenkrapfen, Wiener Kipferl, Pfaffenbrod, Kaiser-Brod –, sondern manchmal auch in Motiv und Form wiederspiegeln, können wir auch heute noch beobachten. So entdeckte ich vor kurzem, passend zur Euro-Umstellung, in einer Stuttgarter Konditorei ein süßes „Pfauenauge" als Euro-Zeichen. Selbst eine Schinkenwurst hatte eine Schinkeneinlage in Form des Euro-Zeichens!

Oben links ist das „Ulmer-Spatz-Springerle" zu sehen

Springerle

Doch zurück zum Thema Springerle: Der aus Übersee eingeführte Rohrzucker war in früheren Zeiten eine unglaublich kostbare Ware und wie auch die Gewürze nur an den Tafeln des Adels und der reichen Patrizier zu finden. Wie viele andere Köstlichkeiten, die für uns heute selbstverständlich sind, wurde er lange Zeit teuer in der Apotheke verkauft. Wer kennt nicht den Ausspruch: „Das sind ja Apothekerpreise!" Seit dem 18. Jahrhundert leisteten sich dann auch die reichen Bürgerhäuser häufiger Zucker zur Zubereitung von Speisen. Doch lange blieb er ein ausgesprochener Luxusartikel und wurde in kostbaren und natürlich verschließbaren Dosen aufbewahrt. An der Süße der Tafel ließ sich die gesellschaftliche Stellung und der Reichtum der Familie ablesen. Goethes Großmutter war für ihr Christkonfekt berühmt, insbesondere für ihre Frankfurter Brenten. Dieses Marzipangebäck war Mörike ein eigenes Gedicht wert. Schillers Mutter glänzte an Weihnachten mit ihren Quittenhüppen. Das breite Volk aber, zu dem auch ich mich zähle, musste warten, bis die heimische Industrie den Rübenzucker herstellte. Das geschah – ausgelöst durch Napoleons Kontinentalsperre – in ausreichendem Maße erst gegen Mitte des 19. Jahrhunderts. Doch dann ging's los mit dem süßen Leben ... Zuckerrevolution in unseren Küchen!

Wenn wir mit diesen Kenntnissen die Springerlesgeschichte früherer Zeiten ansehen, dann wird uns klar, dass nicht nur die Magie und Symbolkraft der Bilder auf dem Gebäck, sondern auch dessen unglaublich teure Zutaten die Beschenkten beeindruckten. Häufig wurde die Kostbarkeit des Gebäcks durch Bemalen, Vergolden – gelegentlich auch Versilbern – noch gesteigert. Die Farben stellte man aus Wurzeln und Säften her. Die Dekoration mit echtem Blattgold steigerte die optische Pracht des süßen Naschwerks noch einmal erheblich.

Springerleswahn

Es gibt keine Sage, die von diesem Gebäck berichtet. Nein, viel aufregender: Es gibt eine wahre Geschichte – meine.

Als Volontärin im Museum durfte ich – es war eine meiner ersten Aufgaben – meinem Kollegen bei der Präsentation einer kleinen Modelausstellung im Alten Schloss in Stuttgart helfen. Ich war hingerissen von den Motiven auf den alten Holzmodeln: Kutschen, Engel, Damen, Herzen, Reiter ... So prächtig geschnitzte Motive kannte ich aus der Weihnachtsbäckerei meiner Familie nicht.

Einige wenige gebackene und bemalte Springerle wurden ebenfalls in die Vitrine gelegt. Martha Saile, die betagte Springerleskönigin von Stuttgart, hatte sie gemacht. Da kam mir, die ich eigentlich mit der Öffentlichkeitsarbeit des Museums beauftragt war, die zündende Idee: „Man müsste im Museumsshop Springerle verkaufen. Solche, die mit diesen wunderschönen Modeln geprägt wurden!" Ich dachte, so wie ich privat über keine so schönen Model verfüge, so geht's vielleicht auch vielen anderen ... Und die würden sich dann freu-

Springerleswahn

en, wenn sie wenigstens die damit ausgeformten Springerle erwerben könnten. Meines Erachtens war dieses mein Vorhaben ein ganz wichtiger Beitrag zu unserer Modelausstellung in der Vorweihnachtszeit.

Doch wenn ein Model erstmal zum Museumsobjekt ernannt worden ist, dann ist er nicht mehr nur ein Küchengerät. Wem konnte man die kostbaren Model zur Herstellung von Springerle überlassen?

Damals, in den 70er-Jahren, war keiner der renommierten Stuttgarter Konditoren bereit, eine solche Springerlesproduktion für uns zu übernehmen. „Wird zu teuer, ist zu viel Handarbeit, rechnet sich nicht!", das waren die Antworten, mit denen ich mich natürlich nicht zufrieden geben konnte. Was blieb mir anderes übrig: Ich musste selbst backen!

Meinen mehr als skeptischen Kollegen musste ich schwören, die Model keinesfalls mit Teig zu verkleben und sie nicht ins Wasser zu legen. Auch musste ich die wertvollen Stücke versichern lassen. Dann ging's los. Meine Tante Hanno – beste Gutslesbäckerin aller Zeiten – ließ sich überreden, den Teig zu machen. Ziemlich viel sogar. Ich selbst konzentrierte mich aufs Ausmodeln, Backen und Bemalen.

Dank der hervorragenden Beschaffenheit des Teiges gelang eine wunderbare Produktion von 150 großformatigen Springerle, die – mit Lebensmittelfarben bemalt und in Zellophantütchen verpackt – das Angebot unserer Verkaufstheke im Museum bereicherten. Meine Kollegen waren gar nicht begeistert von meiner „populistischen" Werbeidee!

„Sind wir denn ein Bäckerladen?", spöttelten sie. Diese Aktion brachte mir bei ihnen kein bisschen Ansehen ein. Bei den Museumsbesuchern allerdings fanden die Springerle sofort reißenden Absatz.

Was für mich hiermit erledigt war, fing jetzt erst richtig an. Mein Telefon lief heiß und noch im August hieß es: „Wann kann man wieder die schönen Springerle kaufen?" Doch ich konnte ja aus meinem Zuhause keine Dauerbackstube machen, außerdem weigerte sich Tante Hanno für mich noch einmal die Backmaschine zu spielen. „Warum", überlegte ich, „backen die Leute eigentlich nicht selbst? Sie bräuchten natürlich die Model – die schönen!"

Damit war die Idee der Springerlesmodelkopien geboren. Kopien von historischen Backmodeln gab es damals noch nirgends zu kaufen. Diese Kopien, die wir aus Gips und später aus Kunstholz nach unseren Museumsoriginalen herstellen ließen, wurden ruck, zuck zum Verkaufsschlager an unserer Museumstheke. Sie sind es bis heute, also seit über 25 Jahren, und zwar das ganze Jahr über! Inzwischen gibt es Modelkopien aus verschiedenen Materialien an vielen Orten in vielen Städten zu kaufen. Wir haben eine richtige Springerlesmodelkopie-Welle ausgelöst. Noch immer baut sich diese Welle eher auf, als dass sie abebbt.

Es gibt auch anderswo springerleähnliches Gebäck, so zum Beispiel in Jugoslawien und in Schottland. Doch während der Springerlesteig in Jugoslawien gar nicht geprägt, sondern nur ausgestochen wird, prägt man ihn

Springerle

in Schottland, gibt sich aber mit drei Motiven zufrieden: Distel, schottischer Löwe und Andreaskreuz. Also keine Modelkultur! Kein Wunder, dass der reiche Bilderschatz unserer Model so beliebt ist. Besonders in Amerika und Kanada. Hier scheint eine globale „Verspringerlung" im Gange zu sein: „Pressed cookies with historic moulds."

Wir legten unseren Modelkopien einen Text zum Thema Gebäckmodel bei und ein allseits bekanntes Rezept aus der Biedermeierzeit.

Unser historisches Rezept aus der Schweiz – Springerle waren ja nicht nur in Württemberg, sondern auch in Baden und Bayern, im Elsass, in Österreich und eben auch in der Schweiz verbreitet – war zwar lustig zu lesen, als moderne Backanleitung taugte es jedoch nicht.

Immer wieder wurde ich an der Museumstheke in Gespräche über Springerle verwickelt. Dann gab ich das Rezept von Tante Hanno aus dem „Kiehnle-Kochbuch" weiter. Ich wusste es auswendig: 4 Eier, 1 Pfund Zucker, 1 Pfund Mehl, eine Messerspitze Hirschhornsalz, Anis fürs Blech. „Springerlebacken – kein Problem!", erzählte ich den staunenden Besuchern. Schließlich hatte ich mit der Herstellung der Springerle für die Verkaufsaktion im Museum keinerlei Schwierigkeiten. Die ganz Unerfahre-

---

Nimm von Mehl ein Pfund, siebe es fein und stell' es über Nacht ins Ofenloch. Nimm ein Pfund trockenen Zucker und vier Eier, aber große, zwei Eßlöffel ausgeblasenen Anis – wenn Du's fein haben willst, sollst Du ihn im Ofen bähen. Vom alten Baselbieter Kirsch zwei Eßlöffel (lupft sie gut und vertreibt den Eiergeschmack). Zucker, Eier und Anis laß vom ältesten Buben rühren, dann vom zweitältesten, dann vom dritten, zusammen wenigstens eine halbe Stunde, dann gib das Chrisiwasser dazu, schaffe das Mehl darunter und wirke den Teig auf dem Wallbrett, bis er schön verbunden ist. Wälle den Teig auf, aber nicht zu dünn, und drücke mit Sorgsamkeit und Kraft die Model auf. Hernach alles auf mehlbestäubtem Brett 24 Stunden in die Wärme gestellt und bei schwacher Hitze backen. Um sie schön weiß zu haben, stäube vor dem Backen Mehl darauf und blase es nachher weg. Kriegen sie keine Füßchen, so schimpfe die Buben aus oder die Stubenmagd: war schlecht gerührt oder Durchzug in der Stube. Springerli ohne Füßchen sind eine Ärgernuß.

Springerleswahn

nen dachten, das Gebäck werde im Model selbst gebacken. Ihnen erklärte ich, dass man die Holz- und Gipsmodel nur zum Prägen des Teiges verwendet. Ausstecherle werden ja auch nicht im Förmchen gebacken. Diejenigen, die schon Springerle gebacken hatten, verwickelten mich und andere Museumsbesucher immer wieder in heftige Diskussionen. War es doch nicht so einfach? Das einzig wahre Rezept wurde gesucht – eines mit Erfolgsgarantie!

Ich musste mir sagen lassen, dass es Tricks gebe, wie besonders langes Rühren der Eier-Zucker-Masse, langes Ruhen des Teiges in der Kälte, Kaltstellen der Holzmodel vor dem Ausprägen, langes Trocknenlassen der ausgeprägten Teiglinge, Bestreichen der Gebäckunterseite mit Zuckerwasser, Einschieben eines weiteren Backbleches über dem Gebäck während des Backens. Ich hörte von den unterschiedlichsten Backtemperaturen und von geöffneten und geschlossenen Backofentüren. Ich erfuhr von verschiedenen Ausformtechniken: Mal sollte der Teig in den Model gedrückt werden, dann wieder der Model in den Teig.

Es dauerte fast 15 Jahre, bis ich mich entschied, der Backhilflosigkeit unserer Museumsbesucher endlich eigene Erfahrungen entgegenzusetzen. Ich beschloss, ganz ohne Tantchen Springerle zu backen – nach dem uns allen bekannten Rezept. Ich kündigte meinen Töchtern ein unvergleichliches Springerlesbackwochende an und brachte schöne Modelkopien aus dem Museum mit. Ein Fest sollte es werden für mich und meine Töchter. Ein Event!

Es wurde ein einziges Fiasko. Alles klebte. Überall war Teig. An unseren Händen, am Wellholz, in den Modeln. Kein einziges Springerle kam zustande, mit dem wir hätten zufrieden sein können. „Hast du nicht gesagt, du hättest das mal fürs Museum so gut gemacht?" Ich blamierte mich vor meinen Kindern bis auf die Knochen. Ich musste zugeben, dass meine Springerlesbackaktion mit Hannos Teig schon eine lange Weile zurücklag. Meine Töchter wendeten sich achselzuckend aufregenderen Geschehnissen zu. Ich nahm derweil – mit mir und der Welt beleidigt – den Kampf mit Bürste und viel kaltem Wasser auf. Meine langjährige Unbekümmertheit hatte beträchtlichen Schaden genommen.

Die Geschichte könnte hier eigentlich zu Ende sein. Ich hätte das Thema Springerle klammheimlich ad acta legen können. Doch ich wollte diese Blamage nicht auf mir sitzen lassen. Ich wollte in der Diskussion mit unseren Museumsbesuchern wieder Überzeugungskraft ausstrahlen. Außerdem hatte ich meinen Töchtern versprochen, das beste Springerlesrezept ausfindig zu machen. Springerleswahn!

Ich begann in alten und neuen Kochbüchern zu recherchieren. Ich wollte sehen, wie sich das Springerlesrezept durch die Jahrhunderte entwickelt hat, ob es eine Änderung oder gar eine Anpassung an die moderne Zeit widerspiegelt.

Das älteste springerleähnliche Rezept aus den Zutaten Ei, Zucker, Mehl und Anis fand Fritz Hahn unter dem Namen „Anis-Räutlein" in dem „Haus- Feld- Artzney- Kunst- und

Springerle

Wunderbuch" von Johann Christoph Thiemen, das von Johann Hofmann 1682 in Nürnberg verlegt wurde. Der Name „Springerl" taucht dann in einem 1688 in Graz gedruckten „Koch- und Arzneybuch" auf. Dort wird der Teig allerdings nur mit Eiweiß hergestellt und mit Zimt, Muskatnuss, Gewürznelken sowie Zitronenschale abgeschmeckt.

Ich selbst sammelte Springerlesrezepte aus zwei Jahrhunderten unter folgenden Namen: Springerlein, Springerlen, Gerührte Gutele, Weiße Tirgeli, Anisbrötli, Badener Chräbeli, Milchspringerlein, Wasserspringerlein, Eierspringerle und Springerle!

Generationen von Frauen haben sich beim Backen, Kochen und Wirtschaften auf die Anweisungen von Friederike Luise Löffler verlassen. Sie empfiehlt in ihren frühen Kochbuchausgaben neben Springerle „auf gewöhnliche Art" auch solche „auf andere Art mit Mandel". Ihre Springerlesrezepte kommen bis auf eine Ausnahme – in der Ausgabe von 1851 wird Pottasche angegeben – ohne Triebmittel aus. In der Auflage von 1897 wird stattdessen Kirschgeist zur Lockerung des Teiges empfohlen.

Marie Susanne Kübler prägt ab 1849 mit ihren Briefen an eine Freundin über „Das Hauswesen" 40 Jahre lang die Welt der Hausfrauen. Sie empfielt zusätzlich eine feinere Art Springerle mit sechs Eiern sowie eine Variante mit Füllung. Zur Teigherstellung verwendet sie Pottasche. Im 20. Jahrhundert beeinflussten dann die Kochbücher von Hermine Kiehnle – die erste Auflage erschien 1912 – und Luise Haarer – ab 1931 – durch ihre außerordentliche Verbreitung die Küchentalente von Generationen schwäbischer Hausfrauen. Ihre Springerle werden mit Hirschhornsalz hergestellt. Dieses Triebmittel hat tatsächlich etwas mit Hirschen zu tun, wie mich der Blick ins Lexikon lehrt. Es handelt sich um Ammoniumkarbonat, das früher aus Hörnern und Klauen von Tieren gewonnen wurde. Es wird seit über 100 Jahren für den Springerlesteig verwendet, weil es sich besonders für Flachgebäcke eignet und den gewünschten „Füße" auf die Beine hilft. Davor nahm man Pottasche, ein kohlensaures Salz und eines der ältesten Triebmittel. Heute wird oft auch Backpulver empfohlen.

Allgemein kann man allerdings feststellen, dass sich die Verwendung von Hirschhornsalz als Backtriebmittel für Springerle durchgesetzt hat.

Dass in manchen Rezepten die Eiermenge als „mit der Schale gewogen" angegeben wird, beweist, dass die Eimasse in einem sensiblen Verhältnis zur Zucker- und Mehlmenge steht. Unterschiedlich ist gelegentlich die Verarbeitung: Mal wird erst das Eiweiß zu Schnee geschlagen, mal werden die ganzen Eier mit dem Zucker gerührt. Das kann Zucker oder Puderzucker – auch Staubzucker genannt – sein, manchmal je zur Hälfte. Doch wie mühsam war die Backerei in früheren Jahrhunderten! Wir können uns heute kaum vorstellen, dass Zucker in großen Brocken oder als Zuckerhut verkauft wurde. Er musste erst zerstoßen und dann geläutert, sprich von Unreinheiten befreit werden. Dies geschah durch mehrmaliges Aufkochen – oft

Springerleswahn

zusammen mit Eiweiß – und Abschäumen. Puderzucker musste dann im Mörser hergestellt werden. Ein Kraftakt! Immer wieder wird beim Mehl das Warmstellen und Sieben betont. Früher war das eine sehr wichtige Rezeptforderung, denn das in hölzernen Kästen aufbewahrte Mehl war meist feucht und klumpig. Es wird empfohlen, feinstes Weizenmehl zu nehmen. Zur Zeit unserer Großmütter gab es in der Vorweihnachtszeit spezielles Springerlesmehl. Es handelte sich um Mehl der Type 00, wie es uns zum Beispiel Luise Haarer in ihren Rezepten empfiehlt. Dieses Mehl ließ der Müller beim letzten Mahlgang nochmals über eine Porzellanwalze laufen. Es entspricht unserer heutigen Type 405, die wir etwa seit den 1930er-Jahren kennen. Die Verwendung von Kirschgeist, Zitronensaft oder fein geraffelter Zitronenschale, von Arrak und Rum variiert in den Rezepten. Anis gehört immer dazu. Gelegentlich tauchen Teigvariationen mit Mandeln auf. Die Verwendung von Mandeln und Rosenwasser lässt eine Anlehnung an das Marzipanrezept erkennen. Springerle werden ja auch als „Bauernmarzipan" bezeichnet.

Rezepte, bei denen die Eier teilweise oder ganz durch Wasser oder Milch ersetzt werden, ergeben die so genannten Wasser- oder Milchspringerle. Etwa seit 1730 ist die Herstellung von Wasserspringerle besonders in Franken beliebt.

Zu den eher seltenen Varianten gehören „gesottene Springerle" (Gutele), die ich in einem Faksimile von „Großmutters Rezepte" von 1894 finde. Hier wird ein Schoppen Rosenwasser mit 700 g Zucker aufgekocht, nach dem Erkalten mit den Eiern verrührt und zum Springerlesteig verarbeitet. Für „braune Gutele" – im selben Kochbuch – wird Honig mit Zucker aufgekocht. Für die „gefüllten Springerle", die Marie Susanne Kübler in ihrem Kochbuch „Das Hauswesen" von 1899 empfiehlt, braucht man besonders tief geschnittene Model, sodass die mit dem Teig eingedrückte Vertiefung mit Eingemachtem oder Mandelfülle ausgestrichen und mit einem dünneren Teigstück – das spätere „Füßle" – abgedeckt werden kann. Bei allen Angaben zur Herstellung des Teiges wird nachdrücklich auf das lange Rühren der Eier-Zucker-Masse hingewiesen – in der Regel eine halbe, manchmal auch eine ganze Stunde. Erst dann wird weiter „gewalkt", „geschafft" oder „geknetet". Die zwei Ausmodeltechniken – den Model in den Teig drücken oder den Teig in den Model – halten sich in den Koch- und Backbüchern die Waage. Es scheint sich hier um eine Art Weltanschauung zu handeln.

Die Angaben zur Backhitze und Backdauer sind vorwiegend ungenau oder kaum formuliert. Häufig heißt es „nur bei mäßiger Hitze" oder „im abgekühlten Ofen". Kein Wunder, denn die Temperaturregelung in Holz- und Kohleherden und in den Backhäusern war schwierig und blieb unsicher. Mit Papierstreifen wurde die Temperatur getestet. Die Verwendung von hartem oder weichem Holz bestimmte, ob das Feuer lang anhaltend oder geschwind und hell sein sollte. Die jüngeren Rezepte äußern sich etwas genauer, aber uneinheitlich: Sie emp-

Springerle

fehlen das Backen bei „mittlerer" oder „schwacher Hitze". Die Angaben schwanken zwischen 150 und 180 Grad. Die Backdauer variiert von 20 bis zu 40 Minuten. Der Hinweis, dass das Ergebnis des Backvorgangs „weiße Bildle" und „gelbe bis hellbraune Füßle" sein soll, ersetzt weitgehend genauere Angaben zu Temperatur und Backdauer.

Interessant ist, dass gerade in der jüngsten Vergangenheit immer wieder die historischen Rezepte – häufig nicht zeitgemäß überarbeitet – neu aufgelegt werden. Sie sind meines Erachtens eher nostalgisch zu verstehen, aber nicht als praktische Backanleitung.

Hier das Rezept aus dem „Göppinger Kochbuch" von 1798:

Doch genug der vergleichenden Betrachtungen! Ich erkannte, dass in den alten Rezepten ohnehin „Selbstverständlichkeiten" nicht formuliert wurden. Das Küchen-Know-how der jeweiligen Zeit wird von den meisten Kochbuchautorinnen und -autoren vorausgesetzt. Dies gilt auch für die privaten Rezeptsammlungen, die in der Regel noch dürftiger formuliert sind.

Deshalb begann ich, mich mit allen, die schon Springerle gebacken hatten, zu unterhalten. Wo immer ich hinkam, auf Geburtstagsfeste, auf Partys, bei Kulturtreffs oder Ausstellungseröffnungen – überall versuchte ich mein derzeitiges Lieblingsthema anzubringen. Worauf ich doch so allerhand

---

Es werden vier Eyer mit einem Pfund Zucker eine Stunde lang gerührt, alsdann wird ein Pfund Mehl dazu gethan; es ist aber nicht nöthig, dass das Mehl ganz hineingehe, man muß eben den Taig noch wellen können. Hierauf macht man Pläzlen Messerrückendick, der Taig wird etwas gemehlt und in die Mödel gedrückt; auch muß man den Taig, der vom Abschneiden abfällt immer wieder zu einem freschen Stücklein Taig nehmen, bis er gar ist; den Taig in der Schüssel hält man zugedeckt mit einem feuchten Tüchlein, dass er keine so dicke Haut bekomme.

Die Springerlen legt man auf ein Brett, welches nur mit einer bemehlten Hand überfahren ist, läßt sie über nacht oder ein paar Stunden in der Stuben, wo es nicht zu heiß ist und wo sie nicht feucht stehen. Hierauf wird ein Blech mit Butter geschmiert und mit Anis bestreut, die Springerlen drauf gelegt und in einer nicht grossen Hitze gebacken; nach dem brod bey dem Becken ist es am besten.

Springerleswahn

erfuhr, was nicht in den Kochbüchern steht. Springerleswahn!

Die echten Tipps und Tricks, die zum Gelingen des Gebäcks beitragen konnten, wurden in Form praktischer Anleitungen und als mündliche Vermächtnisse – geheiligt und geliebt – über Generationen weitergegeben. Auch heute noch.

Beim Lesen der alten und neuen Kochbücher und nach vielen Gesprächen mit schwäbischen Hausfrauen und einigen passionierten Männern ist mir aufgefallen, dass die überlieferten Rezepte in den letzten 300 Jahren keine nennenswerten Änderungen erfahren haben. In den Familien hat man sie als „Heiligtümer" vererbt. Doch irgendwie hat sich das Springerlesbacken mystifiziert.

Die Geschichte ad acta legen? Nein! Jetzt fing sie ja erst richtig an. Der Wahn erfasste mich zunehmend. Ich beschloss, dem „geheiligten" Springerlesrezept zwar seine Heiligkeit zu lassen, es aber unserer Zeit anzupassen. Ich meine herstellungstechnisch. „Wozu", sagte ich mir, „gibt es Rührmaschinen, Umluft- und Mikrowellenherde, Föhne zum Trocknen und beste Backzutaten: feines trockenes Mehl, staubzarten Puderzucker, frische Eier und einwandfreies Hirschhornsalz?" Nichts wollte ich mehr dem Zufall überlassen. Weder die Mengen der einzelnen Zutaten noch die Temperatur des Herdes.

Meine Familie, insbesondere mein Mann, beobachtete verwundert meine Vorbereitungen. Ich bestückte die Küche mit viel Mehl, Zucker und Eiern. Ich kaufte weitere Bleche, legte Bretter parat und Model und versuchte gleich auch die Aufbewahrungstechnik der Springerle zu kontrollieren, indem ich alle denkbaren Behältnisse vom Pappkarton über Blechdose und Steingutgefäß bis zur Porzellanschüssel bereitstellte. Ich entwendete meinem Mann seine diversen Feuchtigkeitsmesser, um das Klima in den Behältnissen kontrollieren zu können. Ich legte Karteikarten zurecht, um alle Ergebnisse meiner naturwissenschaftlichen Backreihe schriftlich festzuhalten.

Fragen sie mich nicht nach den ersten Backwochenenden! Das mit dem Föhnen der ausgemodelten Teiglinge, quasi zur Verkürzung der vorgegebenen Trockenzeit, wurde nichts. Das mit dem Mikrowellenherd zur Erleichterung des Hochspringens des „Bildles" über dem „Füßle" brachte schon gleich gar nichts. Das mit dem kürzeren Rühren erwies sich als ganz schlecht, der Verzicht auf das Sieben von Mehl- und Puderzucker schien auch nicht der beste Einfall.

Ich erhoffte mir von einem Lebensmittelchemiker, von Professor Wolfgang Schwack, die entscheidende Hilfe in Sachen Modernisierung des Rezeptes. Der viel beschäftigte Professor an der Universität Stuttgart-Vaihingen gewährte mir eine Telefonaudienz und gab mir folgende Ratschläge: Lieber die Eier-Zucker-Masse länger rühren als zu kurz, damit sich die Zuckerkristalle vollständig lösen. Mit Puderzucker sei man schon mal im Vorteil. Es sei nicht notwendig, das Rührgerät auf höchster Stufe laufen zu lassen und womöglich zu ruinieren. Allein die Dauer des Rührvorgangs sei entscheidend dafür, dass sich der Zucker löse, nicht die Geschwindig-

Springerle

keit. Weiter empfahl der Professor das Mehl zu sieben, obwohl es schon fein genug in der Tüte sei. Aber durch das Sieben werde es mit Sauerstoff vermischt und sei dann luftiger, was sich in jedem Fall positiv auf den Teig auswirke. Ich schluckte ziemlich desillusioniert. „Aber ruhen muss der Teig doch nicht unbedingt, oder?" „Ja wissen Sie, dem Teig tut eine Ruhezeit gut. So können sich alle Stoffe besser lösen und neu verbinden."

„Und was ist mit dem Trocknen der geprägten Teiglinge?", wollte ich wissen. „Ob die Trockenzeit von etwa 24 Stunden verkürzt werden kann, sollten Sie ausprobieren", meinte Wolfgang Schwack. In jedem Fall sei es wichtig, dass das Gebäck gut abgetrocknet sei, bevor es in den Ofen kommt, denn sonst würden die „Füßle" beim Backen breit auseinanderlaufen. Auch eventuell noch ungelöste Zuckerkristalle im Teig könnten solches bewirken.

Nach diesem Telefongespräch war ich ziemlich deprimiert. Nichts von dem, was ich modernisieren wollte, war möglich. Voll Anerkennung musste ich feststellen, dass unsere Vorfahren es ganz ohne Kenntnisse der modernen Lebensmittelchemie richtig gemacht hatten. Die zwei wichtigsten Punkte der Herstellung sind also: Eier und Zucker lange, lange rühren und die ausgemodelten Teiglinge lange, lange trocknen lassen.

Und all die Tipps vom Mehlsieben, die Eier rechtzeitig aus dem Kühlschrank nehmen, den fertigen Teig eher länger als zu kurz ruhen lassen – all diese altmodischen Dinge machen beim Springerlesbacken Sinn.

Eigentlich hätte ich hier die Springerlesgeschichte verlassen können. Doch es war noch das Problem der Härte des Gebäcks zu lösen. Ich erinnerte mich an meinen Opa, der die harten Springerle in den Kaffee eintunken musste, weil sie von uns Kindern an Ostern keines mehr essen wollte. Wegwerfen kam ja früher nicht in Frage.
Springerleswahn!

Ich weiß nicht, warum es heißt, man solle Springerle Anfang November backen, damit sie an Weihnachten weich sind. Es wird sogar so getan, als könne man sie vorher gar nicht essen. Stimmt alles nicht! Frisch schmecken Springerle wirklich am allerbesten. Könnte es sein, dass raffinierte Hausfrauen mit dieser Erklärung das Gebäck vor der Naschlust ihrer Familien bis Weihnachten zu retten versuchten? Eine fatale Idee, denn meist waren die Springerle bis dahin dann wirklich hart und ungenießbar.

Klassische Aufbewahrungsarten sind Pappkartons, die man bei kaltem, feuchtem Wetter auf den Balkon stellt, mit Küchentuch zugebundene Steingutgefäße, so genannte Schmalzhäfen, auf der Kellertreppe und natürlich in neuerer Zeit die luftdicht verschließbaren Tupperschüsseln. Man kann Apfelschnitze zu den Springerle legen. Deren Schnittfläche darf allerdings das weiße Bildle nicht berühren, sonst gibt es Flecken. In jedem Fall sollte man das Gebäck zwischen Butterbrotpapier oder Alufolie schichten. Keinen Küchenkrepp verwenden, er würde den Springerle zu viel Feuchtigkeit entziehen.

Mein Tipp: Genießen Sie Springerle wie Kuchen, vormittags in den Back-

Springerleswahn

ofen, nachmittags auf die Kaffeetafel. Wer einmal in solch ein zartes Stückchen gebissen hat, während der Anisduft noch in den Räumen hängt, der weiß, wovon ich rede.

„So", dachte ich, „jetzt ist alles erforscht." Ein ganzes Jahr lang schleppte mein geduldiger Mann immer wieder Eier, Mehl und Zucker für mich herbei und überhörte großzügig das Knirschen des Zuckers unter unseren Sohlen. Ein Jahr lang durfte meine Familie die allermeisten Springerle nicht aufessen. Ein Jahr lang standen immer irgendwo Backbleche mit ungebackenen Springerle rum. Ein Jahr lang stieß man in allen möglichen Winkeln der Wohnung auf meine Aufbewahrungslägerle. Ein Jahr lang standen immer Pinsel, Farben und Blattgoldpäckchen parat. Ein Jahr lang dauerte es, bis ich mein einzig wahres Rezept formuliert hatte und dann in Form eines Buches mit dem Titel „Springerles-Back-Lust" auf den Markt brachte.

Uns allen reichte es restlos. „Ich backe nie mehr Springerle", verkündete ich. Jetzt war die Geschichte wirklich zu Ende. Ich hatte meinen Beitrag zur Springerlesbackwelt geleistet. Es gab genug schöne Modelkopien zu kaufen, und die Anleitung zum erfolgreichen Backen lag in Buchform vor. Mein Wahn zeigte Tendenz sich aufzulösen.

Springerle, dekoriert mit Lebensmittelfarben und Blattgold

Springerle

Was ich nicht ahnte: Ich hatte eine Lawine losgetreten. Eine Springerleslawine. Ich erhielt unendlich viele Briefe zu diesem Thema. Menschen outeten bei mir ihren Springerleswahn. Entweder dankten sie mir für mein Erfolgsgarantie-Rezept oder teilten mir neue backphilosophische Ansichten mit oder schilderten mir Backerlebnisse. So erfuhr ich von einer Französin, die zum ersten Mal nach meinem Buch Springerle backte, dass diese auch prompt was wurden. Dies machte sie deshalb so unendlich stolz, weil ihre Schwiegermutter immer gesagt hatte: „Das kannst du nicht – du bist keine Schwäbin!" Als dann die Ehe mit ihrem schwäbischen Mann auseinander ging, machte sie sich als erstes ans Springerlesbacken – nach meiner Anweisung. Dass ihr das Gebäck gelang und auch Gnade vor ihren schwäbischen Freunden fand, hat ihr, wie sie mir schrieb, ihr Selbstbewusstsein zurückgegeben und sie glücklich gemacht. Eine andere Hausfrau wies mich darauf hin, ich hätte in meinem Buch vergessen zu erwähnen, dass man harte Springerle kurz auf die Heizung oder den Toaster legen müsse, dann seien sie wunderbar weich zum Essen. Als ich das meinem Mann erzählte, sagte er, das habe seine Familie auf der Alb früher mit Springerle auch immer so gemacht. „Und warum hast du mir das nicht gesagt?", warf ich ihm vor. „Ich dachte, sowas Übliches weißt du!", antwortete er.

Wieder andere schickten mir Rezepte aus ihren handgeschriebenen Familienbackbüchern und Fotos von ihren gelungenen Springerle. Sie berichteten mir von Kindern, mit denen sie backten und bemalten und von Hunden, die in einem unbewachten Augenblick die ganze Produktion auffraßen.

Manche kamen unangemeldet ins Alte Schloss nach Stuttgart, zeigten mir ihre Backwerke und fragten, ob sie so „richtig" seien. Andere wollten, dass ich ihren ererbten oder käuflich erworbenen Modelschatz begutachtete und wieder andere fragten verstärkt nach dem Verkaufsangebot unseres Museumsshops.

Ich erfuhr von Familien, die das Springerlesbacken als geheiligte Tradition pflegen. Alljährlich verfallen sie dem Springerleswahn, treffen sich in der Vorweihnachtszeit und backen mit dem ererbten Modelschatz. Sie lassen die Männer den Teig rühren. Erinnerungen an die Jugend, an die Eltern werden wach. Bei manchen werden während des Ausmodelns Texte aus der Bibel vorgetragen. Es gibt in einigen Familien Männer, denen das Prägen der Springerle mit den kostbaren Modeln ganz alleine vorbehalten bleibt. Während des Backens und danach stimmt der Anisduft im warmen, heimeligen Haus auf das bevorstehende Weihnachtsfest ein.

Schwaben aus Amerika haben mir ihre Anfragen zum Rezept geschickt ... Springerleswahn allüberall!

Ich will noch erwähnen, dass ich nach meiner einjährigen Springerles-Versuchsreihe als Weihnachtsausstellung im Alten Schloss einen riesigen Christbaum mit 700 Stück Gebäck behängen ließ. Diese Ausstellung sollte den Besuchern veranschaulichen, welche Gebäcke im 19. Jahrhundert den Baum schmückten, bevor Glaskugeln in Mode kamen. Konditoren und historisch versierte Hausfrauen backten nach Originalrezepten. Natürlich dienten auch bemalte und vergoldete Springerle als Christbaumschmuck. So ein Gebäckbaum war einst der Traum reicher Bürgerkinder. Sie fieberten dem Tag der Heiligen Drei Könige, dem 6. Januar, entgegen, weil sie sich dann über die Süßigkeiten hermachen und den Baum „abblümen" durften!

Fast logischerweise beschäftigte ich mich danach mit der ganzen Palette unserer Weihnachtsgutsle. Natürlich gehörte das Springerlesthema weiterhin dazu.

Es ließ mich nicht mehr los. Ich lernte immer mehr Menschen kennen, die sich fürs Springerlesbacken und die Motivwelt der Model interessierten.

So beschloss ich, der im Lande auferstandenen Springerlesgemeinde und den Springerlesfans in aller Welt ein Zuhause in Gestalt eines „Springerlesfreunde-Clubs" zu geben. Ziel soll es sein, bei Zusammenkünften Menschen zu begegnen, die stundenlang ohne Ermüdungserscheinungen über Modelmotive, Ausmodeltechniken und Teigbeschaffenheit reden können. Welche Lust, anhand von mitgebrachten Springerle über die „Füßle" zu philosophieren!

Inzwischen bekenne ich mich zu meinem Springerleswahn. Weiß ich doch, dass diese Geschichte eine unendliche ist.

Springerle – eine Sache von vorgestern oder gestern? Keineswegs! Es hat sich in unserem Land und da, wo Schwaben wohnen, noch lange nicht ausgespringerlet.

Elke Knittels Springerlesrezept mit Erfolgsgarantie und Philosophie

Mein einzig wahres Rezept erfährt natürlich laufende erfahrungsbedingte Überarbeitung. Dies ist der Stand im Januar 2002:

Für den Teig:
- 2 mittelgroße Eier (zusammen nicht mehr als 120 g, in der Schale gewogen)
- 250–300 g Weizenmehl Type 405
- 250 g feinster Zucker oder gesiebter Puderzucker
- 1 Prise Salz
- 1 g Hirschhornsalz

Zum Abschmecken des Teiges:
- Nach Belieben 1 Päckchen Vanillezucker, einige Tropfen Rumaroma, 1 Esslöffel Zitronensaft oder etwas fein geriebene Zitronenschale

Für die Bleche:
- Alufolie
- Butter zum Einfetten
- Anissamen zum Bestreuen

Außerdem:
- Speisestärke zum Ausmodeln bereitstellen!
- Verschiedene Model, bei runden Motiven mit Gegenstechern, bereitlegen.
- Ein Wellholz, ein scharfes Messer, ein Pfannenwender, ein gezacktes Backrädle und schließlich ein hölzernes Backbrett als Arbeitsfläche

Zuerst trenne ich die Eier und schlage das Eiweiß mit dem Rührgerät auf höchster Stufe zu steifem Schnee. Nach und nach lasse ich den Zucker,

Springerle

die Prise Salz und eventuell den Vanillezucker einrieseln. Dann füge ich das Eigelb hinzu und verquirle alles auf höchster Stufe mindestens 5 Minuten zu einer cremigen Masse. Die Eier-Zucker-Masse lieber etwas länger als zu kurz bearbeiten, denn die Zuckerkristalle sollen sich ja vollständig lösen. Jetzt füge ich das in 1 Teelöffel heißem Wasser aufgelöste Hirschhornsalz zu.

Auf höchster Stufe weiterquirlen und dabei so viel Mehl einrieseln lassen, bis ein dicker Brei entsteht. Das Rührgerät beiseite legen und den Teig mit den Händen kräftig weiterkneten, dabei löffelweise Mehl einarbeiten. Sie sollten nur so viel Mehl zugeben, dass die Konsistenz des Teiges geschmeidig, zart und eher weich bleibt. Die benötigte Mehlmenge hängt letztlich von der Größe der Eier ab. Der Teig soll aber auch nicht mehr an den Fingern kleben. Die richtige Konsistenz des Teiges muss man einmal gefühlt haben, dann macht man ihn immer richtig. Bedenken Sie, dass beim anschließenden Ausmodeln ja noch weiter Mehl beziehungsweise Speisestärke eingearbeitet wird! Da passiert es dann leicht, dass der Teig zu fest wird! Den fertigen Teig in eine luftdicht verschlossene Schüssel legen oder in Klarsichtfolie hüllen und im Kühlschrank mindestens 1 Stunde, besser länger, noch besser eine Nacht ruhen lassen. Der Teig darf auf keinen Fall austrocknen. Ich wickle ihn deshalb in Klarsichtfolie und lege ihn zusätzlich in eine Tupperschüssel. Die Backbleche mit Alufolie auslegen, diese dünn mit Butter bestreichen und mit Anis, wahlweise auch mit Rosmarin oder Lavendel, bestreuen.

Ein Viertel des Teiges auf einem dünn mit Speisestärke bestreuten Backbrett etwa 1 cm dick auswellen. (Der restliche Teig kommt wieder in Folie verpackt in den Kühlschrank.) Die ausgewellte Teigplatte dünn mit Speisestärke bestreuen und diese mit der Handfläche sanft „einpolieren". Dann den Model mit dem Motiv nach unten hineindrücken, gleichmäßig und mit gefühlvoller Kraft, und wieder senkrecht nach oben abheben. Das Motiv mit dem Messer ausschneiden oder mit dem Zackenrädle ausrädeln. Für runde und ovale Motive benutzt man einen Gegenstecher, zum Beispiel ein Ausstecherförmchen oder ein Wasserglas. Das geprägte Stück vorsichtig mit dem Pfannenwender auf das vorbereitete Blech legen. Die Speisestärke von den Teigresten schütteln und diese mit einem frischen Stück Teig kräftig verkneten. Weiterverfahren wie beschrieben, bis der gesamte Teig aufgebraucht ist.

Die belegten Backbleche werden für 24 Stunden zum Trocknen der Teiglinge in einen warmen Raum gestellt.

Danach das Blech auf der mittleren Schiene in den kalten Backofen schieben und bei 130 Grad 25 Minuten backen, bei Umluft 5 Minuten kürzer. Jetzt abschalten und das Blech noch 10 Minuten im Ofen lassen.

Sind die Springerle beim Ausformen unterschiedlich dick ausgefallen, nimmt man die dünneren einfach früher vom Blech (Vorsicht, in warmem Zustand bricht leicht die weiße obere Schicht).

Das Öffnen der Backofentür während des Backvorgangs schadet dem Gebäck nicht.

Weltanschauung Ausmodeltechnik

Springerle sollen oben weiß bleiben und ein goldgelbes Füßle bekommen.

Wichtig für das Gelingen
Langes, langes Rühren der Eier-Zucker-Masse. Denken Sie an die Buben in unserem Biedermeierrezept!

Die 24-stündige Ruhezeit der geprägten Teigstücke muss wirklich eingehalten werden – eher noch 2 Stunden zugeben.

Unbedingt Hirschhornsalz verwenden, wenn der Model größer als eine Handfläche ist. Backpulverteig eignet sich nur für kleine Motive.

Milch-und Wasserspringerle

500 g Puderzucker und 5 g Hirschhornsalz in 200 g Wasser (oder Milch) auflösen und mindestens 30 Minuten, besser 2 Stunden stehen lassen. Von 500 g Mehl einen Teil einquirlen. Wenn die Masse dicker wird, den Rest mit der Hand einkneten. Weiter verfahren wie oben beschrieben.

Dieses Gebäck wird relativ hart und ist eher als Christbaumschmuck geeignet.

Prägen des Springerlesteiges durch Aufdrücken des Models

Weltanschauung Ausmodeltechnik

Es gibt die „Draufdrücker" und die „Reindrücker". Oder anders gesagt: das Hineindrücken des Models in den Teig und das Hineindrücken des Teiges in den Model. Meines Erachtens sollte man den Teig nur dann in den Model drücken, wenn es sich um ein sehr großes Motiv handelt. Zum Wenden eines solchen mit Teig ausgedrückten, großen Models benutzt man dann ein Brettchen.

Das Einmehlen der Model oder das Einpudern mit dem mehlgefüllten „Schlotzer" – so nannte man früher den allerdings mit Mohn, Zucker oder Brot gefüllten winzigen Leinensäckchenschnuller für Babys – kann ich nicht empfehlen. Das Mehl verstopft die feinen Schnitzrillen und hindert den Teig meist nicht daran, zu kleben.

Springerle

Besser ist es die beschriebene „Poliertechnik" anzuwenden.

In den Kochbüchern findet man beide Ausformtechniken. Ich habe festgestellt, dass auch dieser Teil der Zubereitung in den Familien traditionell übernommen wird: So wie es schon die Großmutter und Mutter machte, so ist es richtig!

Das Bemalen

Viele sind der Ansicht, bemalte Springerle seien nicht zum Essen gedacht, sondern könnten nur als Christbaumschmuck verwendet werden.

In früheren Zeiten jedoch wurden die Springerle häufig bemalt. Die Herstellung von Farben aus Wurzeln und Säften war mühsam. Heute ist das Bemalen der ausgekühlten Springerle kein Problem mehr. In Apotheken und Drogerien kann man Lebensmittelfarben – meist in flüssiger Form – kaufen. Ich bin absolut dagegen, Lebensmittel zum Beispiel mit ungenießbaren Wasserfarben zu bemalen. Warum auch? Springerle sind zum Essen da – auch die bemalten.

Zum Bemalen gibt man von den einzelnen Lebensmittelfarben wenige Tropfen auf einen flachen Porzellanteller. Er dient als Palette. Mit einem Aquarellpinsel, der immer wieder in Wasser ausgespült und auf Küchenkrepp trockengetupft wird, arbeitet man das Bildmotiv auf dem Springerle heraus. Dabei gilt: Weniger ist mehr. Das sieht man am so genannten „Wendelsteiner Zucker". So heißen die fränkischen Wasserspringerle, die nur mit den Farben Blau und Rot dekoriert werden.

Wer nicht bemalen will, kann auch einfach den Teig mit ein paar Tropfen Lebensmittelfarbe einfärben. Es ist ein sehr hübscher Effekt, wenn auf einem Teller mintgrüne, rosafarbene und weiße Springerle liegen.

Das Aufbewahren

Ich muss es noch einmal betonen: Essen Sie Ihre Springerle frisch! So schmecken sie am besten. Bieten Sie bei Ihrer nächsten Nachmittagseinladung statt Kuchen einfach Springerle

Springerle kann man mit Lebensmittelfarben bemalen.

Das Aufbewahren

Bei diesen Springerle wurde der Teig vor dem Backen gefärbt.

an. Hier mein Organisationsplan, damit keiner sagen kann, das gehe arbeitstechnisch nicht. Sie brauchen ja vermutlich nicht so viele Menschen mit Springerle zu beglücken wie die Äbtissin im Kloster Lichtenthal. Dort werden für einen Backvorgang 3860 g Mehl, 3400 g Zucker, 1740 g Ei (mit Schale gewogen) und 20 g Hirschhornsalz verarbeitet.

Machen Sie also, um nicht zu ermüden, einen kleinen Teig aus 250 g Mehl oder höchstens aus 500 g Mehl. Den Teig stellen Sie am Freitagabend her – planen Sie dafür etwa 30 Minuten ein – und lassen ihn dann im Kühlschrank gut verpackt ruhen. Am Samstagvormittag wird ausgemodelt, rechnen Sie dafür rund 45 Minuten. Jetzt lassen Sie die Teiglinge auf dem Blech 24 Stunden trocknen. Sonntag am späten Vormittag wird gebacken. Planen Sie dafür etwa 25 Minuten ein. Nebenher können Sie ohne weiteres den Tisch decken. Den Back- und Anisduft nicht hinauslüften und dann am Nachmittag zum Kaffee in die herrlich frischen Springerle beißen. Lassen Sie sich Zeit für diesen Genuss.

Wenn es denn sein muss, dass Springerle aufbewahrt werden sollen, können Sie die bereits erwähnten klas-

Springerle

sischen Aufbewahrungsstrategien verfolgen. Es ist immer ein bisschen ein Risiko dabei, ob Pappschachtel, Blechdose, Tupperschüssel oder Steinguttopf. Ich friere Springerle – einzeln in Alufolie verpackt – ein und lege sie rechtzeitig raus – etwa 1 Stunde vor dem Verzehr – oder ich erwärme sie ganz kurz auf dem Toaster. Einmal aufgetaut sollten sie allerdings sofort verzehrt werden.

Gewürzspringerle

Von Hechingen schickt mir Brigitte Köstlin folgendes Springerlesrezept, von dem sie behauptet: „Diese Springerle sind und bleiben weich!"

- 5 Eier
- 500 g Puderzucker, gesiebt
- 5 Kaffeebohnen, gemahlen
- 1 Teelöffel Zimt
- etwas gemahlene Gewürznelken
- je $1/2$ Teelöffel gemahlener Anis und Koriander
- Prise Salz
- ganz wenig Mandelöl und Rumaroma
- knapp $1/2$ Päckchen Backpulver
- 750 g Mehl
- 50 g Mehl zusätzlich, bei Bedarf
- Anis zum Bestreuen

Frau Köstlin empfiehlt: Eier und Puderzucker lange mit den Schneebesen des Handrührgeräts schaumig rühren, am besten 15 Minuten. Dann fügt sie die Gewürze sowie das Backpulver hinzu. Mit dem Knethaken des Handrührgerätes wird das Mehl untergeschafft und schließlich mit der Hand zu einem zarten, glatten Teig verknetet. Der Teig darf nicht mehr an den Fingern kleben. Eventuell noch bis zu 50 g Mehl zugeben.

Den Teig lässt Frau Köstlin dann 2 Stunden ruhen. Zur Weiterverarbeitung teilt sie den Teig in drei Portionen und wellt ihn auf einem bemehlten Brett $1/2$ cm dick aus. Jetzt wie beschrieben ausmodeln und die Springerle auf ein gefettetes, mit Anis bestreutes Blech legen. Den Backofen auf 125–150 Grad vorheizen und die Springerle auf der zweiten Schiene von unten 15–25 Minuten backen. Frau Köstlin empfiehlt die fertigen Springerle kühl und verschlossen zu lagern.

Ich finde diese Variante von „gewürzten Springerle" sehr interessant – allerdings werden die Bildle nicht schneeweiß sein! Dass diese Springerle nicht hart werden, liegt nicht an den Gewürzen, sondern an der Verwendung von Backpulver, das allerdings die Modelbildle oft auch kissenartig aufbläht. Ich rate zum Ausprobieren!

Springerlesluxus

Als das Eleganteste und Beste für die Aufbewahrung erweist sich ein Humidor. Ja, so ein klimageregelter, edler Holzkasten, in dem mancher Vater oder Onkel seine sündhaft teuren Zigarren aufbewahrt. Der Kasten ist in der Regel aus Zedernholz, ausgestattet mit einem Hygrometer und einem Luftbefeuchter und natürlich auch sehr teuer! Doch es lohnt sich, aufwändig gemodelte, bemalte und golddekorierte Springerle auf diese Weise

Springerlesluxus

Aufbewahrungsidee für Springerle: der Humidor

bei einer Luftfeuchtigkeit zwischen 60 und 70 % bisszart zu halten. Natürlich kann man die zwischen Butterbrotpapier geschichteten Backwerke gleich aus diesem Kistchen heraus anbieten. Ich bin sicher, ihre Gäste werden diesen „Luxus pur" genießen. Für solche, die Bedenken haben, dass eventuell die Springerle einen „Zedernholzgeschmack" annehmen könnten – ich konnte solches allerdings nicht feststellen – gibt es inzwischen auch Humidore aus Plexiglas.

Mich wundert es eigentlich, dass noch keine Firma klimageregelte Aufbewahrungsbehältnisse für Springerle auf den schwäbischen Markt gebracht hat. Ob Sie allerdings den ausgedienten, also schon für Zigarren benutzten Humidor des verstorbenen Erbonkels weiterverwenden können, weiß ich nicht. Es sollten schließlich keine Springerle mit Zigarrengeschmack werden ...

Die edelste Dekoration für Springerle ist, sie zu vergolden. Dazu bestreicht man die entsprechenden Stellen partienweise mit ganz leicht angeschlagenem Eiweiß und drückt mit einem trockenen, weichen Pinsel ein Stück echtes Blattgold auf. Nicht husten oder niesen und auch keinen Durchzug bei diesem Geschäft veranstalten! Die Goldblättchen sind so hauchdünn, dass sie rein gar nichts vertragen. Blattgold gibt es in Geschäften für Malerbedarf zu kaufen. Ja, es muss wirklich das echte

Springerle

sein! Bitte kein billiges Schlagmetall nehmen: Nur das echte Blattgold ist wirklich zum Verzehr geeignet.

Reines Gold und auch Silber werden seit der Antike als Heilmittel und Lebenselixier geschätzt. An den Fürstenhöfen wurden schon im Mittelalter und besonders verschwenderisch im Barock die Speisen mit Blattgold und -silber verziert. Eine gute Gelegenheit, um bei Gastmählern den Reichtum des Hausherrn zur Schau zu stellen. Seit dem 19. Jahrhundert wurden dann Gold und Silber in Verbindung mit Lebensmitteln immer seltener angewendet, schon gar nicht in der bürgerlichen Küche. Bekannt sind den meisten von uns lediglich das Danziger Goldwasser, ein hochprozentiges Getränk mit echten Blattgoldschnipselchen, und edle Pralinen mit winzigen Echtgolddekorationen. Mit echtem Silber werden heute noch Zuckerdragees überzogen. Neuerdings scheint mir die Verwendung von Gold außerhalb des Zahn- und Schmuckbereichs wieder stärker in Mode zu kommen.

So entdeckte ich vor kurzem in einem Versandkatalog eine Gesichtscreme, die mit 24-Karat-Gold-Bestandteilen natürlich verjüngende Wirkung verspricht. Und in der Zeitung las ich vor wenigen Tagen, dass ein Düsseldorfer Restaurant unter dem Namen „Curry-Gold" eine mit Blattgold belegte Currywurst, begleitet von Pommes, anbietet. Der Wirt verrät uns: „Das Menü hat nicht nur exklusiven Charakter, es ist auch gesund. Blattgold hilft gegen Rheuma und Erkältungen." Er serviert seine Edelwurst gerne mit Champagner.

Meine Italienerin in der Stuttgarter Markthalle, Olivana Savio Guerriero, berichtet mir von einem Nobelrestaurant im Norden Italiens, in dem man sein Risotto schon seit Jahren vergoldet serviert bekommt.

Das brachte mich auf die Idee, meiner Tochter und ihrem Mann am Hochzeitstag die Maultaschen mit Blattgold zu belegen. Das kam super an. Übrigens, es war überhaupt keine Arbeit: Ich habe einfach ein Blatt Gold direkt aus dem Päckchen auf die heißen Maultaschen geschoben. Und dort blieb das Gold brav liegen und glänzte dem tief beeindruckten Brautpaar entgegen. Dazu tranken sie Champagner.

Vielleicht sollten Sie Ihre vergoldeten Springerle auch mit Champagner reichen!

Kein Lied

Ich werde an dieser Stelle kein Springerleslied einfügen. Es gibt keines. Und ich habe auch keines komponiert. Obwohl dieses prächtige Traditionsgebäck gewiss ebenfalls ein Loblied verdient hätte. Immer wieder findet man Springerle in vorwiegend mundartlich verfassten Gedichten erwähnt. Eine Vertonung ist mir nicht bekannt.

Die Tatsache, dass Springerle dann unterm Weihnachtsbaum liegen, wenn die Lieder zum Jubel des Christkindes angestimmt werden, zeigt, wie hoch sie von allen geschätzt werden.

Keine Heiligtümer – aber auch nicht schlecht

Ich will die Reihe der schwäbischen Heiligtümer hiermit beenden. Das heißt allerdings nicht, dass das Schwabenland sonst keine nennenswert guten Sachen mehr zu bieten hätte. Nicht umsonst lässt schon Goethe 1794 den schlauen Reineke Fuchs im sechsten Gesang seines Tierepos schwärmen:

> Laßt uns nach Schwaben entfliehen! ... Hilf Himmel! Es findet süße Speise sich da und alles Guten die Fülle ... man bäckt im Lande das Brot mit Butter und Eiern. Rein und klar ist das Wasser, die Luft ist heiter und lieblich ...

Bleiben wir bei den köstlichen Mehlspeisen: Ich will nur an den herrlichen Pfitzauf erinnern, der in einem aus vier oder sechs, manchmal sieben tassengroßen Mulden bestehenden Tonmodel gebacken wird und der so köstlich zu Eingemachtem oder zu Gsälz und Schlagsahne schmeckt. Die Bezeichnung Pfitzauf meint entweder eine Art Auflauf in einer Schüssel oder die vielen kleinen Soufflés in den Mulden einer Tonform, die auch Pfitzaufmodel genannt wird.

Viele kennen dieses „Schwaben-Soufflé" gar nicht mehr. Der sehr dünne Pfannkuchenteig geht während des Backens gewaltig auf.

Solche Teige aus Mehl, Eiern und Milch wurden schon immer in unterschiedlichster Konsistenz zu den verschiedensten Gerichten verarbeitet. In dem schwäbischen Herrschaftskochbuch „Ain sehr künstlichs und nützlichs Kochbuch", das Balthasar

Verschiedene Pfitzaufmodel

Keine Heiligtümer

Staindl 1569 in Augsburg veröffentlichte, begegnen mir pfitzaufähnliche Rezepte:

> **Die grossen Mörserküchlein zu machen ...**
> so er nun ist wie ein küchleintaig, so trag in fein mit einem löffel ein, so werdens groß
> den taig muß man fein bey wärme halten ...

Johanna Christiana Kiesin bringt dann in ihrem Schwäbischen Kochbuch, das in Stuttgart Ende des 18. Jahrhunderts erschien, Rezepte unter der Bezeichnung Pfitzauf:

> **Eineinhalb Kilo Mehl rührt man mit etwas von 1 Liter Milch, 6 Eiern und Salz glatt, die übrige Milch macht man siedend und verdünnt den Teig damit, 150 Gr. Butter läßt man zergehen, bestreicht ohngefähr 12 Förmlein dick damit und rührt die übrige Butter an den Teig, füllt die Förmlein halbvoll und stellt sie gleich in einen gut geheizten Ofen.**

Und natürlich hält auch die Löfflerin in ihrem Buch aus derselben Zeit ein Pfitzaufrezept parat. Sie empfiehlt den Teig in zwölf „Mödelein" zu füllen, alles in „frischer Hitze" zu backen und vor dem Auftragen mit „Zucker und Zimmet" zu bestreuen.

Nicht immer wurde früher der Pfitzaufteig in kleine Förmchen gefüllt, sondern er ist die Grundlage für Aufläufe und Soufflés. Noch in der Ausgabe der Löfflerin von 1927 finden wir ein solches Rezept unter der Bezeichnung:

Kirschenpfitzauf

Von 100–125 Gramm Mehl, 3 bis 4 Eiern, 2 Eßlöffel Zucker, 1 Prise Salz und reichlich $1/2$ Liter Milch wird ein ziemlich dünner Teig angerührt. 1–1 $1/2$ Pfund abgezupfte, gewaschene Kirschen legt man auf ein Sieb zum Ablaufen. Dann verteilt man sie auf eine dick mit Butter bestrichene Form oder zwei kleinere Formen, füllt die Masse nicht sehr hoch darüber und backt sie in heißem Ofen. Der Auflauf wird mit Zucker bestreut warm zu Tisch gegeben.

Man kann Pfitzauf auch in mehreren kleinen Tonschüsseln backen. Mir persönlich gefällt allerdings die Optik dieses Schwaben-Soufflés besonders gut in einem der typischen Pfitzaufmodel.

Ich fände es schade, wenn dieses wohl schmeckende Gericht in Vergessenheit geraten würde und freue mich, dass das vornehme „Brenner's Parkhotel" in Baden-Baden seinen verwöhnten Gästen heißen Pfitzauf mit einer Kugel Vanilleeis zum Nachtisch serviert.

Ich finde allerdings, dass solch ein Nachtisch sehr „habhaft" ist. Eher

Pfitzauf

kann ein Pfitzauf bei einer Kaffeetafel den Kuchen ersetzen.

Elke Knittels Pfitzaufrezept mit Philosophie

- 250 g Mehl
- 4 große sehr frische Eier
- $^1/_2$ l Milch
- Prise Salz
- 1 Esslöffel Zucker nach Belieben
- 2 Esslöffel zerlassene Butter

Eine gebutterte Pfitzaufform mit sechs Mulden bereitstellen. Wenn die Mulden eher klein sind, dann reicht der Teig außerdem noch für zwei Kaffeetassen. Es gibt auch Pfitzaufformen mit vier Mulden – in diesem Fall bitte zwei Formen bereitstellen. Prüfen Sie, ob die Formen nebeneinander in den Backofen passen. Man kann auch mehrere kleine Auflaufformen nehmen.

Aus Mehl, Eiern, zunächst der Hälfte der Milch, Salz und Zucker nach Belieben einen glatten Teig mit dem Rührgerät (höchste Stufe) herstellen. Dann die restliche Milch zugeben. Achtung, das kann spritzen, weil der Teig sehr dünn ist! Ich lege ein frisches Küchentuch über die Schüssel und quirle darunter. Zuletzt die zerlassene, etwas abgekühlte Butter zugeben.

Die ausgebutterten Förmchen nur zur Hälfte mit Teig füllen. In den auf 200 Grad gut und lange vorgeheizten Backofen auf die mittlere Schiene stellen. Die Backzeit beträgt etwa 40–50 Minuten. Der Teig steigt gewaltig über die Förmchen hoch – er „pfitzt" richtig auf. Die Backofentür während der Backzeit nie öffnen, sonst fällt der Pfitzauf zusammen.

Der Teig „pfitzt auf"

Ich lasse den Pfitzauf in der schönen Tonform und trage ihn sofort heiß auf. Bei Tisch mit zwei Gabeln aus den Förmchen heben und auf die Teller legen. Das gefällt den Gästen!

Auf drei Dinge kommt's an: Backofen gut vorheizen, wirklich frische Eier verwenden und auf keinen Fall die Backofentür vorzeitig öffnen! Es trägt auch zum Erfolg bei, wenn die Zutaten bei der Verarbeitung Zimmertemperatur haben.

Keine Heiligtümer

Man isst den Pfitzauf weitestgehend mit den Händen, assistiert von einem Kaffeelöffel. Man reißt ihn noch warm auseinander und füllt sich mundgerechte Stücke mit kalter Sahne und Gsälz (Konfitüre) oder löffelt Obstsalat dazu. Ich habe noch niemanden getroffen, dem das nicht geschmeckt hätte. Erwachsene wie Kinder sind gleichermaßen begeistert. Apfelmus, Kompott und Eis schmeckt ebenfalls zu Pfitzauf. Auch nur mit Puderzucker überstäubt ist er köstlich.

Man kann natürlich auch Pfitzauf ohne Zucker und dafür mit Schinken und Käse – zum Beispiel als Snack zum Wein – inszenieren. Der Hit in meiner Familie ist Kräuter-Pfitzauf mit Spargelsalat (siehe Rezept Seite 173).

Übrig gebliebenen Pfitzauf schneidet man, falls er nicht gezuckert ist, in dünne Streifen und verwendet ihn am nächsten Tag wie Flädle als Suppeneinlage.

Eine Pfitzaufform kann man im Schwabenland in jedem guten Geschäft für Haushaltswaren kaufen. Auf Jahrmärkten bieten Töpfer oft besonders schöne Tonformen an. Man kann auch Kaffeetassen aus dickem, unempfindlichem Porzellan verwenden oder kleine feuerfeste Schüsselchen. Sie dürfen sich allerdings nicht nach oben verjüngen – sonst lässt sich der Pfitzauf später nicht herausnehmen.

Als meine Tochter ihren Freund, einen schwedischen Künstler, ganz nach Art der Mama in ihrer Studentenbude mit schwäbischem Pfitzauf überraschte, meinte der, seine Mutter mache aus einem ähnlichen Teig ein ähnliches Soufflé in einer Tonschüssel. Unser schwäbischer Pfitzauf soll also nicht nur jahrhundertealt sein, sondern auch nordisch?

Gerade als ich beim Verfassen dieses Buches über Pfitzauf philosophierte, bekamen wir eine hochnoble Einladung zu einem Empfang bei den Fürsten von Urach auf Schloss Lichtenstein, der romantischen Burg aus Wilhelm Hauffs bekanntem Märchen. Ich freute mich riesig, doch dann war alles recht steif, langweilig und kärglich, bis zu dem Moment, als wir den bekannten Burgsanierer und Architekten Rudolf Brändle mit seiner Frau trafen und ich sie fragte, ob sie auch gelegentlich Pfitzauf mache. „Nein", antwortete die elegante Dame von der schwäbischen Alb, „wir machen in unserer Familie nur Yorkshire Pudding." Ich staunte, dass sie Pfitzauf und Yorkshire Pudding für ein und dasselbe hielt. Als ich das bezweifelte, wurde sie unsicher und schwenkte auf ein anderes Thema um.

Yorkshire Pudding! Klingt irgendwie vornehm. Mich ließ diese Bemerkung nicht ruhen. Ja, die Architektenfrau hatte Recht. Die Bezeichnung Pudding kommt aus dem Englischen und bezeichnet seit dem 17. Jahrhundert eine Mehlspeise mit Eiern und verschiedenen weiteren Zutaten, in einer Form gebacken oder gekocht und gestürzt.

Der Blick in das englische Kochbuch von Caroline Couran verrät mir, dass dieser traditionelle „Nordland-Pudding" in früheren Zeiten vor dem Fleischgang serviert wurde. Er sollte den ersten Hunger besänftigen und den Fleischappetit zügeln. Man machte den Yorkshire Pudding damals immer mit Wasser, niemals mit Milch.

Yorkshire Pudding

Er stand auf dem Feuer unter dem Bratspieß mit dem Fleisch und erhielt seinen besonderen Geschmack, weil Bratensaft und Fett auf ihn herabtropften.

Heutzutage wird der Yorkshire-Pudding-Teig manchmal auch mit Milch angerührt. Er wird im Backofen gebacken – entweder unter dem auf dem Rost liegenden, tropfenden Roastbeef oder auch allein – und dann zu Fleisch serviert. Üblicherweise verwendet man eine ausgefettete, feuerfeste Form, der Pudding wird dann in Streifen geschnitten serviert.

Yorkshire Pudding 1

Natürlich gibt es auch hier verschiedene Rezepte. So zum Beispiel finden wir bei Caroline Couran folgendes:
- 100 g Mehl
- 1 Prise Salz
- 2 Eier
- 150 ml Wasser
- 2–3 Esslöffel Mehl

Mehl, Salz und Eier verquirlen und langsam das Wasser zugeben. Diesen Teig eine halbe Stunde stehen lassen. Den Backofen auf 200 Grad vorheizen. Eine feuerfeste Form oder 6 kleine Backförmchen mit Öl ausstreichen und im Backofen erhitzen. Dann den Teig einfüllen und auf unterster Schiene 35 Minuten backen. Der Yorkshire Pudding soll aufgehen, innen aber noch etwas saftig bleiben.

Yorkshire Pudding 2

Jane Macdonald, eine Bekannte aus Yorkshire, die heute in London lebt, schickte mir inzwischen ihr einzig wahres Rezept:
- *120 g flour* (Mehl)
- *1 pinch of salt* (Prise Salz)
- *2 eggs* (Eier)
- *150 ml water* (Wasser)
- *150 ml milk* (Milch)
- *30 g fat* (Fett)

Sieve flour and salt into a basin, make a well in the centre. Break the eggs and add half the liquid (mix milk an water in jug) and whisk to a smooth mixture, gradually add the remaining liquid. Put dough into the fridge.

Take fat and heat in the pan in a hot oven. Pour in the mixture and cook in a hot oven for 15 minutes (approximately).

If the pudding is to accompany beef, use the fat dripping from the beef in the oven.

(Mehl, Salz und Eier glattrühren, nach und nach Wasser und Milch einquirlen. Den Teig eine Stunde ruhen lassen. Den Backofen auf 200 Grad vorheizen. Eine feuerfeste Form mit Butter, Öl oder zerlassenem Rindertalg ausstreichen und kurz im Backofen anwärmen. Dann den Teig einfüllen und etwa 15 Minuten auf mittlerer Schiene backen.)

Ich habe beide Rezepte ausprobiert. Allerdings habe ich den Teig in eine Muffinform gefüllt und vorher die kleinen Mulden mit Butter ausgestrichen. Der Teig von Jane Macdonald ergab für meinen Geschmack die besseren kleinen Puddinge. Ich habe, da kein Braten etwas drauftropfen ließ, einen knappen Teelöffel Salz und

Keine Heiligtümer

etwas Muskat und Pfeffer dem Teig zugefügt. Außerdem habe ich die kleinen Puddinge etwa 20 Minuten gebacken.

Ich servierte sie zu Putengeschnetzeltem in Riesling-Rahmsoße. Jane Macdonald möge mir meine eigene Version verzeihen. Ich stellte begeistert fest, dass dies eine echte Beilagenalternative zu unseren Spätzle ist.

Das Rezept für Pfitzauf ist also jahrhundertealt und womöglich auch in anderen Ländern verbreitet. Ich werde jetzt bei vornehmen Anlässen auch von „Yorkshire Pudding" sprechen. Das hat doch was.

Nicht nur der Pfitzauf ist ein Traditionsrezept. Auch Flädle, auf die wir ja hierzuland ganz besonders stolz sind, finden wir schon in Kochbüchern des 16. Jahrhunderts unter „fledlen". Sie sind luftiger und lockerer als die französischen Crêpes und nicht so dick wie die norddeutschen Pfannkuchen. Flädle werden fein geschnitten zur Suppeneinlage, als Kräuterflädle schmecken sie köstlich zu Spargel. Man kann sie auch einfach „mit nichts" zu Kartoffel- und Gurkensalat essen oder den Teig mit gewürfeltem Schinken anreichern. Flädle, aufgerollt mit einer Hackfleischfülle, sind ein Gaumenschmaus. Flädle können aber auch abwechselnd mit einer Füllung aufeinandergeschichtet werden um dann im Backofen wie ein Kuchen überbacken zu werden. Natürlich kann man sie auch mit Gsälz oder Nuss-Nugat-Creme füllen und zu Kompott und Apfelmus essen. So erinnern sie an die österreichischen Palatschinken.

Man kann Flädle aber auch wie die Nonnen im Kloster Frauenalb bei Baden-Baden zubereiten. In ihrem handgeschriebenen Kochbuch von 1790 empfehlen sie „Spinat-Flädle", die es in sich haben:

Spinat-Flädle

Brühe ein handvoll Spinat, dann druck ihn im kalten wasser mit der hand wieder hart aus, von etlichen 20 Stück abgesottenen Krebs die geschälte Scheren und Schwänz und 1 Zwiebele, oder Schnittlauch, hack es mit dem Spinat recht klein, rühr es dann mit etlichen Eyern an, und etliche Kochlöffel voll Mehl, und Salz, back Flädlein daraus, schneide sie hernach 2 Finger breit, und wickle sie wie Schnecken zusammen, setze sie in einem Zinn herum, thue daran Muskatblüth, schneide etliche Schnitten Butter zu Bröcklein darauf herum, gieß südige Fleischbrüh darüber und laß ein wenig aufkochen. Recht gut, man kann auch Krebs weglassen.

Übrigens ist die reichliche Verwendung von Krebsfleisch in vielen Rezepten früherer Jahrhunderte nicht unbedingt ein Zeichen von übertriebe-

Flädle

nem Luxus, denn in den Flüssen tummelten sich damals genug Krebse, sodass sie – anders als heute – im Speiseplan durchaus etwas Alltägliches waren.

Köstlich klingt auch Johanna Christiana Kiesins Rezeptvorschlag aus der gleichen Zeit für

> ### Gerollte Flädlein
>
> Es werden Flädlein gebacken, und von solchen 2 Finger breite Riemen durchs ganze Flädlein geschnitten, man rolt es auf, schmiert eine Zinnplatte oder ein Pottaschblech mit Butter, und sezt es nahe an einander, bis es voll ist; alsdann gießt man siedende Milch daran, thut unten und oben Kohlen hin; eine Viertelstunde. Vor dem Anrichten werden 5 Eyergelb, 4 Loth Zucker, ein halber Schoppen süßer Rohn stark gerührt, wie ein Guß, oben über die Flädlein gegossen, und wieder zugedeckt, bis der Guß gestanden ist.

Besonders freuten wir Kinder uns, wenn unsere Omi am Sonntag als Nachtisch die pyramidenartig auf einer Glasplatte aufgeschichteten, in Teig gebackenen Apfelringe auf den Tisch brachte. Dazu reichte sie die heute fast vergessene Chaudeausoße. Gerade sie schmeckt zu „Herausgebackenem" viel feiner als die heute üblicherweise angebotene Vanillesoße. Eier werden mit Zucker, Zitrone und Wein oder Most heiß geschlagen bis ein dicker Schaum entsteht. Man kann schon die Chaudeausoße für sich allein kalt als Nachtisch essen oder warm zu Pudding, Strudel und Schmalzgebackenem reichen. Chaudeau kommt aus dem Französischen und heißt eigentlich „heißes Wasser". Wir kennen auch Chaudfroid, eine Vorspeise aus Fleisch und Fisch mit gekochter und dann erkalteter Sauce. Anders als heute, da unsere Sprache eher von Amerikanismen geprägt wird, übernahmen besonders wir Alemannen während der französischen Revolution und der Franzosenkriege französische Begriffe und die eine oder andere Anlehnung in unsere Sprache, wie zum Beispiel das Trottoir, den Parapluie, den Plafond, das Souterrain oder die Chaiselongue. Die Sprache in der Küche allerdings war eine andere Sache. Sie wurde nicht nur vom mehr oder weniger perfekten Latein kochender Mönche, sondern insbesondere auch von den Meisterköchen des Französischen Hofes, der lange Zeit Europas Kultur prägte, beeinflusst. Im Kochbuch der Löfflerin von 1795 finden wir natürlich die Chaud Eau (Schodo), deren Rezept Sie auf der nächsten Seite lesen können.

Ich kann mir gut vorstellen, wie so ein Champagner-Chaudeau auf meiner Zunge zergeht, während ich am Fenster lehnend den Sonnenuntergang genieße ...

Keine Heiligtümer

> **Chaud Eau (Schodo)**
>
> **Zwei Zitronen reibt man am Zuker ab, macht eine halbe Maas guten Wein siedend, nimmt das von der Zitrone Geriebene nebst dem Saft derselben dazu, auch einen Vierling Zuker darein, schlägt dann in einen hohen Hafen 8 Eiergelb, gießt den gekochten Wein langsam daran, sezt den Hafen auf Kohlen, spriegelt es stark, bis es recht schaumig ist, füllt es nun gleich in Chocoladebecher, und gibt es zum Frühstük. Das eigentliche Chaud Eau wird von Champagner Wein gemacht, und es kommen zur halben Maas von diesem Wein 10 Eiergelb und eine Zitrone. Man kann es auch zu einem Abendgetränk gebrauchen.**

Tradition haben auch die im heißen Schmalz ausgebackenen Fastnachtsküchle. Man findet sie in allen alten Kochbüchern, sogar in dem handgeschriebenen der Frauenalber Nonnen (siehe Rezept rechte Seite). Friederike Luise Löffler verfeinert diesen Butterteig in ihren Rezepten mit zwei Esslöffeln Rosenwasser. Außerdem bietet sie ein Rezept für Fastnachtsküchle aus einem Hefeteig an.

Auch meine Mama und meine Omi machten immer am Fastnachtsdienstag diese in Schmalz gebackenen Hefeteigküchle. Sie werden auch „auszogene Küchle" oder „Kniaküchle" genannt, weil man den Teig auch überm Knie in Form ziehen kann. Da fallen mir die teuren Zigarren ein, die die Frauen in Havanna überm nackten Schenkel rollen ... die schwäbische Antwort sind halt Kniaküchle. Ich vermute, für die Benediktinerinnen im Kloster Frauenalb waren diese Fastnachtsküchle schon das ganze Event. Auch ich habe als Kind lange Zeit gedacht, die Küchle zu essen, das sei schon die Fastnacht an sich! Im damals vorwiegend protestantischen Stuttgart dauerte es lange, bis nach dem Krieg so etwas wie Fastnachtstreiben aufkam.

Meine Musiker-Mama konnte auch wunderbare Dampfnudeln machen. Heute werden nur noch selten Dampfnudeln gemacht. Manche kennen sie gar nicht mehr. Dabei sind Dampfnudeln ein Gericht, das jahrhundertelang sehr beliebt war. Aufgezogen in Milch bekamen diese an der Unterseite die von uns Kindern so begehrte, herrlich süße Kruste. Dazu wurde ein Glas mit selbst eingemachtem Birnenkompott geöffnet.

Manche schwärmen für die Nonnenfürzle, die so überirdisch zart schmecken, dass der Vergleich mit rückwärtigen Winden eigentlich viel zu deftig erscheint. Dieses Gebäck aus der Ulmer Gegend leitet sich eigentlich von dem mittelniederdeutschen Wort „nunnekenfurt" ab, was so viel bedeutet wie „von den Nonnen am

Allerlei Gebäck

besten zubereitet". Irgendwie wurde dann daraus das heute gebräuchliche Nonnenfürzle. Es gibt viele Legenden zu diesem Gebäck. Eine berichtet von einem alten Domherr, der sich aus einer Schale, gefüllt mit Nonnenfürzle, das Größte mit der Bemerkung: „Ich nehme das von der Frau Oberin", herausgriff.

Auch für Mamas Ofenschlupfer ließen wir Kinder alles stehen. Sie machte ihn statt aus altbackenem Weißbrot mit Zwieback, Eiermilch, Äpfeln, Rosinen und Nüssen. Ein köstliches Traditionsgericht, das zu meiner Freude von vielen Gastronomen in letzter Zeit neu entdeckt wird. Auf der Speisekarte im Restaurant der Stuttgarter Markthalle wird der warme Ofenschlupfer folgendermaßen erklärt: „Schwäbischer Dessertauflauf mit Äpfeln, Rosinen, Zimt und Zucker auf Vanillesoße und Waldbeerengrütze, dazu Schlagsahne." Für einen Ofenschlupfer schnallten wir Kinder sogar unsere Rollschuhe ab, die normalerweise, wenn wir nicht in die Schule mussten, den ganzen Tag wie angewachsen an den Füßen blieben, auch übers Treppenhaus in die Wohnung! Die waren in den 1950er-Jahren der ganz große Hit. Wer als Kind dazugehören wollte, musste nicht nur die B-Sprache beherrschen (jede Silbe eines Wortes mit B wiederholen), sondern auch Besitzer solcher Rollschuhe mit schweren Kugellagern sein. Wir

> ### Fastnachtküchele mit kaltem Butter
>
> Verrühr 2 Eyer nebst einem halben Schoppen siese Milch, ein wenig Salz in einer Schüssel, rühr Mehl darein, biß man den Deig wirken kann, wann er recht zum Auswellen, schneide ihn zu 2 Stück, well ihn aus, wie einen Butterdeig, dann schneid auf den einen Kuchen 1 Vierl. Butter scheublesweis, den anderen Kuchen draufgelegt, ausgewellt, und ettliche mal überschlagen, und gewellt, bis der Butter darin ist, zuletzt einen messerrückendick ausgewellt, viereckige Küchele gerädlt. Und in Schmalz gebacken ...

fühlten uns stark in dem Heidenlärm der vielen Kugellager, wenn wir als Horde über das Trottoir rasten.

Für Mamas goldgelbe Grießschnitten oder ihre Armen Ritter mit Zucker und Zimt, da schnallten wir unsere Rollschuhe allerdings nicht ab, sondern guckten bei der Omi vorbei, ob es da vielleicht was Besseres gab. Ich bekomme heut' noch ein schlechtes Gewissen, wenn ich mich daran erinnere, mit welch beleidigtem Gesicht meine Mama alleine vor dem ganzen Berg Grießschnitten oder Armer Ritter saß. Kinder, die heute mit Pommes, Pizza oder Bigmac aufwachsen, kann man sicher auch nicht mit Grießschnitten und in Eiermilch gewendeten und in der Pfanne herausgebackenem

Keine Heiligtümer

Zwieback oder altbackenem Brot locken. Obwohl – das sind sehr gesunde und preiswerte Mahlzeiten!

Ganz besonders stolz sind wir im Schwabenland auf unsere Kuchen. Der Gugelhupf, der Zwetschgenkuchen, der Apfel- und der Träubleskuchen gehören auf den Tisch, wenn Geburtstag gefeiert wird, wenn Taufe ist, aus Anlass der Konfirmation oder Kommunion und natürlich, wenn Kirchweih ist.

In meiner Kinderzeit war es üblich, dass die Familie am Sonntagnachmittag Kaffee trank und Kuchen aß. Meist wurde der Kuchen schon am Samstag gebacken. Man verwendete Äpfel, Zwetschgen oder Träuble aus dem Garten. War keine Obstzeit, dann backte man einen Gugelhupf. Wir waren früher ja noch nicht so verwöhnt mit Süßigkeiten – da war so ein Kuchen eine willkommene Schleckerei. Da es aber noch lange nicht in jedem Haushalt ein Telefon gab, kam es oft vor, dass am Sonntag unangemeldeter Besuch auftauchte, denn während der sonntäglichen Kaffeezeit war auch üblicherweise Besuchszeit. Doch nicht mit jedem wollte man seinen köstlichen Kuchen teilen. Und so erinnere ich mich, dass es des Öfteren hieß: „Mutter, tu den Kuchen weg, es hat geklingelt!" Der Kuchen kam dann ins Schlafzimmer auf die Kommode. Wenn's jemand Nettes war, wurde er wieder geholt. Man tat so, als wolle man gerade zur Kaffeetafel auftragen. War der Besuch unerwünscht, bot man nichts an, sprach wenig und schaffte so durch kärgliches Verhalten den Besuch bald wieder aus der Wohnung.

Gerne erinnere ich mich auch an Tante Hannos bildschöne Äpfel im Schlafrock und an ihre zarten Flachswickel. Gerade die Flachswickel back' ich gelegentlich auch gerne statt Kuchen für ein Kaffeekränzchen.

Im Herbst aber, zum „Federweißen", also zum gerade erst angegärten neuen Wein, da wollen wir unseren warmen Zwiebelkuchen. In den Weingegenden im ganzen Land öffnen dann die Besenwirtschaften. Es wird der Besen rausgehängt. Tüchtige Hausfrauen machen den Zwiebelkuchen natürlich selbst. Doch auch beim Bäcker kann man welchen kaufen.

Während meiner Studentenzeit in Berlin war es in den 1960er-Jahren besonders schick, französische Zwiebelsuppe zu kochen und beim Essen über Jean Paul Sartre und die französischen Philosophen zu diskutieren. Dazu trug man Schwarz und wir Mädchen gaben zusätzlich mit schwarzen Kohlestiften unseren Augen den richtigen Ausdruck. Als ich dann bei meinen Kommilitonen mit schwäbischem Zwiebelkuchen beziehungsweise Zwiebeltarte konterte, war ich plötzlich der Star. Das kannten die meisten Nordlichter nicht. Ja, ich hatte nach diesem Erfolg keinerlei Hemmungen, nach bestandener Promotion meinen von mir sehr verehrten Doktorvater, der aus Jena stammte, zum Zwiebelkuchen in meine einfache Studentenbude einzuladen. Ich weiß noch, dass er sich sehr über diesen Kuchen wunderte und mit unbeweglicher Miene behauptete, er schmecke ihm!

Zum Krautfest, zum Beispiel auf den Fildern beim Stuttgarter Flughafen, da gibt's natürlich Krautkuchen und auf

Allerlei Gebäck

Besonders gut zu neuem Wein: Zwiebelkuchen

der Dennete, Dünnet oder Dinnete, wie man in Oberschwaben sagt, und die es bei allen „Hocketsen" im Lande gibt, da schmeckt Sauerrahm, Speck und Schnittlauch oder auch süßes Obst. In manchen Gegenden schwärmt man auch für Kartoffelkuchen.

Wenn's dann Weihnachten wird, gibt's Gutsle oder Brötle. Wer was auf sich hält in Sachen Tradition, der bäckt nicht nur Springerle und womöglich eine ganze Palette von Gutslesorten, nein, der macht auch sein Hutzelbrot selbst – obwohl ich zugeben muss, dass viele Bäcker im Schwabenland ein hervorragendes Hutzelbrot anbieten. Es wird von Fremden häufig mit dem besonders im Norden Deutschlands beliebten Früchtebrot verwechselt. Doch Hutzelbrot ist einfach anders, besser. Seine schwarze Farbe hat es vom Einweichwasser der Hutzeln – getrocknete Birnenschnitz – und gedörrten Zwetschgen. Die Verarbeitung von Dörrobst in der Küche spielte in früheren Zeiten eine große Rolle. Dörrobst war lange Zeit eine wichtige Handelsware.

Ich erinnere mich noch gut, wie ich als Kind sehnsüchtig auf den Besuch meiner Patentante Hilda wartete. Sie

Keine Heiligtümer

Hutzelbrot: Hoch geschätztes Weihnachtsgebäck

machte nämlich das beste Hutzelbrot von allen. Jedes Jahr erhielt ich ganz für mich alleine ein schwarz glänzendes ovales Laible. Wie es so vor mir lag, verziert mit ganzen, abgezogenen Mandeln, sah es aus wie kostbares Ebenholz mit Elfenbein!

Wie sehr dieses Weihnachtsbrot geschätzt wurde und wird, beweist auch der heute noch auf der Alb gängige Neujahrswunsch: „Da Frieda, da Sega, da Heilige Geischt – ond Schnitzbrot bis en Heiat (Heuernte) nei!"

Auch Mörike schätzte dieses Brot aus getrockneten Birnenschnitz und schuf ihm sogar ein Denkmal in seinem Märchen vom Stuttgarter Hutzelmännle.

Hier will ich meine kulinarisch-philosophischen Betrachtungen beenden. Obwohl natürlich noch lang nicht alles gesagt ist. Mögen einstweilen die vorliegenden historischen und modernen Rezepte zu fröhlichen Kochereien anregen, die in lustvollen Essgelagen ausklingen.

Mhm ... die Rezepte!

Maultaschen, nichts als Maultaschen

Der Teig

Grundrezept für Nudelteig
- 400 g Mehl
- 4 Eier
- etwa 6 Esslöffel kaltes Wasser
- 1 Teelöffel Öl
- $1/2$ Teelöffel Salz

Das Mehl auf das Nudelbrett sieben, eine Vertiefung machen, die übrigen Zutaten hineingeben und kräftig verkneten, bis ein geschmeidiger, fester Teig entsteht.

Falls notwendig mit kleinsten Mengen Wasser oder Mehl dem Teig die richtige Konsistenz geben. Er darf nicht an den Händen kleben.

Den Teig in Frischhaltefolie verpackt etwa 20 Minuten im Kühlschrank ruhen lassen beziehungsweise bis zur Weiterverarbeitung dort lagern. Dann

Mhm ... die Rezepte!

wird der Teig mit dem Nudelholz ganz dünn ausgewellt oder – falls vorhanden – durch die Nudelmaschine geschickt. Diese Teigplatte zu Maultaschen weiterverarbeiten.

> ***Tipp:*** Gebrauchsfertigen Nudelteig gibt's beim Bäcker oder im Supermarkt.

Zur Füllung gibt es wie schon berichtet die unterschiedlichsten Ansichten. Deshalb wird dem Benutzer dieses Kochbuchs empfohlen „seine eigene Variante" zu kreieren. Nachfolgend einige Anregungen.

Die Füllung:
Füllungen mit Spinat und Fleisch

Variante 1

- 75 g magerer Speck, fein gewürfelt
- 2 Zwiebeln, fein gehackt
- 250 g Spinat
- 2 altbackende Wecken
- 1 Bund Petersilie
- 3 Eier
- 250 g gemischtes Hackfleisch
- Salz und Pfeffer

Den Speck in der Pfanne etwas auslassen, dann die Zwiebeln darin leicht andämpfen. Den sorgfältig gewaschenen Spinat in einem Topf mit wenig Wasser zusammenfallen lassen. In einem Sieb abtropfen lassen und gut ausdrücken.

Die in Wasser eingeweichten, zerzupften Wecken gut ausdrücken und zusammen mit der Petersilie und dem Spinat fein wiegen.

Verquirlte Eier, Hackfleisch, Wecken-Spinat-Masse und Speckzwiebeln zu einer Füllung verarbeiten. Diese mit Salz und Pfeffer abschmecken.

> ***Tipp:*** Ist die Füllung zu matschig, kann man Mutschel- oder Weckmehl in kleinsten Mengen zugeben. Die Fülle soll jedoch locker bleiben. Dies gilt für alle hier angeführten Varianten. Bei vielen Maultaschenrezepten lässt sich die Konsistenz der Fülle mit Mutschel-, Panier- oder Weckmehl korrigieren.

Variante 2

- 250 g gemischtes Hackfleisch
- 200 g Kalbsbratwurstbrät
- 2 Eier
- 250 g Spinat
- 1 Bund Petersilie
- Salz und Pfeffer
- Muskatnuss

Hackfleisch und Brät zusammen mit den verquirlten Eiern zu einer Masse verarbeiten. Den sorgfältig gewaschenen Spinat im Topf zusammenfallen lassen, dann in einem Sieb abtropfen lassen und gut ausdrücken. Zusammen mit der Petersilie fein wiegen und unter die Fleischmasse geben. Mit Salz, Pfeffer und Muskat abschmecken.

Variante 3

- 1 Zwiebel, fein gehackt
- 1 Esslöffel Öl
- 250 g gemischtes Hackfleisch

Maultaschen, nichts als Maultaschen

- 1 Bund Petersilie, fein gehackt
- $1/2$ dünne Lauchstange, fein geschnitten
- 250 g Bratenreste
- 75 g Kasseler
- 2 altbackene Wecken
- 400 g Spinat
- 3 Eier
- Salz und Pfeffer
- Muskatnuss

Die Zwiebelwürfel in Öl andämpfen. Das Hackfleisch zugeben, dann die Petersilie und den Lauch mitdämpfen. Abkühlen lassen. Bratenreste und Kasseler durch den Fleischwolf drehen (grobe Scheibe) oder sehr fein würfeln. Anschließend zur Fleischmasse geben.

Die eingeweichten, zerzupften und gut ausgedrückten Wecken sowie den blanchierten, abgetropften, gut ausgedrückten und grob gehackten Spinat zur Fleischmasse geben. Zuletzt die verquirlten Eier zufügen und alles zu einer Fülle verarbeiten. Mit Salz, Pfeffer und Muskat abschmecken.

Variante 4
- 50 g magerer Speck, fein gewürfelt
- 4 Zwiebeln, fein gehackt
- 250 g Schweinefleisch (Bratenrest)
- 250 g gekochter Spinat
- 50 g roher Spinat
- 2 geräucherte Bratwürste
- 100 g Petersilie, gehackt
- Salz
- Muskatnuss

Den Speck in der Pfanne auslassen, dann die Zwiebeln mit andämpfen. Das Fleisch sehr fein würfeln. Den gekochten und gut ausgedrückten Spinat zusammen mit dem rohen Spinat grob hacken. Die Bratwürste durch den Fleischwolf drehen. Alle Zutaten sorgfältig zu einer Füllmasse vermengen. Mit Salz und Muskat abschmecken.

Variante 5
- 1 Zwiebel, fein gehackt
- 1 Bund Petersilie, gehackt
- etwas Butter
- 200 g Braten oder gemischtes Hackfleisch
- 100 g Rauchfleisch
- 125 g Bratwurstbrät
- 50 g geräuchte Schinkenwurst
- 500 g Spinat
- 2 altbackene Wecken
- 4 Eier
- Salz und Pfeffer
- Muskatnuss

Die Zwiebel mit der Petersilie in wenig Butter andämpfen. Braten, Rauchfleisch und Schinkenwurst zusammen mit dem gekochten, gut ausgedrückten Spinat sowie die in Wasser eingeweichten und gut ausgedrückten Wecken durch den Fleischwolf drehen. Alle Zutaten mit den verquirlten Eiern und Gewürzen zu einer lockeren Fülle verarbeiten.

Variante 6:
Maultaschenrezept vom Hasenwirt in Uhlbach bei Stuttgart zu Füßen des Rotenbergs

Wirt Josef Stritzelberger gibt mir keine genauen Mengen an. In seine Maultaschen gehören:

Mhm ... die Rezepte!

- feines Kalbfleischbrät (stellt er natürlich selber her!)
- gemischtes Hackfleisch (auch von ihm hergestellt)
- Bauchspeck, fein gewürfelt
- Spinat, gekocht und gehackt
- Zwiebeln, fein gehackt
- Lauch, sehr fein geschnitten
- frische Kräuter aus dem Garten, je nach Jahreszeit
- Eier (so wenig wie möglich)
- Weckmehl (ganz sparsam)
- Salz, Pfeffer und Muskatnuss

Stritzelberger sagt, dass der Fleischanteil seiner Maultaschenfülle etwa 80 % ausmacht. Die restlichen 20 % sind vor allem Spinat und Kräuter.

Variante 7:
Das beste aller Rezepte!
Elke Knittels Maultaschen
siehe Seite 47.

Füllungen ohne Spinat

Bei allen vorgenannten Maultaschenfüllungen kann der Spinat auch weggelassen werden. Man ersetzt ihn durch etwas mehr Fleisch, Wecken oder Weckmehl.

Variante 1:
Mutters Maultaschen frei nach Thaddäus Troll

- 3 Zwiebeln, fein gehackt
- 1 Bund Petersilie, fein gehackt
- etwas Fett
- 4 altbackene Wecken
- 250 g gekochtes Siedfleisch
- 100 g Rauchfleisch oder Hartwurst
- 250 g Hackfleisch
- 500 g Bratwurstbrät
- 5 Eier
- 1 Esslöffel getrockneter Majoran
- Salz und Pfeffer
- Muskatnuss
- 2 Knoblauchzehen

Zwiebeln und Petersilie fein hacken und in wenig Fett andämpfen. Die Wecken einweichen und gut ausdrücken. Siedfleisch, Rauchfleisch und Wecken durch den Fleischwolf drehen. Alle Zutaten zu einer Fülle verarbeiten und mit den Gewürzen abschmecken. Die Knoblauchzehen durch eine Presse drücken und untermengen. Ist die Fülle zu weich, etwas Weckmehl zugeben. Zur Verarbeitung der Füllmasse brauchen Sie 750 g Nudelteig.

Variante 2:
Pelmeni nach Helene Schnell, mitgebracht aus Kasachstan

- 200 g Rinderhackfleisch
- 250 g Schweinehackfleisch
- 1 Ei
- 1 mittelgroße Zwiebel, fein gehackt
- Salz und Pfeffer
- Nudelteig aus 500 g Mehl

Alle Zutaten zu einer Fülle vermengen und abschmecken. Aus dem dünn ausgewellten Nudelteig werden runde Teigstücke ausgestochen, mit einem Esslöffel Fülle belegt und zu Halmonden zusammengeklappt. Die Ränder gut andrücken. Im Wasser 10–15 Minuten kochen. Mit Butter überschmälzt servieren.

Maultaschen, nichts als Maultaschen

> *Tipp:* Man kann die Fülle auch mit einem Gläsle Wodka oder Essig abschmecken.

Variante 3
- 750 g Geräuchertes, gekocht
- 2 altbackene Wecken
- Zwiebelröhrle
- 2 Flädle (Pfannkuchen)
- 2 Eier
- Salz und Pfeffer

Das Geräucherte und die Wecken sehr fein würfeln und in der Pfanne anrösten. Die Zwiebelröhrle fein schneiden, die Pfannkuchen sehr klein schneiden. Alles mit den verquirlten Eiern vermengen und mit Salz und Pfeffer würzen.

Füllungen ohne Spinat und Fleisch

Variante 1 mit Wecken
- 6 altbackene Wecken
- 375 ml Milch
- 2 Eier
- Salz
- Muskatnuss
- 1 Bund Schnittlauch, fein geschnitten
- 1 Bund Petersilie, gehackt

Die Wecken in kleine Würfelchen schneiden. Milch und Eier verquirlen und über die Brötchenwürfel gießen, mit Salz und Muskat abschmecken. Gut durchziehen lassen. Die Masse mit den Kräutern mischen und zur Fülle verarbeiten.

Variante 2 mit Pilzen
- 1 kleine Zwiebel, fein gehackt
- 1 Knoblauchzehe, fein gehackt
- 250 g Austernpilze, fein gewürfelt
- etwas Butter
- 150 g Magerquark
- 2 Eigelb
- etwas glatte Petersilie, gehackt
- 2 Esslöffel geriebener Parmesan
- Salz und Pfeffer

Zwiebel, Knoblauch und Austernpilze in wenig Butter andünsten. Abkühlen lassen. Dann mit Quark, Eigelb, Petersilie und Parmesan mischen. Mit Salz und Pfeffer würzen.

Maultaschenkunst nach Erika Wilhelmer

Erika Wilhelmer, die Wirtin der Lokale „Stuttgarter Stäffele", macht Mut zu folgenden Varianten für die Maultaschenfüllung. Ihre Vorschläge sind bewusst ohne Mengenangaben als kreativer Anstoß für den sensiblen Kochkünstler entwickelt.

Spinatmaultaschen
Gekochter, grob gehackter Spinat (größter Anteil), gewürfelter, angedünsteter Speck, eingeweichtes, zerzupftes Weißbrot, Mutschelmehl und frische Kräuter mit Eiern zu einer Füllmasse verarbeiten. Mit Salz und Pfeffer abschmecken.

Gemüsemaultaschen
Spinat und weitere Gemüse nach Wahl sowie etwas gekochte Kartoffel

Mhm ... die Rezepte!

und Eier zu einer Füllmasse verarbeiten. Mit Salz und Pfeffer abschmecken.

Lachsmaultaschen

Den Nudelteig mit etwas Tintenfisch-Tinte schwarz färben. Frischen Lachs zu Mus pürieren. Aus Lachsmus, Salz, Pfeffer, gehacktem Dill und geschlagener Sahne ein zarte Füllung herstellen.

Die Maultaschen auf Dill-Kräuter-Sahne servieren.

Käsemaultaschen

Geriebenen Emmentaler, eingeweichtes, gut ausgedrücktes, zerzupftes Weißbrot und zerbröselten Pumpernickel mit fein gehackter Zwiebel und fein geschnittenem Schnittlauch mischen. Die Füllung mit Salz, Pfeffer und Paprika abschmecken.

Salbeimaultaschen

Frischkäse mit gehacktem Salbei und grob gemahlenem Pfeffer zu einer Füllung verarbeiten.

Ingwermaultaschen

Gekochte und durch die Presse gedrückte mehlige Kartoffeln, fein geschnittene Lauchzwiebeln, ein Stückchen ganz fein geschnittenen Ingwer und 1 Esslöffel Knoblauchöl zu einer Füllung vermengen. Mit Salz und Pfeffer abschmecken.

Wurstmaultaschen

Dünne Wurststreifchen, angedünstete Salamiwürfel, fein geschnittene und angedünstete Zwiebel, Eier, etwas Mutschelmehl und frische Kräuter zu einer Füllung verarbeiten.

Die fertigen Maultaschen abkühlen lassen. Die kalten Maultaschen in Scheiben schneiden und mit verquirltem Ei übergossen rösten.

Krebsmaultaschen

Krebsmett, frische Kräuter, gekochten Reis und Eier zu einer Masse verarbeiten. Mit Salz und Pfeffer abschmecken.

Die Maultaschen mit einer Kresse-Sahne-Soße oder einer Riesling-Rahm-Soße servieren.

Fischmaultaschen

Die enthäuteten Filets von verschiedenen Weißfischen durch den Fleischwolf drehen und mit frischen Kräutern, Eiern, Paniermehl sowie etwas Mehl zu einer Masse vermengen. Die Fülle mit Salz und Pfeffer abschmecken.

Dazu schmeckt eine Weißherbst-Sahne-Soße.

Pilzmaultaschen

Verschiedene Wald- oder Zuchtpilze sehr fein hacken und zusammen mit gehackten Kräutern und etwas gehackter Zwiebel andünsten. Mit Eiern zu einer Fülle vermengen. Die Masse mit etwas Hartweizengrieß binden. Mit Salz und Pfeffer abschmecken.

Die Maultaschen auf Blattspinat anrichten und mit kaltem Sauerrahm übergießen.

Maultaschen, nichts als Maultaschen

Krautmaultaschen

Gekochtes und rohes Sauerkraut mit angebratenen Speckwürfeln und gedämpften Zwiebelwürfeln mischen. Mit Kümmel, Salz und Pfeffer abschmecken.

Die Maultaschen mit Bratensoße und Zwiebelschmälze servieren.

Quarkmaultaschen

Frischen Magerquark mit fein gehackten Schalotten, fein geschnittenem Schnittlauch, Salz und Pfeffer würzen. Eier einrühren und geröstete Weißbrotwürfelchen unterheben.

Die warmen Maultaschen auf kalter Schnittlauchsoße servieren.

Kartoffelmaultaschen

Mehlige Kartoffeln und etwas Sellerie weich kochen, dann durch die Presse drücken. Mit Salz, Pfeffer und Muskat würzen. Mit Ei, Sauerrahm und Mehl binden und zur Fülle verarbeiten.

Die warmen Maultaschen auf kaltem Kräuterquark servieren.

Lauch-Karotten-Maultaschen

Lauch und Karotten sehr fein würfeln und kurz andämpfen. Mit Salz, Pfeffer und einer Prise Zucker abschmecken. Mit gekochten und durch die Presse gedrückten mehligen Kartoffeln zu einer Füllung vermengen.

Süße Maultaschen nach Erika Wilhelmer

Quarkmaultaschen mit Beeren

Quark mit Zucker und Vanillezucker abschmecken. In schaumig gerührte Eier etwas Grieß einrieseln lassen. Alles zu einer Füllmasse vermengen und frische Beeren unterheben. Die gefüllten Maultschen nur ganz leicht in Wasser sieden und mit Vanillesoße servieren.

Apfelmaultaschen

Fein gewürfelte, geschälte Äpfel in einem Schuss Weißwein ganz kurz andämpfen. Den Sud für die Soße abgießen und aufbewahren. Die Äpfel mit fein gehackten, in Zucker gerösteten Mandeln mischen und mit Zimt abschmecken.

Für die Soße Vanillepudding nach Packungsanleitung zubereiten, dann mit Weißwein und Apfelsud zu einer Soße verrühren und erkalten lassen. Zu den warmen Maultaschen servieren.

Marzipan-Nuss-Maultaschen

Marzipanrohmasse mit Honig glatt rühren und gehackte Nüsse hinzufügen. Die Maultäschle nicht kochen, sondern nur sieden lassen. Mit einer Karamelsoße servieren.

Mohnmaultaschen

Magerquark und Mohn mit den Eiern verrühren. Mit Zucker, Zitronensaft und dem Mark einer Vanilleschote abschmecken. Die gekochten Maul-

125

Mhm ... die Rezepte!

täschle vor dem Servieren in zerbröselten Löffelbiskuits wenden.

Kokosmaultaschen

Kokosraspel mit geriebener Zitronenschale, Zitronensaft und Eigelb mischen. Eiweiß steif schlagen und etwas Zucker einrieseln lassen. Den Eischnee unter die Kokosmasse heben. Dabei etwas Speisestärke (Mondamin) zum Binden darüberstäuben und mit unterziehen.

Zum Servieren mit Cornflakes bestreuen.

Schokomaultaschen

Grob geriebene Blockschokolade mit Aprikosengsälz (Konfitüre) verrühren und mit Grand Marnier abschmecken.

Die warmen Maultaschen auf Walnusseis servieren.

Mandelmaultaschen nach Art der Löfflerin 1907

Aus 500 g Mehl, 375 g Butter, 4 Eigelb und etwas kaltem Wasser einen Butterteig herstellen und zu Blätterteig verarbeiten. Dann messerrückendick auswellen und viereckige Stücke ausschneiden.

Für die Fülle:

125 g geschälte und fein gestoßene Mandeln, ebensoviel gestoßenen Zucker, die abgeriebene Schale von 1 Zitrone werden mit 2 ganzen Eiern und 2 Eidottern $1/4$ Stunde lang gerührt; auf jedes abgeschnittene Stück Teig wird 1 Eßlöffel von der Masse getan, die vier Ecken mit verrührtem Ei bestrichen und diese gegeneinander zusammengelegt. Wenn die Stücke Teig alle gefüllt sind, werden sie auf ein mit Mehl besätes Blech gelegt, mit verrührtem Ei bestrichen, mit grob gestoßenem Zucker bestreut und schön gelb gebacken.

Unter der Bezeichnung „Marseiller Kräpflein" taucht im selben Kochbuch ein ziemlich ähnliches Rezept auf. Die Füllung besteht aus Gsälz, und statt Taschen werden rund ausgestochene Teigstücke über der Füllung zu Halbmonden gelegt.

Ebenfalls sind uns ähnliche Rezepte für Fastenkrapfen aus den Kochbüchern seit dem Mittelalter bekannt. Gefüllt werden sie oft mit einer Masse aus fein gehackten Äpfeln und Nüssen. Gewürzt wird mit Honig und Ingwer. Ausgebacken wird in heißem Fett.

Preiselbeermaultaschen

Für den Teig:
- 175 g Quark
- 120 g Mehl
- 50 g Zucker
- 1 Eigelb
- Prise Salz

Für die Füllung:
- Preiselbeergsälz (Konfitüre)
- Zitronensaft
- Ahornsirup

Alle Zutaten zu einem Teig verkneten. Diesen in Klarsichtfolie verpacken und etwa 1 Stunde im Kühlschrank ruhen lassen.

Das Preiselbeergsälz mit etwas Zitronensaft und Ahornsirup abschmecken und sehr kleine Maultäschle herstellen. In Wasser mit einigen Tropfen Öl 10 Minuten köcheln lassen.

Maultäschle zum Servieren mit heißer Butter übergießen und mit Puderzucker bestäuben. Dazu schmeckt Eis oder Schlagsahne.

Die Herstellung

Es gibt verschiedene Möglichkeiten die Füllung – welche auch immer – im Teig blickdicht zu verstauen. Zunächst den Nudelteig dünn ausrollen. Entweder ein Wellholz verwenden oder den Teig durch eine Nudelmaschine treiben.

Variante 1: Dreiecke

12 × 12 cm große Quadrate aus dem Teig schneiden. Auf jedes Quadrat einen gehäuften Esslöffel Füllung geben und die Teigränder mit Eiweiß bestreichen. Den Teig dann über Eck über die Füllung schlagen, sodass ein gefülltes Dreieck ensteht. Die Ränder mit den Fingern festdrücken.

Variante 2: Quadrate

Längliche Teigstreifen schneiden. Die untere Hälfte der Teigrechtecke mit Füllung belegen, die Ränder mit Eiweiß bestreichen und die obere Hälfte des Rechtecks über die Füllung klappen, sodass quadratische Taschen

Der Hasenwirt in Uhlbach stellt gewickelte Maultaschen her.

Mhm ... die Rezepte!

entstehen. Teigränder mit den Fingern festdrücken.

Variante 3: Halbmöndl

Wie bei den russischen Pelmeni Kreise aus dem Teig ausstechen, mit Füllung belegen und die Ränder mit Eiweiß bestreichen. Dann in der Art eines Halbmondes zusammenklappen. Teigränder gut festdrücken.

Variante 4: Große Teigplatte

Statt die Taschen einzeln zu fertigen, belegt man die Hälfte einer großen Teigplatte in entsprechenden Abständen mit jeweils 1 Esslöffel Füllung. Dazwischen und am Rand mit Eiweiß bepinseln. Dann die andere Hälfte der Teigplatte darüber schlagen. Die Zwischenräume mit dem Kochlöffelstiel festdrücken, dann die Maultaschen mit dem gezackten Teigrädle auseinander rädeln.

Variante 5: Rolle

Die Teigplatte dünn mit Füllung bestreichen, die frei gelassenen Teigränder mit Eiweiß bepinseln. Jetzt die Teigplatte mehrmals zu einer flachen Rolle übereinander schlagen, die Teigränder andrücken. Mit der Handkante oder einem Porzellanteller mit dickem Rand etwa 6 cm lange Stücke schräg eindrücken. Dann mit dem Rädle auseinander rädeln.

Variante 6: Teigfladen

Die Füllung gleichmäßig auf eine Hälfte des ausgewellten Teiges streichen, dabei einen etwa 1 cm breiten Rand frei lassen. Die unbestrichene Teighälfte darüber klappen und die Ränder festdrücken. Mit einem dickrandigen Porzellanteller, einem runden Holzbrett oder einem Kochlöffelstiel den gefüllten Teigfladen wie ein großes Karomuster in einzelne Maultaschen unterteilen. Mit dem gefühlvollen, kräftigen Eindrücken wird der Teig entlang dieser Linien festgepresst und die Füllung in Täschchenform zusammengedrückt. Mit dem gezackten Teigrädle werden die Taschen dann auseinander gerädelt.

Das Servieren

Die – wie auch immer geformten und gefüllten – Maultaschen lässt man in reichlich Salzwasser 12–15 Minuten leicht köcheln.

Pikant gefüllte Maultaschen schmecken aromatischer, wenn man sie in einer Fleisch- oder Gemüsebrühe garen lässt. Sinnvoll ist es, hier auf Fertigbrühe zurückzugreifen und zum Servieren eine hausgemachte Fleischbrühe zuzubereiten.

Klassisch ist diese Verzehrfolge: Am Gründonnerstag isst man die Maultaschen als Suppe, am Karfreitag abgeschmälzt mit Butterzwiebeln und Kartoffelsalat und am Ostersamstag werden sie in Streifen geschnitten und gebraten.

Serviervariante 1: Mit Brühe

Die gekochten Maultaschen in einer tiefen oder Suppenschüssel mit hausgemachter, heißer Fleischbrühe über-

Maultaschen, nichts als Maultaschen

Maultaschen im Kochwasser

Geröstete Maultaschen

gießen. Mit Schnittlauchröllchen oder fein geschnittenem Bärlauch bestreut als Suppe servieren.

Serviervariante 2: Überschmälzt

Die gekochten Maultaschen auf eine Platte legen, hausgemachte Fleischbrühe angießen und mit in Butter knusprig gerösteten, fein geschnittenen Zwiebeln überschmälzen. Wer keine Zwiebeln mag, überschmälzt mit in Butter braun geröstetem Weckmehl.

Dazu gibt es Kartoffelsalat (siehe Seite 49) und Ackersalat oder – in der Zeit vor Ostern – selbst gepflückten Löwenzahnsalat.

Serviervariante 3: Überbacken

Die gekochten Maultaschen auf eine feuerfeste Platte legen, Tomatensoße angießen, reichlich mit geriebenem Emmentaler bestreuen und im Backofen überbacken. Mit frischem Basilikum garniert servieren.

Serviervariante 4: Geröstet

Gekochte und abgekühlte Maultaschen oder vom Vortrag übrig gebliebene in dünne Scheiben schneiden. Dann in Butter anrösten und mit verquirltem Ei übergießen.

Dazu schmecken Kartoffelsalat (siehe Seite 49) und grüner Salat.

Serviervariante 5: Maultaschensalat

Gekochte und abgekühlte Maultaschen in Streifen schneiden. Dann mit feinen Zwiebelringen und in dünne Scheibchen geschnittenen Essiggurken mischen und mit Essig und Öl anmachen. Gut gekühlt auf ganzen Kopfsalatblättern angerichtet servieren.

Serviervariante 6: Gewickelte Maultaschen nach Art der Löfflerin 1907

Den Teigfladen mit Füllung bestreichen und aufrollen. Diese Rolle mit einer Serviette umwickeln und mit

Mhm ... die Rezepte!

einem Bindfaden zusammenbinden. In Salzwasser 45 Minuten gar köcheln. Danach auswickeln, in Scheiben schneiden und mit Zwiebel-Butter-Schmälze übergießen.

Serviervariante 7:
Elke Knittels Maultaschenauflauf
siehe Seite 49

Serviervariante 8:
Maultaschenkrapfa nach Art der Löfflerin 1907
Den ausgewellten Nudelteig mit Füllung bestreichen und aufrollen. Die Rolle in 4–5 cm dicke Scheiben schneiden und diese nebeneinander auf die Schnittfläche in eine gebutterte Kasserolle setzen. Heiße Fleischbrühe angießen, bis die „Schnecken" gerade bedeckt sind. Alles bei starker Hitze aufkochen lassen und dann im auf 200 Grad vorgeheizten Backofen etwa 40 Minuten garen, bis die Brühe ganz eingekocht ist.

Serviervariante 9: Krautkrapfa
- 300 g Mehl
- 3 Eier
- 1 Esslöffel Öl
- $1/2$ Teelöffel Salz
- flüssige Butter
- 300 g Sauerkraut, ausgedrückt
- 100 g mageres Rauchfleisch, gewürfelt
- 1 Zwiebel, fein gehackt
- Salz und Pfeffer
- Kümmel
- 50 g Schweineschmalz oder Butter

Aus Mehl, Eiern, Öl und Salz einen Nudelteig herstellen. Diesen in Folie verpackt 30 Minuten ruhen lassen, dann dünn auswellen und mit flüssiger Butter bestreichen.

Sauerkraut, Rauchfleisch- und Zwiebelwürfel darauf verteilen. Mit Salz, Pfeffer und Kümmel würzen. Den so belegten Teig von der langen Seite her fest aufrollen. Die Rolle quer in etwa 5 cm dicke Scheiben schneiden. In einer Kasserolle oder Pfanne 2 Tassen Wasser und das Schweineschmalz erhitzen. Dann die Scheiben mit der Schnittfläche nach unten nebeneinander hineinsetzen. Bei geschlossenem Deckel garen, bis sich an der Unterseite eine schöne braune Kruste gebildet hat.

> **Tipp:** Man kann die Scheiben auch nur mit $1 1/2$ l Instant-Fleischbrühe übergießen (die Krapfa sollen gerade eben bedeckt sein). Dann in dem auf 200 Grad vorgeheizten Backofen etwa 40 Minuten garen.

Serviervariante 10:
Betzenweiler Maultaschen
Die Maultaschen zuerst mit Zwiebelwürfeln und Butter in der Pfanne hellbraun anbraten und erst dann in einer kräftigen Fleisch- oder Gemüsebrühe 10 Minuten köcheln lassen.

Laubfrösche

Übrig gebliebener Teig

Breite Nudeln

Übrig gebliebener Nudelteig wird dünn ausgewellt und in feine Streifen geschnitten oder mit dem gezackten Rädle auseinander gerädelt. Die Nudeln auf einem Küchentuch ausbreiten und trocknen lassen. Wie gewohnt verwenden.

Braune Blättleinsuppe nach Art der Löfflerin 1907

Den Teig in kleine Vierecke schneiden. Diese in Butter goldgelb backen und in eine Suppenschüssel füllen. Die Blättlein mit heißer Fleischbrühe übergießen, 4 Eidotter einrühren, mit Muskat würzen und mit Schnittlauchröllchen bestreuen.

Übrig gebliebene Fülle

Gefüllter Spinatkuchen nach Art der Löfflerin 1900

Gewaschene Spinatblätter mit heißem Wasser übergießen, abtropfen lassen, auf einem Küchentuch ausbreiten und trockentupfen.

Eine Springform ausbuttern und den Boden und die Seiten dick mit Spinatblättern auslegen. Dann mit Füllung bestreichen und wieder mit Spinatblättern belegen. Diesen Vorgang wiederholen, bis Spinat und Füllung aufgebraucht sind. Mit einer dicken Schicht Spinatblättern enden. Den Spinatkuchen im Backofen bei etwa 175 Grad 40 Minuten backen. Mit Alufolie abdecken, falls die oberste Blätterschicht zu braun wird.

Den Kuchen auf eine Platte stürzen und mit gehackten, hart gekochten Eiern bestreuen.

> **Tipp:** Dazu passt Tomatensoße und Kartoffelpüree.

Laubfrösche

Dieses besonders im Badischen beliebte Gericht wird fast in jeder Familie anders gemacht.

Verpacken Sie entweder eine „Maultaschenfüllung" portionsweise in je zwei übereinander gelegte, blanchierte Spinatblätter oder probieren Sie eines der folgenden Rezepte. Laubfrösche können auch mit Wirsing- oder Mangoldblättern zubereitet werden. Ich kann auch die Verwendung von Weinblättern empfehlen.

Laubfrösche mit hart gekochten Eiern

- 20 große Spinatblätter
- 1 altbackener Wecken
- 300 g gekochtes Siedfleisch oder gemischtes Hackfleisch
- etwas Petersilie
- 1 Zwiebel, fein gehackt
- 2 hart gekochte Eier, gehackt
- Salz und Pfeffer
- Muskatnuss
- $3/8$ l Fleisch- oder Gemüsebrühe
- 1–2 Esslöffel Sauerrahm

Die gewaschenen Spinatblätter heiß überbrühen, auf einem Küchentuch ausbreiten und abkühlen lassen.

Mhm ... die Rezepte!

Den eingeweichten, gut ausgedrückten Wecken mit dem Siedfleisch und der Petersilie durch den Fleischwolf drehen. Die angedämpften Zwiebelwürfel und die gehackten Eier zur Fleisch-Wecken-Masse geben und vermengen. Die Fülle mit Salz, Pfeffer und Muskat abschmecken.

Je zwei Spinatblätter zu einem Viertel übereinander legen, 1 Esslöffel Füllung darauf setzen und aufrollen.

Die Laubfrösche mit der Naht nach unten in eine gebutterte Kasserolle setzen und leicht anbraten. Jetzt die Brühe angießen und etwa 15 Minuten bei geschlossenem Deckel leicht köcheln lassen. Mit Sauerrahm abschmecken und mit Kartoffelpüree servieren.

Laubfrösche ohne Fleisch mit vielen Eiern nach Art der Löfflerin 1907

- 20 große Spinatblätter
- 4 altbackene Wecken
- 10 Eier
- etwas Butter
- 1 Zwiebel, fein gehackt
- 1 Bund Petersilie, fein gehackt
- Salz und Pfeffer
- Muskatnuss
- $3/8$ l Gemüsebrühe
- 1–2 Esslöffel Sauerrahm

Die gewaschenen Spinatblätter heiß überbrühen, auf einem Küchentuch ausbreiten und abkühlen lassen.

Die eingeweichten, zerzupften Wecken gut ausdrücken. Aus 6 Eiern in einer heißen, gebutterten Pfanne Rührei herstellen, dann abkühlen lassen und fein hacken. Zwiebel und Petersilie in wenig Butter etwas dämpfen und abkühlen lassen. Alle Zutaten zusammen mit den restlichen verquirlten Eiern vermengen. Mit Salz, Pfeffer und Muskat würzen. Wie links beschrieben verarbeiten und garen. Die Brühe mit Sauerrahm abschmecken.

Laubfrösche ohne hart gekochte Eier

- 20 große Spinatblätter
- 250 g Fleisch (Bratenreste oder gemischtes Hackfleisch
- 1 altbackener Wecken
- 1 kleine Zwiebel
- etwas Petersilie
- 2 Eier
- Salz und Pfeffer
- etwas Butter
- $1/2$ l Fleischbrühe
- 1–2 Esslöffel Sauerrahm

Die gewaschenen Spinatblätter heiß überbrühen, auf einem Küchentuch ausbreiten und abkühlen lassen. Das Fleisch zusammen mit dem eingeweichten und ausgedrückten Wecken, der Zwiebel und der Petersilie durch den Fleischwolf drehen. Dann mit den Eiern zu einem Fleischteig verarbeiten. Mit Salz und Pfeffer würzen. Frösche wie oben links beschrieben herstellen und garen. Die Brühe mit Sauerrahm abschmecken. Dazu passt Kartoffelpüree.

Laubfrösche mit Bratwurstbrät

- 20 große Spinatblätter
- 250 g Bratwurstbrät, Bratenreste oder Hackfleisch
- 3 altbackene Wecken

Laubfrösche

Körnergefüllte Wirsinglaubfrösche im Restaurant Weiß, Kürnbach

- 2 Eier
- etwas Petersilie
- 1 kleine Zwiebel, fein gehackt
- 1 Esslöffel geriebener Parmesan
- Salz und Pfeffer
- Majoran
- etwas Butter
- $^3/_8$ l Fleischbrühe
- 1–2 Esslöffel Sauerrahm

Die gewaschenen Spinatblätter heiß überbrühen, auf einem Küchentuch ausbreiten und abkühlen lassen. Brät mit den eingeweichten, ausgedrückten und zerzupften Wecken und den Eiern zu einer Fülle vermengen. Die angedämpfte Zwiebel und den Parmesan zugeben. Mit Salz, Pfeffer und Majoran würzen. Frösche wie auf Seite 132 beschrieben herstellen und garen. Die Brühe mit Sauerrahm abschmecken.

Laubfrösche ohne Fleisch
- 20 große Spinatblätter
- 3 altbackene Wecken
- Milch

Mhm ... die Rezepte!

- 3 Eier
- etwas Butter
- 1 Zwiebel, fein gehackt
- etwas Petersilie, fein gehackt
- etwas Schnittlauch, fein gehackt
- Salz und Pfeffer
- Muskatnuss
- $3/8$ l Gemüsebrühe
- 1–2 Esslöffel Sauerrahm
- 2 Eigelb

Die gewaschenen Spinatblätter heiß überbrühen, auf einem Küchentuch ausbreiten und abkühlen lassen. Die zerzupften Wecken in heißer Milch einweichen. Dann abkühlen lassen, gut ausdrücken und mit den verquirlten Eiern zu einer Masse verarbeiten. Die in Butter angedämpfte Zwiebel sowie die Kräuter hinzufügen. Mit Salz, Pfeffer und Muskat würzen. Die Frösche weiter wie auf Seite 132 beschrieben herstellen und garen. Die Brühe mit Sauerrahm verfeinern und mit Eigelb binden.

Laubfrösche mit Körnern

- 20 Spinat-, Wirsing-, Mangold- oder Weinblätter
- 150 g Reis (evtl. mit Buchweizengrütze und Goldhirse gemischt), gekocht und abgekühlt
- 1 kleine Zwiebel, fein gehackt
- etwas Petersilie, fein gehackt
- etwas Butter
- 1 Ei nach Belieben
- Salz und Pfeffer
- $3/8$ l Gemüsebrühe
- 1–2 Esslöffel Sauerrahm

Die gewaschenen Blätter heiß überbrühen, auf einem Küchentuch ausbreiten und abkühlen lassen. Den Reis mit in Butter gedämpfter Zwiebel, der Petersilie und evtl. mit dem Ei vermengen, mit Salz und Pfeffer abschmecken. Die Frösche weiter wie auf Seite 132 beschrieben herstellen und garen. Die Brühe mit Sauerrahm abschmecken.

Solche zum Beispiel aus Wirsingblättern hergestellten Laubfrösche eignen sich gut als Beilage zu Kurzgebratenem, Geflügel oder Kotelett. Als Hauptgericht serviert man sie mit einer Tomatensoße: Dazu wird einfach etwas Tomatenmark in die Sauerrahmbrühe eingerührt.

> *Tipp:* Man kann die Körnerfüllung auch mit 1 Esslöffel geriebenem Parmesan oder angerösteten Pinienkernen verfeinern.

Spätzleküche

Der Teig

Elke Knittels Spätzle
siehe Seite 64

Spätzle mit wenig Eiern
- 400 g Mehl
- 2 Eier
- etwas Salz
- $1/8$–$1/4$ l Wasser oder Milch

Alle Zutaten zu einem glatten Teig verarbeiten. Den Teig kräftig mit einem gelochten Rührlöffel schlagen, bis er Blasen wirft und sich ziehen lässt.

Spätzleküche

Spätzle nach dem Schwäbischen Kriegskochbuch 1915
- 500 g Mehl
- 1 Ei
- etwas Salz
- Wasser und falls vorhanden etwas Milch, soviel das Mehl aufnimmt.

Alle Zutaten wie oben beschrieben zu einem glatten Teig verarbeiten.

Spätzle schaben oder pressen
Wie man Spätzle vom Brettle schabt, steht auf Seite 63. Wenn die Spätzle mit einer der vielen Maschinen gemacht werden, muss die Teigkonsistenz entsprechend angepasst werden. Deshalb bitte das diesen Geräten in der Regel beigefügte Rezept beachten. Der Teig, der durch Maschinen gepresst oder gedrückt wird, ist meist etwas weicher und flüssiger als der über das Brettle geführte.

Knöpfle

Wird der Spätzleteig durch ein groblöcheriges Sieb gestrichen, gibt es Knöpfle.

Knöpfle nach Helene Schnell
Manchmal formt man auch Knöpfle mit einem Löffel oder mit der Hand wie im Rezept auf Seite 58 beschrieben. Rezepte für Klöße, die oft ebenfalls als „Knöpfle" bezeichnet werden, finden Sie auf Seite 151 unter „Hochzeitssuppe".

Adlerspätzle oder -knöpfle
Knöpfleteig:
- 1 kleine Zwiebel, fein gehackt
- 1 Bund Petersilie, fein gehackt
- etwas Butter
- 120 g Weißbrot ohne Rinde, zerzupft
- 1 Tasse Milch
- 2 Eier
- Salz und Pfeffer
- Muskatnuss

Zwiebel und Petersilie in Butter anschwitzen. Dann mit Weißbrot, Milch und den Eiern vermengen. Mit Salz, Pfeffer und Muskat abschmecken und den Knöpfleteig etwa 20 Minuten ruhen lassen.

Spätzleteig:
- 240 g Mehl
- 1 $^1/_2$ Tassen Wasser
- 2 Eier
- Salz

Aus den angegebenen Zutaten einen Spätzleteig herstellen.

Beide Teigmassen gründlich vermischen und wie Spätzle portionsweise ins kochende Wasser schaben. Dieser Teig gibt sehr dicke, grobe Spätzle – eben eher Adler. Man kann die Adler auch als Knöpfle mit einem Kaffeelöffel ins Wasser legen. Sobald sie oben schwimmen. mit einem Seiher herausnehmen, kalt abschrecken und auf einem Küchentuch abtrocknen lassen.

Die Adler vor dem Servieren in einer Pfanne in Butter braun rösten. Adler schmecken zu allen Fleischgerichten, aber auch zu Spargel.

Mhm ... die Rezepte!

Spätzlefantasien

Spätzle serviert man frisch gekocht und abgeschmälzt mit Zwiebeln, Nüssen oder Weckmehl. Sie passen zu jeder Art von Braten, zu kurz gebratenem Fleisch, Geschnetzeltem und Gulasch. Spätzle schmecken auch in Butter geröstet und mit verquirltem Ei übergossen.

Spätzle kann man mit den verschiedensten Soßen angießen oder mischen: mit Pilzrahmsoße, mit Bratensoße und mit Butter- oder Kräutersoße, mit Saurer Soße, mit Hackfleisch- und Tomatensoße. Spätzle harmonieren mit Tomatenwürfelchen, Zucchiniraspeln, Gurkenscheiben und vielen anderen Gemüsen. Der Fantasie des Spätzle-Essers sind keine Grenzen gesetzt. Hier einige klassische Spätzlevariationen:

Bärlauchspätzle

Kräuterspätzle

In den Spätzleteig 1 Hand voll fein gewiegter Gartenkräuter rühren.

Kräuterspätzle mit in Butter gerösteten, gehackten Mandeln abgeschmälzt servieren.

Bärlauchspätzle

- 250 g Mehl
- 4 Eier
- etwas Wasser
- 1 Esslöffel Öl
- Salz
- Muskatnuss
- 100 g Bärlauch, sehr fein gehackt

Aus den angegebenen Zutaten einen Spätzleteig herstellen. Zuletzt den Bärlauch zugeben. Diese Spätzle schmecken am besten mit in Butter gerösteten Pinienkernen überschmälzt und mit Gänseblümchen dekoriert.

Tipp: Mit gebratenen Lammkoteletts ergeben diese Spätzle ein köstliches Osteressen. Als Vorspeise empfiehlt sich ein Löwenzahnsalat mit leichtem Kartoffeldressing und gehackten Eiern. Für das Kartoffeldressing ein oder zwei mehlige, gekochte Kartoffeln zerdrücken und in die Essig-Öl-Mischung einrühren. Als Nachtisch passt jede Art von Eis, in einem Kranz aus Veilchen serviert, die man natürlich mitessen kann.

Spätzlefantasien

Spinatspätzle

Statt Bärlauch gibt man heiß überbrühten, gut ausgedrückten und sehr fein gehackten Spinat in den Teig.

Die Spinatspätzle mit in Butter gerösteten Streifen von gekochtem Schinken überschmälzen und mit gehobeltem Parmesankäse bestreuen. Spinatspätzle zu Kurzgebratenem oder einfach so servieren.

> *Tipp:* Eventuell eine Rahmsoße dazu reichen: Dafür 40 g Butter schmelzen, 1 Esslöffel Mehl einrühren, mit $1/4$ l Weißwein ablöschen, 200 ml Sahne zugießen und mit Salz und Pfeffer würzen.

Allgäuer Kässpätzle

- Spätzle aus 500 g Mehl
- 300 g Käse (z. B. Emmentaler und Greyerzer), grob geraspelt
- 100 g Butter
- 2–3 große Zwiebeln, in feinen Ringen
- Salz und Pfeffer
- Schnittlauchröllchen

Die Spätzle aus dem Kochwasser schöpfen, gut abtropfen lassen und lagenweise abwechselnd mit dem Käse in eine gebutterte Auflaufform schichten. Während der portionsweisen Herstellung der Spätzle steht die Form am besten im warmen Backofen. Die letzte Schicht sind Spätzle.

Während die Kässpätzle im Backofen warm gehalten werden, die Zwiebeln in reichlich Butter anrösten und die Kässpätzle damit überschmälzen. Mit Schnittlauch bestreut servieren. Dazu gibt's Tomatensalat oder grünen Salat.

Krautspätzle

Zwiebeln und Schinken oder mageren Speck fein würfeln und in einer Pfanne in Butter anbraten. Sauerkraut zugeben, erwärmen und zum Schluss die fertig gekochten Spätzle untermengen.

Kartoffelspätzle mit Kraut

Unter den Spätzleteig aus 400 g Mehl mischt man 150 g gekochte und geriebene mehlige Kartoffeln. Diesen Teig übers Brettle schaben. Die Spätzle lagenweise mit Sauerkraut auf eine Platte schichten und mit ausgelassenen Speckwürfeln und knusprig gerösteten Zwiebelringen überschmälzen.

Haselnussspätzle

Den Spätzleteig mit geriebenen Haselnüssen anreichern. Die gekochten Spätzle dann mit in Butter gerösteten geblätterten Haselnüssen überschmälzen.

Dazu passt am besten im Backofen geschmorter Rehrücken oder Wildschweinbraten. In den Bratensatz Preiselbeergsälz und geschlagene Sahne einrühren.

Gurkenspätzle klassisch

Aus Butter und Mehl eine helle Schwitze herstellen. Mit Gemüsebrühe (Instantprodukt) ablöschen. Eine mit einer Gewürznelke besteckte Zwiebel und ein Lorbeerblatt eine Weile mit-

Mhm ... die Rezepte!

köcheln lassen. Die Soße mit Sahne, Salz, Pfeffer und einem Schuss Essig abschmecken. Eine geschälte Salatgurke in feine Scheiben rädeln und kurz mitköcheln lassen. Die Spätzle mit dem Gurkengemüse gemischt servieren.

Erika Wilhelmers Gurkenspätzle

Gurkenspätzle nach Erika Wilhelmer

Eine ungeschälte Salatgurke in Scheiben hobeln und 10 Minuten stehen lassen, damit die Gurke Wasser zieht. Danach aufkochen. Mit Salz, Pfeffer, etwas Hühnerbrühe und einem Schuss Essig abschmecken.

200 g Sauerrahm und 200 ml Sahne zugeben und nochmals aufkochen lassen. Die Spätzle mit der Soße mischen.

Gurkenspätzle einfach

Gut heiße Spätzle mit fein gehobelter Salatgurke und 200 ml Sahne mischen. Mit Salz, Pfeffer und Muskat abschmecken.

Spatzen mit Gurken nach Art von Löffler-Bechtel 1897

Eine geschälte Gurke in Scheiben schneiden und diese in einer Kasserolle mit einigen Löffeln Weinessig, Salz und Pfeffer so lange kochen, bis sie weich sind. Die Gurkenscheiben dann zu fertigen sauren Spatzen (siehe unten) geben und vor dem Servieren noch einmal gut aufkochen lassen.

Saure Spätzle

- 1 kleine Zwiebel, fein gehackt
- 3 Esslöffel Mehl
- 30 g Butter
- $1/4$ l Fleischbrühe
- 3 Esslöffel Sauerrahm
- 3 Esslöffel Rotweinessig
- $1/2$ Zwiebel, gespickt mit 1 Gewürznelke
- 1 Lorbeerblatt
- 500 g Spätzle
- etwas Petersilie, gehackt

Zwiebel und Mehl in Butter kräftig braun rösten und mit Fleischbrühe ablöschen. Mit Sauerrahm und Essig abschmecken. Besteckte Zwiebel und Lorbeerblatt hineingeben und die Soße eine Weile köcheln lassen. Dann die Spätzle in die Soße legen und nochmals erhitzen. Mit Petersilie bestreut servieren.

Saure Rädle

- 1 Zwiebel, fein gehackt
- 3 Esslöffel Mehl
- 60 g Butter oder Schweineschmalz
- $1/2$ l Fleisch- oder Gemüsebrühe (Instantprodukt)
- $1/2$ kleine Zwiebel, mit 2 Gewürznelken besteckt

Spätzlefantasien

- einige Pfefferkörner
- 1 Lorbeerblatt
- 600 g in der Schale gekochte Kartoffeln (fest kochende Sorte oder Salatkartoffeln)
- Salz und Pfeffer
- 1 Schuss Rotweinessig
- Rotwein, nach Belieben
- 1 Esslöffel mittelscharfer Senf, nach Belieben

Zwiebelwürfel und Mehl in Butter oder Schmalz unter ständigem Rühren kräftig braun werden lassen. Mit der Fleischbrühe ablöschen, dabei zügig mit dem Schneebesen schlagen, damit keine Mehlklümpchen enstehen. Bestecke Zwiebel, Pfefferkörner und Lorbeerblatt zugeben. Alles eine gute Weile auf kleiner Flamme köcheln lassen. Inzwischen die Kartoffeln schälen und fein rädeln. Die braune Buttersoße mit Salz, Pfeffer und einem kräftigen Schuss Essig abschmecken, nach Belieben etwas Wein und Senf einrühren. Die Soße vom Herd nehmen, die noch warmen Kartoffelrädle hineingeben und 5 Minuten darin ziehen lassen.

Die Sauren Rädle serviert man zu Spätzle und gekochtem Siedfleisch. Sie passen auch zu Bratwurst oder zu Saitenwürstle.

Tipp: Viele Hausfrauen verwenden am Vortag gekochte Kartoffeln. Legt man allerdings frisch gekochte, noch warme Kartoffelrädle in die heiße saure Soße, ziehen die Rädle besser durch.

Elke Knittels vegetarische Variante

Die braune Buttersoße nicht mit Fleischbrühe, sondern mit Gemüsebrühe (Instantprodukt) aufgießen. Zusätzlich zwei Knoblauchzehen in feinen Scheibchen, eine sehr fein gehackte rote Peperoni und einen Zweig Rosmarin mitköcheln lassen. Zum Servieren einen Klecks Crème fraîche in die Mitte setzen und die Rädle mit in feine Streifen geschnittener glatter Petersilie bestreuen.

Dazu gibt's mit Butterzwiebeln abgeschmälzte Spätzle.

Elke Knittels Trüffelspätzle als Festessen

siehe Seite 67

Leberspätzle

- 500 g rohe Rinderleber
- 500 g Mehl
- 4–5 Eier
- Salz
- kaltes Wasser, nach Bedarf

Die Leber falls notwendig häuten und durch den Fleischwolf drehen. Dann Leber, Mehl, Eier und Salz wie auf Seite 134 beschrieben zu einem Spätzleteig verarbeiten. Bei Bedarf etwas kaltes Wasser hinzufügen.

Die Leberspätzle mit in Butter gebräunten Semmelbröseln überschmälzen und mit grünem Salat anrichten. Man kann sie auch als Suppeneinlage verwenden. Vorzüglich schmecken geröstete und mit verquirltem Ei übergossene Leberspätzle.

Mhm ... die Rezepte!

Leberspatzen

- 250 g frische Rinderleber
- 3 altbackene Wecken
- 1 Zwiebel, fein gehackt
- 1 Bund Petersilie, fein gehackt
- etwas Butter
- 250 g Hackfleisch
- 3 Eier
- Salz und Pfeffer
- Muskatnuss
- Majoran

Die Leber und die eingeweichten, gut ausgedrückten Wecken durch den Fleischwolf drehen. Zwiebel und Petersilie in Butter andämpfen. Dann Hackfleisch, Wecken-Leber-Masse, Zwiebel, Petersilie und Eier zu einer Masse verarbeiten. Mit den Gewürzen abschmecken.

Mit einem Kaffeelöffel Spatzen von der Masse abstechen, ins kochende Wasser legen und 10–15 Minuten ziehen lassen. Die Leberspatzen wie Leberspätzle servieren.

Wie Spätzle zu „Nudeln" werden

Schupfnudeln (vornehm), Bubespitzle (frivol) oder Wargele (Allgäu) mit wenig Kartoffel

- 150 g am Vortag in der Schale gekochte Kartoffeln (mehlige Sorte)
- 300 g Mehl
- 3 Eier
- Salz und Pfeffer
- Muskatnuss
- Butter oder Schmalz

Die Kartoffeln schälen und durch die Presse drücken. Die Kartoffelmasse mit Mehl und Eiern zu einem festen Teig verarbeiten. Mit Salz, Pfeffer und Muskat abschmecken.

Auf einem mit Mehl bestäubten Brett zu fingerdicken und fingerlangen Nudeln rollen oder besser zwischen bemehlten Händen „schupfen" beziehungsweise Bubespitzle formen: Diese sind an den Enden dünner, in der Mitte dicker.

Die Schupfnudeln in reichlich siedendem Salzwasser 3 Minuten gar ziehen lassen. Mit der Schaumkelle herausheben und auf einer warmen Platte anrichten oder kalt abschrecken und abtropfen lassen. Die abgetropften Schupfnudeln dann in einer Pfanne in reichlich Butter oder Schmalz goldbraun braten.

Schupfnudeln serviert man zu Sauerkraut, aber auch zu einem deftigen Braten. Man kann sie auch rösten und mit verquirltem Ei übergießen. Dazu schmeckt grüner Salat.

Schupfnudeln mit viel Kartoffel

- 1 kg am Vortag in der Schale gekochte Kartoffeln (mehlige Sorte)
- 150 g Mehl
- 2 Eier
- 20 g Butter, zerlassen
- 200 g Sauerrahm
- Salz
- Muskatnuss

Die geschälten Kartoffeln durch die Presse drücken und zusammen mit den restlichen Zutaten zu einem festen Teig kneten. Eventuell noch etwas Mehl zugeben. Mit Salz und Muskat

Goldbraun gebratene Schupfnudeln

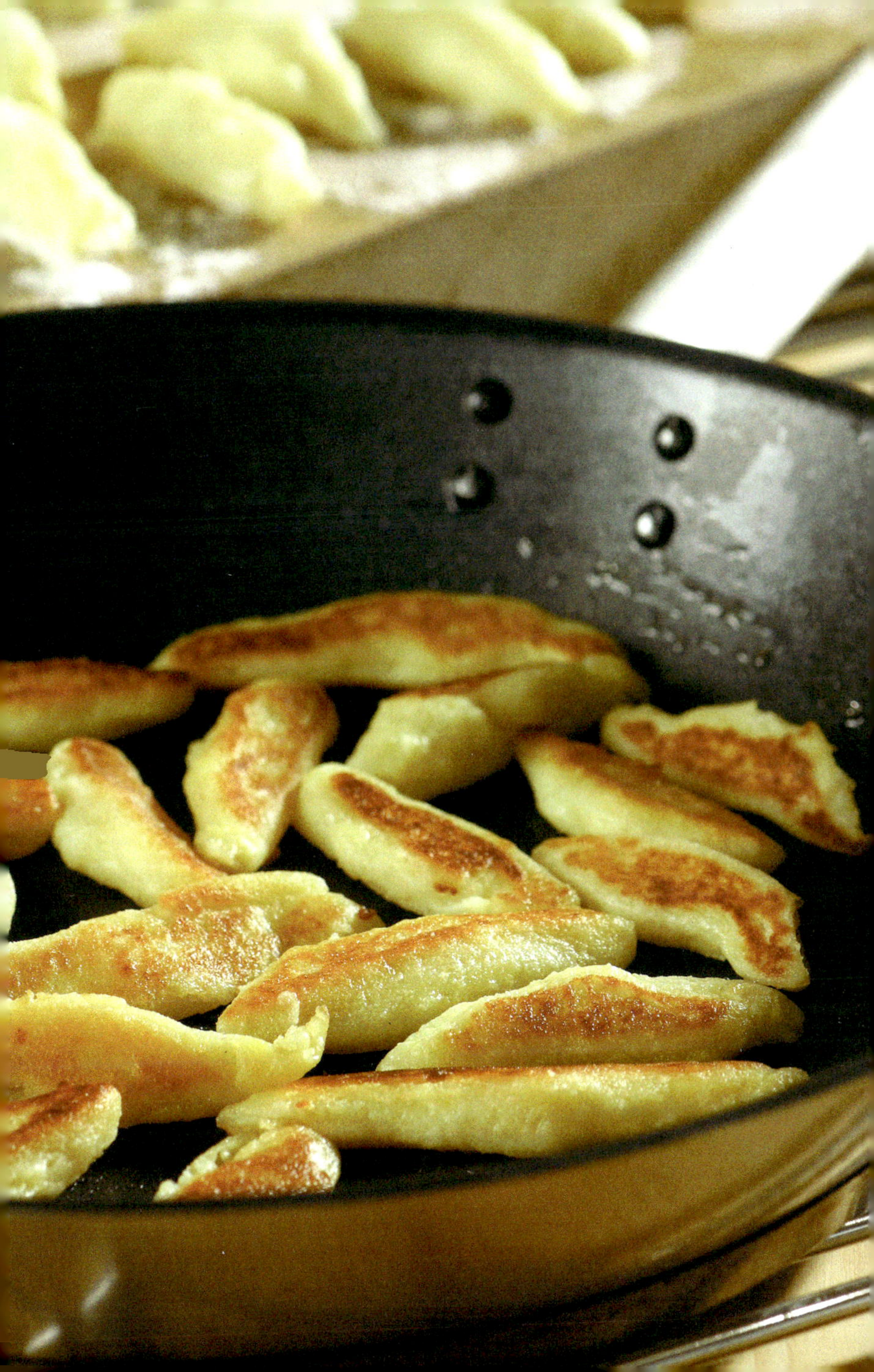

Mhm ... die Rezepte!

abschmecken. Weiter verfahren wie auf Seite 140 beschrieben.

Schupfnudeln ohne Kartoffeln

- 250 g Mehl
- 1 Ei
- 2–3 Esslöffel heißes Wasser
- 1 Teelöffel Salz

Aus den angegebenen Zutaten einen Schupfnudelteig herstellen und weiter verfahren wie auf Seite 140 beschrieben.

Schupfnudeln ohne Kartoffeln und Ei

- 500 g Mehl
- 350 ml Wasser
- Salz

Alle Zutaten zu einem festen Teig verarbeiten und mit bemehlten Händen Nudeln schupfen. Weiter verfahren wie auf Seite 140 beschrieben.

Nackede Mariele (Allgäu)

Einen der oben beschriebenen Mehl-Kartoffel-Teige nicht mit Salz, sondern mit einer Prise Zucker abschmecken und wie auf Seite 140 beschrieben zu Nudeln schupfen. Diese in Wasser garen, dann abgießen und abschrecken. Die Nackeden Mariele in brauner Butter schwenken und mit Puderzucker bestäubt servieren. Dazu passt Kompott oder Apfelmus.

Schupfnudeln mit Mohn und Aprikosen

- 400 g in der Schale gekochte Kartoffeln (mehlig kochende Sorte)
- 100 g Mehl
- 25 g Grieß
- 60 g weiche Butter
- 1 Eigelb
- Butter zum Braten
- 80 g Mohn

Die Kartoffeln schälen, durch die Presse drücken und zusammen mit Mehl, Grieß, Butter und Eigelb zu einem Teig verkneten. Diesen eine Weile ruhen lassen, dann wie auf Seite 140 beschrieben Schupfnudeln herstellen und in leicht gesalzenem Wasser garen.

Die gut abgetropften Schupfnudeln in einer Pfanne in reichlich Butter mit dem Mohn schwenken. Die warmen Mohn-Schupfnudeln mit Puderzucker bestäubt zu Aprikosenkompott servieren.

Schlanganger oder Bruckhölzer (Ostalb)

- 500 g am Vortag gekochte Kartoffeln (mehlige Sorte)
- 500 g Mehl
- 2–3 Eier
- Salz
- Muskatnuss
- Butter
- 1 l Milch oder Sahne

Die Kartoffeln schälen, durch die Presse drücken, mit allen Zutaten zu einem festen Teig verarbeiten und abschmecken. Lange Nudeln formen und als dichtes Gitter in der Art eines Scheiterhaufens in eine gebutterte

Wie Spätzle zu „Nudeln" werden

Auflaufform legen. Mit kalter Milch oder Sahne übergießen, bis die Nudeln gerade bedeckt sind. Im Backofen bei etwa 200 Grad die Milch verdampfen lassen. Wenn sich oben eine goldbraune Kruste bildet, ist der Schlanganger fertig.

Sieht in entsprechender Auflaufform hübsch aus. Man serviert den Schlanganger zu Sauerkraut und Ripple, zu Braten oder einfach zu einem grünen Salat.

Bauchstecherle mit Tomatensoße
- 500 g gekochte Kartoffeln (mehlige Sorte)
- 4 Esslöffel Mehl
- 2 Eier
- Salz
- Muskatnuss
- 200 g Schinkenwurst, klein gewürfelt
- 1 kleine Zwiebel, fein gehackt
- etwas Petersilie, fein gehackt
- etwas Öl
- 100 g geriebener Käse

Für die Tomatensoße:
- $1/4$ l Fleischbrühe
- 2 Esslöffel Speisestärke
- 2 Esslöffel Tomatenmark
- $1/8$ l kalte Milch

Die Kartoffeln schälen und noch warm durch die Presse drücken, mit Mehl und Eiern verrühren und mit Salz und Muskat abschmecken.

Wurst, Zwiebel und Petersilie in einer Pfanne in etwas Öl andünsten und zur Kartoffelmasse geben.

Auf einem bemehlten Brett fingerlange Röllchen – eben Bauchstecherle – formen. Diese in Salzwasser 5 Minuten leicht köcheln lassen, dann abgießen.

Für die Soße die Fleischbrühe erhitzen. Speisestärke, Tomatenmark und Milch verquirlen und in die Brühe rühren. Kurz aufkochen lassen.

Die abgetropften Bauchstecherle in eine feuerfeste Form schichten, mit Soße übergießen und mit Käse bestreuen. Im Backofen etwa 20 Minuten überbacken. Dazu reicht man grünen Salat.

Bounzelich
Bounzelich werden im Hohenlohischen aus denselben Zutaten wie die Schupfnudeln gemacht und einfach anders geformt, nämlich als kleine Bällchen. Diese werden in der Pfanne in reichlich Schmalz ausgebacken.

Ziegernudle (Quarknudle aus dem Allgäu)
- 200 g Mehl
- 750 g Zieger (Quark)
- 1 Ei
- etwas Sauerrahm, nach Belieben
- 1 Esslöffel Kümmel

Alle Zutaten auf einem Backbrett zu einem festen Teig verkneten und daumendicke Nudeln formen. Diese in der Pfanne in Butter goldbraun backen. Ziegernudle schmecken zu Sauerkraut oder grünem Salat.

Mhm ... die Rezepte!

Was Spätzle neben sich auf dem Teller dulden

Linsen mit Rauchfleisch und Saitenwürstle

- 1 kleine gelbe Rübe
- 1 kleines Stück Lauchstange
- 1 Knoblauchzehe
- etwas Öl
- 1 l Wasser
- 250 g Linsen, eventuell über Nacht eingeweicht
- 250 g mageres Rauchfleisch
- 2 mittelgroße Kartoffeln (fest kochende Sorte), fein gewürfelt
- $1/2$ Zwiebel, besteckt mit 1 Gewürznelke
- 1 Lorbeerblatt
- Salz
- Schuss Essig
- frischer oder getrockneter Thymian
- Saitenwürstle, Anzahl nach Bedarf
- etwa 50 g Butter
- 1 Zwiebel, in feine Scheiben geschnitten

Gelbe Rübe, Lauch und Knoblauchzehe fein würfeln. In wenig Öl andünsten und mit Wasser ablöschen. Die Linsen, die besteckte Zwiebel, das Lorbeerblatt und das in vier Stücke geschnittene Rauchfleisch hinzufügen.

Die Linsen etwa 10 Minuten köcheln lassen. Eventuell Wasser nachgießen, da die Linsen sehr aufgehen. Dann Kartoffeln zugeben und weitere 10 Minuten köcheln lassen.

Zum Andicken $1/2$ Tasse Linsen entnehmen und mit dem Pürierstab pürieren. Das Mus wieder in die Linsen einrühren. Mit Salz, einem kräftigen Schuss Rotweinessig und Thymian abschmecken. Die Saitenwürstle auf

Linsen und Spätzle mit Rauchfleisch und Saitenwürstle

Was Spätzle neben sich dulden

kleinster Flamme einige Minuten in den Linsen ziehen lassen.

Das Gericht vor dem Servieren großzügig mit in Butter gerösteten Zwiebeln überschmälzen. Dazu Spätzle reichen.

> *Tipp:* Die Linsen bei Bedarf (siehe Packungsanweisung) einweichen. Die großen Tellerlinsen müssen in der Regel eingeweicht werden. Die besonders köstlichen, kleinen braunen oder grünen Linsen aus der französischen Champagne werden ohne Einweichen verarbeitet.

In der Regel müssen Linsen „verlesen" werden. Dazu schüttet man sie portionsweise auf den sauberen Küchentisch, sitzt davor und schaut, ob man Steinchen oder sonstige Fremdkörper entfernen muss. Alles, was gut aussieht schiebt man über die Tischkante in die Schüssel, die auf dem Schoß steht.

Variante: Andicken mit Mehl

2 Esslöffel Mehl in 40 g Butter dunkelbraun rösten. Diese Mehlschwitze mit etwas Linsenkochwasser ablöschen und sofort in die Linsen rühren.

Variante mit angebratenem Rauchfleisch

Das Rauchfleisch grob würfeln und im Topf etwas auslassen. Dann Gelbe-Rübe-Würfelchen, Lauchstreifen und Knoblauch darin andünsten. Das Ganze mit Wasser ablöschen und die Linsen zufügen.

Variante Rauchfleisch gesondert kochen

Den besten Geschmack erzielt man, wenn die Linsen in Fleisch- oder Gemüsebrühe (Instantprodukt) garen. Das gesondert gekochte Rauchfleisch lässt man (ohne Kochwasser) zusammen mit den Saitenwürstle zuletzt kurz in den Linsen mitziehen.

Elke Knittels Linsen mit Steinpilzen oder Backpflaumen

siehe Seite 68

Linsen in Wein

Linsen in leicht gesalzenem Wasser bissfest kochen. Inzwischen Zwiebelwürfelchen, Knoblauch, Gelbe-Rübe-Würfelchen und fein geschnittenen Lauch in Olivenöl dämpfen, mit Weiß- oder Rotwein ablöschen und 15 Minuten köcheln lassen.

Die Linsen in einem Sieb abtropfen lassen, in die Weinbrühe geben und 5 Minuten ziehen lassen. Eventuell noch etwas Wein zugießen. Wie oben beschrieben andicken und nach Geschmack mit etwas Balsamico-Essig abschmecken.

Elke Knittels Sonntagsessen: Gemischter Braten mit Spätzle und Kartoffelsalat

- 750 g Schweinehals
- 750 g gespickter Rinderbraten
- Öl
- 4 Zwiebeln, halbiert
- 2 gelbe Rüben, geviertelt
- 2–3 Knoblauchzehen
- Butter

Mhm ... die Rezepte!

- 1 kleine Kartoffel (mehlige Sorte), geschält
- 1 Tomate, halbiert
- Fleisch- oder Gemüsebrühe (Instantprodukt)
- 1 Stück Lauchstange
- Rotwein
- etwas Sahne oder Crème fraîche
- frische Gartenkräuter, gehackt (z. B. Thymian, Rosmarin, Majoran)

Zuerst setzt man den Braten auf. Man rechnet mit einer Garzeit von $2^1/_2$ Stunden (ohne Anbraten). Das Anbraten muss sehr sorgfältig geschehen, denn hier entscheidet sich, ob die Soße etwas wird ...

Das Fleisch abwaschen und mit Küchenkrepp trockentupfen. Dann in einer Kasserolle oder tiefen Pfanne im heißen Öl von allen Seiten scharf anbraten. In einer beschichteten Pfanne wird die Soße nichts, weil sie nicht stark genug erhitzt werden kann.

Zwiebeln, gelbe Rüben und Knoblauchzehen hinzufügen und weiterbraten, bis das Gemüse Farbe hat. Die Hitze reduzieren, je ein großes Stück Butter auf die Fleischstücke legen, Topf oder Pfanne zudecken und weiterbrutzeln lassen. Nach etwa 15 Minuten Kartoffel und Tomate zugeben.

Immer wieder nachschauen, ob der Braten Saft gibt und nichts anbrennt. Wenn der Saft stark eindickt etwas Brühe angießen. Stets nur kleinste Mengen Brühe nachgießen, denn die Soße soll immer wieder einkochen.

Den Braten etwa $2^1/_2$ Stunden köcheln lassen. Dabei das Fleisch immer wieder wenden und Brühe, später nur noch Rotwein in kleinsten Mengen angießen. Nach etwa $1^1/_2$ Stunden den Lauch zugeben. Gegen Ende der Bratzeit streut man die Kräuter ein.

In der Zwischenzeit setzt man die Salatkartoffeln auf und schlägt den Spätzleteig (siehe Seite 64). Während der Kartoffelsalat (siehe Seite 49) dann in der Essigmarinade zieht, schabt man die Spätzle vom Brett und hält sie auf einer Platte im Backofen warm.

Den fertigen Braten mit dem Gemüse auf einer Platte anrichten und im warmen Backofen etwas ruhen lassen. Die Kartoffel mit einer Gabel zum Andicken im Bratenfond zerdrücken. Eventuell noch etwas Rotwein angießen und mit Sahne oder Crème fraîche verfeinern. Die Soße kurz aufkochen lassen und in eine vorgewärmte Sauciere füllen. Vorher nach Belieben noch durch ein feines Sieb streichen.

Den aufgeschnittenen Braten und die Bratensoße zusammen mit den mit Zwiebelbutter abgeschmälzten Spätzle und dem mit Schnittlauchröllchen bestreuten, lauwarmen Kartoffelsalat servieren.

Rostbraten

- pro Person 1 Scheibe (150 g) Rostbraten (leicht marmoriert)
- Öl und Butter
- Salz und Pfeffer
- Zwiebeln in feinen Scheiben

Die Haut am Fleischrand etwas einschneiden, damit sich das Fleisch beim Braten nicht einrollt.

Das Fleisch in der Pfanne in etwas Öl bei starker Hitze von jeder Seite 4 Minuten scharf anbraten. Die Hitze

Was Spätzle neben sich dulden

> **Tipp:** Sonntags gab es früher immer ein besseres Essen, das mit viel Aufwand zubereitet wurde. Natürlich war dies vor allem Fleisch als Braten, Wild oder Geflügel. Der wirklich klassische Schwabe hat zuvor vermutlich eine Flädlesuppe gegessen (siehe Seite 149) und möchte als Nachtisch gebackene Apfelküchle mit Vanille- oder Chaudeausoße (siehe Seite 176). Allerdings verzichten wir heute gerne auf Suppe und Nachtisch. Nach unserer Vorstellung reicht an einem normalen Sonntag ein Gang aus, um satt zu werden. Etwas anderes ist es, wenn ein Fest gefeiert wird ...

Das Fleisch salzen und pfeffern, in Mehl wenden und das überschüssige Mehl wieder etwas abklopfen. Dann in Öl von jeder Seite etwa 4 Minuten sehr scharf anbraten. Nach etwa 2 Minuten Zwiebeln und Tomate zugeben und mitbraten. Die Hitze reduzieren und ein großes Stück Butter auf dem Fleisch schmelzen lassen. Mit etwas Instant-Fleischbrühe oder Wasser ablöschen und einen Deckel auflegen. Das Fleisch in der Soße auf kleiner Flamme noch etwa 5 Minuten dämpfen. Die Soße zuletzt mit einem Hauch Sahne binden.

Tante Hildas Rostbraten war wunderbar durch und zart. Sie sagte immer: „Er muss nur richtig (lang genug) gedämpft werden!"

reduzieren, ein großes Stück Butter hinzufügen und das Fleisch nochmals von jeder Seite 2 Minuten braten. Mit Salz und Pfeffer würzen. Den Rostbraten aus der Pfanne nehmen und warm stellen. Die Zwiebelscheiben im Bratfett rösten und den Rostbraten damit überschmälzen.

Dazu gibt es Sauerkraut und Spätzle oder einfach nur Kartoffelsalat.

Tante Hildas Rostbraten mit Soß'

- pro Person 1 Scheibe (150 g) Rostbraten (leicht marmoriert)
- Salz und Pfeffer
- etwas Mehl
- Öl
- Zwiebeln in feinen Scheiben
- $1/2$ Tomate
- Butter
- etwas Fleischbrühe oder Wasser
- etwas Sahne

Sauerbraten

- 2 kg Rinderschmorbraten

Für die Marinade:

- 1 Bund Suppengrün, grob zerkleinert
- 2 Zwiebeln, geviertelt
- einige Pfefferkörnen
- 1 Lorbeerblatt
- 2 Gewürznelken
- $1/2$ l Rotwein
- 220 ml Rotweinessig

Zum Anbraten:

- 75 g fetter Speck, gewürfelt
- 3 Esslöffel Öl
- Salz
- $1/4$ l Wasser oder Fleischbrühe

Für die Soße:

- 150 g Sauerrahm
- 2 Teelöffel Speisestärke

Mhm ... die Rezepte!

Suppengrün, Zwiebeln, Pfefferkörner, Lorbeerblatt und Gewürznelken in Wein und Essig aufkochen. Heiß über das Fleisch gießen und abgedeckt 2–3 Tage im Kühlschrank stehen lassen. Währenddessen das Fleisch mehrmals wenden.

Das Fleisch aus der Marinade nehmen und trockentupfen. Die Speckwürfel im Öl bei kleiner Hitze auslassen, dann herausnehmen. Jetzt das Fleisch im Speckfett rundherum anbraten, zuletzt salzen. Das Gemüse von der Marinade zugeben und kurz mit andünsten. Die Speckwürfel wieder zufügen, die Marinade und Wasser oder Fleischbrühe angießen. Im geschlossenen Topf bei kleiner Hitze etwa 2 Stunden schmoren.

Den Braten warm stellen. Die Soße durch ein Sieb streichen und mit in Sauerrahm verrührter Speisestärke andicken.

Dazu gibt es in Butter geschwenkte Spätzle und grünen Salat.

Koteletts vom Wildschweinfrischling

- 100 g magerer Speck, fein gewürfelt
- 1 kleine Zwiebel, fein gehackt
- 300 g Pfifferlinge
- 8 Frischlingskoteletts
- Salz und Pfeffer
- Butter
- 1 Bund glatte Petersilie
- $1/4$ l Sauerrahm
- Rotwein
- 1 Teelöffel Speisestärke

Die Speckwürfel anbraten, Zwiebel und Pilze hinzufügen und andünsten. Die Koteletts mit Salz und Pfeffer würzen und in Butter bei milder Hitze von jeder Seite 2–4 Minuten gar braten. Auf einer vorgewärmten Platte anrichten, mit den Speckpilzen überziehen und mit Petersilie und etwas Sauerrahm garnieren.

Den Bratenfond mit etwas Rotwein ablöschen. Restlichen Sauerrahm und Speisestärke verrühren und die Soße damit binden. Dazu passen Bubespitzle oder Spätzle.

Suppen mit Einlage

Grundrezept für Fleischbrühe
Für etwa 1 $1/2$ l Brühe:

- 750 g Siedfleisch (Bug oder Hohe Rippe)
- 1–2 Markknochen, nach Belieben (nur vom Metzger ihres Vertrauens)
- 1 gelbe Rübe
- 1 Stück Lauchstange
- 1 kleine, ungeschälte braune Zwiebel (gibt der Brühe Farbe)
- 1 Zweig Liebstöckel (Maggikraut)
- 1 Zweig Petersilie
- 1 kleines Stück Sellerie
- Salz
- Muskatnuss
- Instant-Fleischbrühe, bei Bedarf

Alle Zutaten außer den Gewürzen und Kräutern mit 2 l Wasser aufsetzen und zum Kochen bringen. Am Anfang immer wieder den sich bildenden gräulichen Schaum abschöpfen. Etwa 90 Minuten köcheln lassen. 30 Minuten vor Ende der Garzeit Maggikraut und Petersilie zugeben.

Suppen

Wenn das Fleisch gar ist, herausnehmen und etwas abkühlen lassen. Die Brühe durch ein Sieb in einen anderen Topf gießen oder mit einer großen Kelle umschöpfen. Mit Salz und Muskat würzen und bei Bedarf mit etwas Instant-Fleischbrühe abschmecken.

Gaisburger Marsch (Kartoffelschnitz und Spätzle)

- 1 1/2 l Fleischbrühe nach Grundrezept
- 500 g Kartoffeln (fest kochende Sorte)
- 2 gelbe Rüben
- 1 dünne Lauchstange
- Spätzle aus 300 g Mehl
- Salz
- Muskatnuss
- 1 Zwiebel in Scheiben
- Butter
- Schnittlauchröllchen

Eine gute Fleischbrühe kochen und das Siedfleisch zuletzt klein würfeln und beiseite stellen.

Die Kartoffeln schälen und in schmale, längliche Schnitze teilen, die gelben Rüben rädeln und den Lauch in Ringe schneiden. Alles in der Fleischbrühe sanft garen.

Spätzle bereiten (siehe Seite 64) und in eine vorgewärmte Suppenschüssel legen. Das Siedfleisch hinzufügen und mit Kartoffeln, Gemüse und heißer Fleischbrühe auffüllen. Mit Salz und Muskat abschmecken.

Wer will, kann den Eintopf noch mit in Butter gerösteten Zwiebelringen überschmälzen und mit Schnittlauchröllchen bestreuen.

Variante der Brühe zum Gaisburger Marsch

Die Kartoffeln gesondert kochen. Für den Eintopf dann ein Drittel Fleischbrühe mit dem Fleisch, ein Drittel Kartoffelwasser mit den Kartoffelschnitzen und ein Drittel Spätzlewasser mit den Spätzle zusammengießen. Mit Salz und Muskat abschmecken, mit in Butter gerösteten Zwiebelringen abschmälzen und mit Schnittlauchröllchen bestreuen.

Flädlesuppe

Flädle herstellen (siehe Seite 170), abkühlen lassen und in dünne Streifen schneiden. Mit heißer Fleischbrühe übergießen, mit Schnittlauchröllchen bestreuen und nach Wunsch mit Fleischeinlage servieren.

Nudelsuppe

Dünne Suppennudeln nach Packungsanleitung kochen, abgießen und kalt abschrecken. Mit heißer Fleischbrühe übergießen und mit oder ohne Fleischeinlage servieren. Ganz dünne Suppennudeln werden gleich in der Brühe gegart.

Hochzeitssuppe

Darunter versteht man eine besondere Festtagssuppe, die immer mehrere Einlagen enthält. Häufig ist diese Suppe erster Gang beim Hochzeitsessen. Vielerlei verschiedene Klöße werden in eine gute Fleischbrühe eingelegt. Welche allerdings, das ist von Ort zu Ort und von Gegend zu Gegend ver-

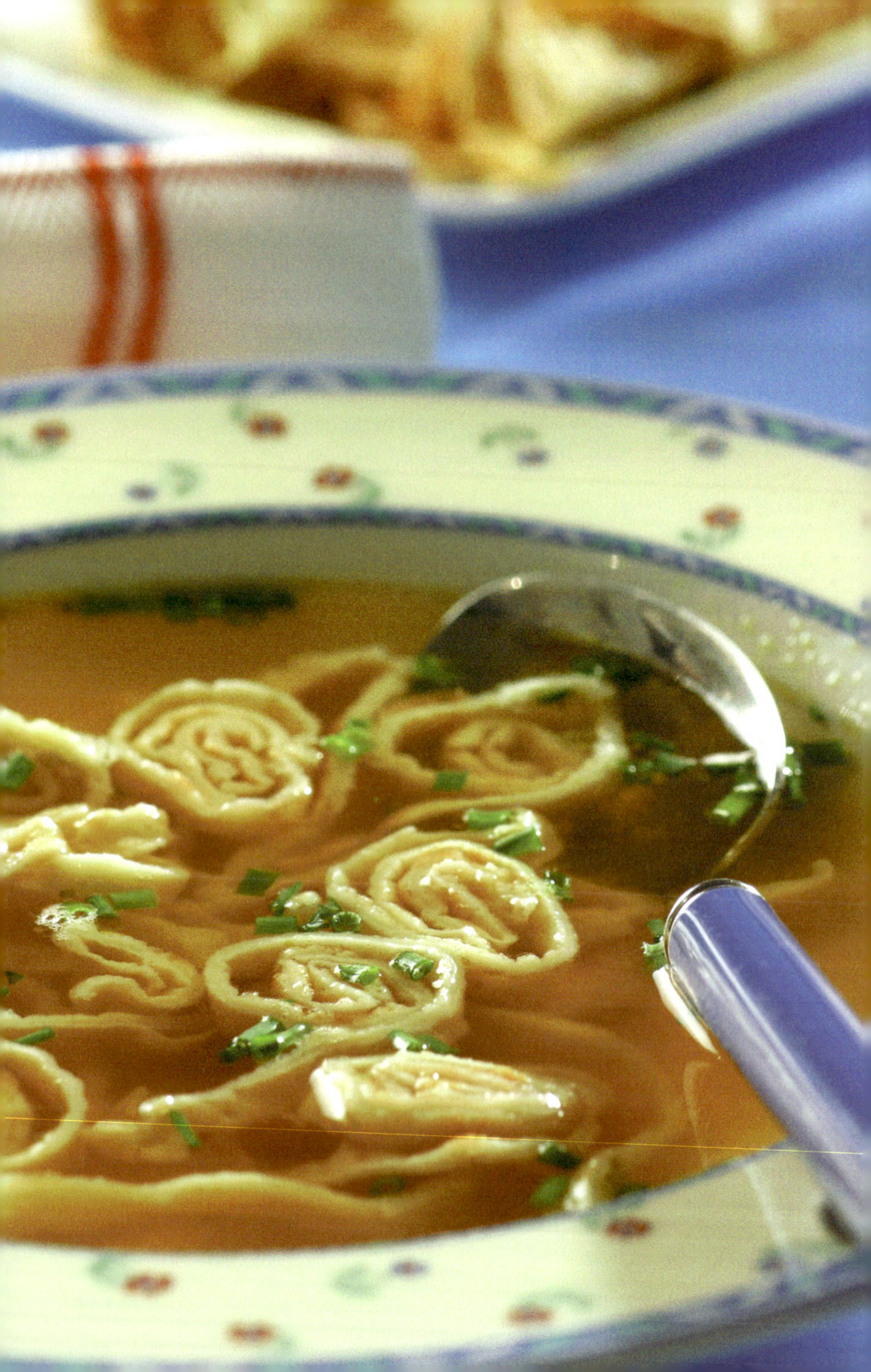

Suppen

schieden. In solch einer Festtagssuppe können zum Beispiel sein: Mutschelmehlklöße (siehe Seite 152), Markklöße, Grießklößle, gebackene Klöße (Backerbsen), Brätknödel, Leberklößle (siehe Seite 140) ... Selbstverständlich kann auch jede Klößesorte für sich allein eine ausreichende Einlage für eine gute Suppe sein.

Festliche Hochzeitssuppe
Rezept für Fleischbrühe siehe Seite 148.

Bachene Spatzen (Backerbsen)
- 250 g Mehl
- 3 Eier
- 1 Teelöffel Backpulver, nach Belieben
- 1/8 l Milch
- Prise Salz
- Fett zum Ausbacken

Einen Spätzleteig herstellen und durch ein groblöchriges Sieb oder über einen Spätzlehobel in heißes Fett gleiten lassen (Achtung, das kann spritzen!). Sobald die Spatzen goldbraun gebacken sind, mit einem Schaumlöffel herausheben und auf Küchenkrepp entfetten. Erst kurz vor dem Servieren in die heiße Fleischbrühe geben.

Brätködel
- 250 g Kalbfleischbrät
- 1 Ei
- Salz und Pfeffer
- etwas abgeriebene Zitronenschale
- etwas Mutschelmehl, bei Bedarf

Flädlesuppe:
besonders hübsch mit gerollten Flädle

Brät, Ei, Salz, Pfeffer und Zitronenschale vermengen, eventuell etwas (ganz wenig) Mutschelmehl zugeben. Mit einem Teelöffel Klöße abstechen und in der köchelnden Brühe 10 Minuten ziehen lassen.

Grießklößle
- 40 g Butter
- 60 g Grieß
- 1 Ei
- Prise Salz

Die Butter schaumig rühren. Grieß, Ei und Salz einrühren, bis die Masse glatt ist. Dann 1 Stunde ruhen lassen. Mit einem Teelöffel Klöße abstechen und in der köchelnden Brühe 10 Minuten ziehen lassen.

Markklößle
- 100 g Ochsenmark (nur vom Metzger ihres Vertrauens)
- 60 g zimmerwarme Butter
- 4 Eier
- Salz und Pfeffer
- Muskatnuss
- etwa 60 g Mutschel- oder Weckmehl

Das Mark erwärmen, bis es flüssig ist und durch ein feines Sieb streichen. Abkühlen lassen. Dann mit der Butter schaumig rühren. Eier und Gewürze einrühren und so viel Mutschelmehl zugeben, bis die Masse fest ist (sie darf aber nicht bröselig werden). Mit den Händen kleine Kugeln formen und in Fleischbrühe 10 Minuten ziehen lassen.

Mhm ... die Rezepte!

Elke Knittels Kindersuppe

Kinder lieben Suppen. Diese Suppe mit lauter kugeligen Einlagen wie Riebele, Mutschelmehlklöße und Backerbsen (siehe Seite 151) und mit Schnittlauchröllchen bestreut kam bei meinen Kindern immer sehr gut an.

Mutschelmehlklöβle
- 1 Ei
- Prise Salz
- Muskatnuss
- 30 g Mutschelmehl

Das Ei verquirlen und mit einer Prise Salz und Muskat würzen. Dann so viel Mutschelmehl einrühren, dass die Masse noch vom Löffel läuft. 3 Minuten stehen lassen. Jetzt mit einem Teelöffel kleine Klößle abstechen und in die köchelnde Fleischbrühe einlegen, nach 4 Minuten wenden und noch etwa 4 Minuten ziehen lassen.

> **Tipp:** Mutschelmehlklöße können auch in Fett herausgebacken werden. Man lässt sie auf Küchenkrepp abtropfen und erkalten. Erst kurz vor dem Servieren in die heiße Fleischbrühe geben.

Riebele
- 1 Ei
- 100 g Mehl
- 1 Teelöffel Wasser

Aus allen Zutaten einen so festen Teig herstellen, dass man ihn auf einem Reibeisen reiben oder zwischen den Handflächen zu kleinen Riebele zerreiben kann. Die Riebele trocknen lassen. Wie Suppennudeln weiterverarbeiten:

In heiße Fleischbrühe einstreuen und etwa 5 Minuten köcheln lassen.

> **Tipp:** Riebele gibt's auch fertig zu kaufen.

Elke Knittels Festtagssuppe

- 1 1/2 l Fleischbrühe nach Grundrezept (siehe Seite 148)
- Flädle (siehe Seite 170)
- Mutschelmehlklöße (siehe links)
- sehr dünne Suppennudeln
- Gemüse (z. B. gelbe Rübe, Lauch, Sellerie, Blumenkohlröschen), sehr klein geschnitten
- Instant-Gemüsebrühe
- Salz
- Muskatnuss
- Backerbsen (siehe Seite 151 oder fertig gekauft)
- Schnittlauchröllchen

Fleischbrühe kochen und zuletzt durch ein Sieb abgießen. Das Siedfleisch herausnehmen, abkühlen lassen und klein schneiden.

Flädle backen, abkühlen lassen und in feine Streifen schneiden. In die köchelnde Fleischbrühe kleine Mutschelmehlklöße einlegen und Suppennudeln einstreuen. Das Gemüse in Instant-Brühe bissfest garen. Sobald Klöße und Nudeln gar sind, Gemüse und Brühe in die Suppe geben und mit Salz und Muskat würzen.

Flädle und Fleisch in eine vorgewärmte Suppenschüssel geben und mit der Klößle-Nudel-Gemüse-Suppe auffüllen. Vor dem Servieren Backerbsen auf die Suppe streuen und mit Schnittlauch garnieren.

Brennte Grießsupp'

- 75 g Butter
- 1 Tasse Grieß (100 g)
- 1¹/₂ l Fleischbrühe oder Wasser
- Salz
- Muskatnuss
- 1 Ei, nach Belieben
- Schnittlauchröllchen

Die Butter schmelzen und den Grieß darin bräunen. Mit Wasser oder Fleischbrühe ablöschen, mit Salz und Muskat würzen. Die Suppe 45 Minuten köcheln lassen.

Vor dem Servieren nach Wunsch mit dem Ei legieren, also das verquirlte Ei in die heiße Suppe einrühren. Mit Schnittlauchröllchen bestreut servieren.

Diese Suppe gilt im Schwäbischen auch als Krankenkost. Für Kranke möglichst wenig Fett verwenden!

Tipp: Wer kein Ei einrühren möchte, gibt bei Tisch einen Stich kalte Butter auf die heiße Suppe im Teller.

Kartoffeln als Beilage mitsamt Hauptgerichten

Elke Knittels Kartoffelsalat
siehe Seite 49

Niederauer Kartoffeln

- 1 kg Kartoffeln (fest kochende Sorte)
- 1 mittelgroße Zwiebel, fein gehackt
- 50 g Butter
- Petersilie, fein gehackt
- 1 Teelöffel Salz
- 1 Tasse Sahne oder Sauerrahm, nach Geschmack
- 1 Ei

Die Kartoffeln kochen, schälen und in kleine Würfelchen schneiden. Die Zwiebel in Butter andämpfen, dann die Petersilie hinzufügen und die gewürfelten Kartoffeln kurz mitdämpfen. Mit Salz würzen.

Das mit Sahne oder Sauerrahm verquirlte Ei gleichmäßig darüber geben. Es darf nur kurz anziehen, nicht trocken werden. Die Kartoffeln sollen glänzen.

Niederauer Kartoffeln sind eine beliebte Beilage zu Forelle blau oder zu Bodenseefelchen.

Forelle blau

- 4 kleine Forellen
- 1 l Wasser
- ¹/₈ l Essig
- ¹/₂ l Weißwein
- 1 Zwiebel, geschält und besteckt mit 2 Gewürznelken

Mhm ... die Rezepte!

- 2 Zitronenscheiben
- 1 Lorbeerblatt
- einige Pfefferkörner
- 2 Teelöffel Salz
- 125 g Butter zum Servieren

Die Forelle an der Bauchseite aufschneiden und ausnehmen. Unter fließendem Wasser außen und innen abwaschen. Mit dem Daumennagel den schwarzen Streifen am Rückgrat herausschälen. In einem großen Topf Wasser mit Essig, Wein sowie allen Gewürzen aufkochen. Die Forellen in den Sud legen (sie müssen bedeckt sein, sonst Wasser und Wein nachgießen). Anschließend 20 Minuten ziehen lassen.

Die Forellen zu Niedernauer Kartoffeln servieren. Die Butter zerlassen und dazu reichen.

Kartoffelpfannküchle

- 4 mittelgroße Kartoffeln (mehlige Sorte)
- 4 Eier
- 80 ml Sahne
- 40 ml Milch
- Salz
- Muskatnuss
- Fett zum Ausbacken

Die Kartoffeln kochen, schälen und durch die Presse drücken. Noch warm mit Eiern, Sahne, Milch und Gewürzen vermengen. 1 Stunde ruhen lassen. Dann jeweils 1 Esslöffel Masse ins heiße Fett geben, mit dem Pfannenwender flach drücken und runde Küchle formen. Von beiden Seiten goldbraun braten. Als Beilage zu Fleisch servieren.

G'röschte Kartoffel

Hier gibt es zwei Versionen: Entweder man röstet am Vortag gekochte und in feine Rädle geschnittene Kartoffeln in Öl, Butter oder Schmalz, oder man rädelt rohe Kartoffeln (fest kochende Sorte) und brät sie unter beständigem Wenden in einer Pfanne in Öl zuerst scharf an und lässt sie dann bei reduzierter Hitze und geschlossenem Deckel fertig garen. Am Schluss den Deckel abnehmen und den Kartoffeln bei guter Hitze noch mehr Farbe und Knusprigkeit geben.

Nach Geschmack kann man geschnittene Zwiebel oder etwas Knoblauch zugeben. Gewürzt wird mit Salz und Majoran oder frischem Rosmarin.

G'röschte Kartoffel kann man mit Träublesgsälz essen oder einfach mit grünem Salat. Sie sind auch eine beliebte Beilage zu sauren Nierle.

Saure Nierle

- 500 g Schweine-, Rinder- oder Kalbsnieren
- $1/2$ l Milch
- Mehl
- Butter
- 2 Zwiebeln, fein gehackt
- $1/8$ l Instant-Fleischbrühe
- $1/8$ l Rotwein
- 2–3 Esslöffel Essig
- Salz und Pfeffer
- Zitronensaft
- 1–2 Esslöffel Crème fraîche

Die Nieren der Länge nach auf- aber nicht durchschneiden und alles Weiße sorgfältig entfernen.

Die Nieren 30 Minuten in Milch legen. Dann abtrocknen, in feine

Brezeln

Scheiben schneiden und in Mehl wenden. Die Nieren in der Pfanne in Butter rundum anbraten, Zwiebelwürfelchen dazugeben und weiterbraten. Die Nieren jetzt herausnehmen. Den Fond mit Brühe und Rotwein ablöschen und aufkochen lassen. Mit Essig, Salz, Pfeffer, Zitronensaft und Crème fraîche abschmecken. Die Nieren wieder in die Soße geben und nochmals kurz erhitzen.

Dazu passen G'röschte Kartoffel oder Kartoffelpfannküchle.

Brezeln und was man daraus machen kann

Laugenbrezeln

Grundrezept
- 875 g Mehl
- $1/2$ l Milch
- 25 g Schmalz
- $1/2$ Teelöffel Zucker
- 1 Teelöffel Salz
- 40 g Hefe
- fertig verdünnte Lauge (Bäcker)
- grobes Salz

Die Hefe mit Milch und Zucker verrühren und 15 Minuten stehen lassen. Dann zusammen mit Mehl, Schmalz und Salz einen festen, formbaren Hefeteig kneten. Anschließend den Teig gehen lassen, wieder durchkneten und zu Brezeln schlingen. Diese in einem kühlen Raum etwa 1 Stunde ruhen lassen.

Die Brezeln einzeln in die kalte Lauge tauchen und auf ein mit Backpapier ausgelegtes Blech legen. Die dicke Mitte einschneiden und mit grobem Salz bestreuen. Die Brezeln dann bei 220 Grad etwa 20 Minuten backen.

Variante mit Eiern
siehe Seite 19

Elke Knittels Laugenbrezeln
siehe Seite 16

Bäckermeister Rudolf Franks Laugenbrezeln
- 1 kg Mehl
- 500 g Wasser
- 15 g Salz
- 7 g Malz (in Pulverform von der Malzfabrik)
- 40–50 g Hefe
- 50–60 g Margarine oder Schmalz
- etwas „Starterteig" (siehe Tipp)

4-prozentige Lauge (aus Natronlaugenkonzentrat in der Verdünnung 1 l Lauge auf 10 l Wasser)

Den Teig herstellen und gehen lassen. Brezeln schlingen und wieder gehen lassen. Dann im Kühl- oder Gefrierraum etwa 1 Stunde „absteifen" lassen.

Die Brezeln danach in die Lauge tauchen und in den auf 240 Grad vorgeheizten Backofen schieben. Jetzt die Temperatur auf 200 Grad reduzieren und 15 Minuten backen.

Die Brezeln nach dem Backen noch heiß mit kaltem Wasser besprühen, damit sie glänzen. Man kann auch mit dem Pinsel eine hauchdünne Glasur

Mhm ... die Rezepte!

aus Kartoffelstärke auftragen (siehe Hutzelbrot, Seite 179).

> *Tipp:* Früher hieß der Teig vom Vortag „alter Teig". Er wird dem frischen Teig zugegeben, damit dieser ohne lange Ruhephasen auskommt und plastischer wird.

Laugenbrezeln mit Belag

Ob man nun die Laugenbrezeln selbst macht oder einen Bäcker kennt, der sie so gut macht, dass man sie doch lieber kauft – was hier im Schwabenland kein Problem ist –, man sollte die Brezel in jedem Fall mit verschiedenem Belag ausprobieren:

Mit Butter bestrichen schmeckt sie köstlich und passt zu Wein und Bier wie zum Kaffee. So gehört sie hier auf jeden Frühstückstisch und kann natürlich samt Butter auch in den Kaffee getunkt werden. Meine Kinder allerdings haben die Butterbrezel am liebsten in den Kakao getunkt.

Ganz besonders edel zu einer gemütlichen „Hocketse" mit Freunden schmeckt die Laugenbrezel mit Kalbsleberwurst, mit gekochtem Schinken oder mit Emmentaler Käse belegt. Dazu kann der Trollinger richtig fließen.

Doch eine Brezel verträgt auch Frischkäse und Salatgurkenscheiben oder geraspelten Rettich ... Für Schwaben schmeckt auf einer Brezel fast alles – vor allem fast alles besser.

Gourmets schwören auf mit Lachs und Dill belegte Laugenbrezeln oder essen sie gar zum besten Kaviar – dazu trinkt man natürlich Sekt oder Champagner.

Ob man die wie auch immer belegten Brezeln ganz lässt oder halbiert, ist meiner Meinung nach keine Ansichtssache – und das hat auch nichts mit schwäbischer Knausrigkeit zu tun. Halbierte Brezeln lassen sich auf Partys geschickter in die Hand nehmen und einfach besser und eleganter halten und verzehren. Man kann ja viele halbe essen!

Was aus altbackenen Laugenbrezeln und Brot werden kann

Laugenbrezelsuppe

- 4 altbackene Laugenbrezeln, in Stückchen geschnitten
- 1 l kalte Fleisch- oder Gemüsebrühe (Instantprodukt)
- 2 Eigelb
- 4 Esslöffel Sahne
- Salz
- Crème fraîche
- Schnittlauchröllchen

Die Brezelstückchen in der Brühe etwa 1 Stunde lang einweichen. Dann alles zusammen sachte kochen, bis sich die Brezelstückchen auflösen. Die Suppe durch ein grobes Sieb streichen. Nochmals aufkochen, eventuell noch etwas Brühe zugeben. Zuletzt die mit den Eigelb verrührte Sahne einrühren und mit Salz abschmecken.

In die Mitte der Suppe einen Löffel Crème fraîche setzen und mit Schnittlauch bestreut servieren.

Brezeln

Laugenbretzelsuppe nach Johanna Christiana Kiesin 1796
siehe Seite 19

Gebackenes von Fastenbretzel aus dem Kloster Frauenalb 1790
siehe Seite 20

Gebundene Brotsuppe
- 125 g altbackenes Schwarzbrot
- 2 gelbe Rüben
- 1 kleine Zwiebel
- $1/2$ dünne Lauchstange
- 1 kleines Stück Sellerie
- 2 l kaltes Wasser
- 2 Esslöffel Sahne
- Salz und Pfeffer
- Muskatnuss
- etwa 40 g Butter
- 2 Esslöffel Crème fraîche
- glatte Petersilie

Brot und Gemüse klein schneiden, mit dem Wasser aufsetzen und weich kochen. Durch ein Sieb (z. B. Flotte Lotte) treiben, die Sahne unterrühren und mit Salz, Pfeffer und Muskat abschmecken.

Die Butter in einem Topf schmelzen und bräunen lassen. Die fertige Suppe mit der gebräunten Butter überschmälzen, mit Crème fraîche und einigen Blättchen Petersilie dekorieren.

> **Variante mit Fleischbrühe:**
> Das Wasser durch Fleischbrühe (hausgemacht oder Instantprodukt) ersetzen und die fertige Suppe mit in Butter gerösteten Zwiebelringen abschmälzen.

Fastenknödel
- 400 g altbackene Laugenbrezeln oder Wecken
- $1/4$ l heiße Milch
- 1 Zwiebel, fein gehackt
- 1 Hand voll Petersilie, fein gehackt
- 50 g Butter
- 3 Eier
- Mehl oder Weckmehl, bei Bedarf

Brezeln in kleine Würfelchen schneiden und mit der Milch übergießen. Zwiebel und Petersilie in wenig Butter andämpfen. Aus allen Zutaten einen Knödelteig herstellen. Die richtige Konsistenz erreicht man durch Zugabe von etwas Mehl oder Weckmehl. Mit nassen Händen Knödel formen und in köchelndem Wasser mit wenigen Tropfen Öl etwa 20 Minuten gar ziehen lassen. Mit in Butter gebräuntem Weckmehl überschmälzt servieren.

Fastenknödel passen zu grünem Salat oder Pilzragout und außerhalb der Fastenzeit zu allen Fleischgerichten.

Serviettenkloß mit Laugenbrezeln
- 2 altbackene Wecken
- 6 altbackene Laugenbrezeln
- $1/2$ l heiße Milch
- 1 Zwiebel, fein gehackt
- 1 Bund Petersilie, fein gehackt
- 80 g Butter
- 6 Eier
- Salz und Pfeffer
- Majoran
- Mutschelmehl oder Mehl, bei Bedarf
- Butter

Die fein zerzupften Wecken und Brezeln mit der Milch übergießen.

Mhm ... die Rezepte!

Zwiebel und Petersilie in wenig Butter andämpfen. Die Butter schaumig rühren und die verquirlten Eier einrühren. Petersilie-Zwiebel-Mischung zugeben und mit der Wecken-Brezel-Masse vermengen. Mit Salz, Pfeffer und Majoran abschmecken. Eventuell noch etwas Mutschelmehl oder Mehl zugeben. Die Masse soll locker aber nicht zu weich sein.

Eine Serviette mit Butter bestreichen und die Masse darauf geben. Die Stoffenden so verknoten, dass man einen Kochlöffel durchschieben kann, den man über den Topfrand legt. So kann der Kloß in der Serviette hängend in köchelndem Salzwasser gar ziehen. Den Serviettenkloß nach 50–60 Minuten auspacken, in dicke Scheiben schneiden und vor dem Servieren mit in Butter gebräuntem Weckmehl überschmälzen.

Eine köstliche Beilage zu Gänsebraten und vielen anderen Fleischgerichten.

Fasten- und Palmbrezeln

Biberacher Fastenbrezel
- Laugenbrezelteig nach Grundrezept (siehe Seite 16 oder 155)
- feines Salz

Den Hefeteig in gleichmäßig fingerdünne Stränge rollen und diese zu Brezeln formen. Kühl stellen und etwas antrocknen lassen. Dann in siedendes Wasser legen und einige Male aufwallen lassen. Mit einem Sieb herausnehmen, auf ein mit Backpapier ausgelegtes Blech legen und bei 200 Grad etwa 15 Minuten backen. Die Brezeln dürfen keine Farbe bekommen. Noch hell herausnehmen, heiß über einen nassen Schwamm ziehen und im Salz wälzen.

Am besten schmeckt die Biberacher Fastenbrezel ganz frisch mit Butter bestrichen zu Kaffee, Wein oder einfach zum Vesper.

Fastenbrezel
- 500 g Mehl
- 1 Päckchen Trockenhefe
- 1/4 l Milch oder Wasser
- 1 Ei
- 1/2 Teelöffel Zucker
- 1 Teelöffel Salz
- 130 g weiche Butter
- Salz zum Bestreuen

Aus allen Zutaten und der Hälfte der Butter einen Hefeteig herstellen und gehen lassen. Dann erst die restliche Butter gut unterkneten. Aus etwa 40 cm langen, gleichmäßig fingerdicken Rollen Brezeln formen. Nochmals eine Weile gehen lassen. Dann auf ein mit Backpapier ausgelegtes Blech legen, etwas anfeuchten und mit Salz bestreuen. Bei etwa 180 Grad auf mittlerer Schiene in 15–20 Minuten hellgelb backen.

Bäcker Schiehlens Dornenkronenbrezel
siehe Seite 23

Allerlei aus Hefeteig

Hefeteig gelingt immer, wenn man ein paar Dinge beachtet: Alle Zutaten sollten Zimmertemperatur haben. Die Milch zum Anrühren der Hefe sollte wirklich ganz leicht lauwarm sein, also nicht heiß und nicht kalt. Die Hefe braucht etwas Zucker zum Aufgehen. Das in hauchdünne Scheiben geschnittene Fett darf erst an den Teig, wenn der Vorteig aufgegangen ist.

Für einen Hefezopf reicht ein Teig aus 1 Pfund Mehl. Will man einen schönen Kranz aus dem Flechtwerk legen, sollte man den Teig mit der doppelten Mehlmenge herstellen, also wenigstens aus 1 kg Mehl.

Man muss natürlich nicht unbedingt einen Zopf flechten. Man kann auch, wie schon beschrieben, Brezeln schlingen oder Ringe, kleine Kränze als Osternester oder Osterhasen, Nikoläuse, Mutscheln oder Neujahrsbrezeln formen.

Hefeteig kann zu süßem oder gesalzenem Gebäck verarbeitet werden.

Einfacher Hefezopf
- 500 g Mehl
- 25 g Hefe oder 1 Päckchen Trockenhefe
- 50–80 g Zucker
- $1/4$ l lauwarme Milch
- 100 g Rosinen oder Sultaninen
- 80 g Butter
- $1/2$ Teelöffel Salz
- abgeriebene Zitronenschale
- 1 Eigelb in etwas Sahne verrührt zum Bestreichen
- Mandelblättchen oder Hagelzucker zum Bestreuen

Das Mehl in eine Schüssel geben, in der Mitte eine Vertiefung machen, die zerbröckelte Hefe mit 1 Teelöffel Zucker hineingeben und mit wenig lauwarmer Milch übergießen. Mit einem Löffel ein bisschen von dem umgebenden Mehl einrühren, sodass ein flüssiger Vorteig entsteht. Zugedeckt warm stellen und etwa 30 Minuten gehen lassen. Die Sultaninen mit heißem Wasser übergießen und einweichen lassen. Dann die restliche Milch und alle anderen Zutaten hinzufügen und den Teig mit einem Kochlöffel oder mit den Knethaken des Rührgeräts kräftig durcharbeiten. Zuletzt die abgetropften und mit Mehl bestäubten Sultaninen unterkneten. Den Teig zu einer Kugel formen und so lange abgedeckt an einem warmen Ort gehen lassen, bis er sich verdoppelt hat. Nochmals kräftig durchkneten und auf einem bemehlten Brett einen Zopf flechten.

Auf ein mit Backpapier ausgelegtes Blech setzen, mit der Eigelb-Sahne-Mischung bestreichen und mit Mandelblättchen bestreuen.

Das Backblech auf der mittleren Schiene in den kalten Backofen schieben und bei 190 Grad 40–50 Minuten backen. Wird der Ofen vorgeheizt, muss der Zopf zuvor noch etwas gehen. Dies spart man sich, wenn man den Zopf in den kalten Ofen schiebt und erst dann einschaltet.

> **Variante:** Das Gebäck nicht mit Eigelb-Sahne-Mischung, sondern nach dem Backen noch heiß mit Butter bestreichen, etwas abkühlen lassen und dick mit Puderzucker bestreuen.

Mhm ... die Rezepte!

Feiner Osterzopf

- 500 g Mehl
- 30 g Hefe oder 1 Päckchen Trockenhefe
- 100 g Zucker
- $1/8$ l Milch
- 2 Eier
- 125 g Butter
- Prise Salz
- 150 g Rosinen
- 1 Päckchen Vanillezucker
- 100 g gehackte Mandeln, nach Belieben
- 100 g Zitronat, fein gewürfelt, nach Belieben
- 1 Eigelb in Sahne verrührt, nach Wunsch noch mit 1 Teelöffel Honig, zum Bestreichen
- gestiftelte oder gehackte Mandeln zum Bestreuen

Feiner Osterkranz

Aus allen Zutaten einen Hefeteig herstellen, den Zopf mit der Eigelb-Sahne-Mischung bestreichen und mit Mandeln bestreuen. Wie auf Seite 159 beschrieben backen.

Der Kranz

Aus der doppelten Menge Teig (entweder Rezept für einfachen Hefezopf oder feinen Osterzopf verwenden) lässt sich ein geflochtener Kranz aufs Blech legen. Damit der Kranz während des Backens seine Form behält, stellt man in die Mitte eine mit Butter bestrichene Büchse oder ein feuerfestes, rundes Gefäß.

Streut man etwas Hagelzucker zwischen die Stränge des Flechtwerks, reißt der Hefekranz beim Backen besonders schön auf. Der Kranz bekommt ein feines Aroma, wenn man das gebutterte Backblech oder das Backpapier mit Anissamen bestreut, bevor man den Teigzopf darauf setzt und zum Kranz legt.

Omas Sonntagsbrot

Einen Hefeteig (einfacher Hefezopf, siehe Seite 159) herstellen. Den Teig in eine gebutterte Springform legen. In den kalten Backofen schieben, 190 Grad einstellen und 40–50 Minuten backen. Wenn der Backofen heiß und die Teigoberfläche etwas abgetrocknet ist, mit einem scharfen Messer etwa $1/2$ cm tief ein Rautenmuster

Tipp für eine Variante ohne Zucker: Den Hefeteig statt mit Zucker (außer der Prise zum Ansetzen der Hefe) mit 1 Teelöffel Salz herstellen und vor dem Backen mit Kümmel bestreuen.

Allerlei aus Hefeteig

einschneiden und weiterbacken. Noch heiß mit reichlich Butter bestreichen und erkalten lassen.

Dazu gibt es selbst gemachtes Gsälz.

Reutlinger Mutschel

- 600 g Mehl
- 1 Päckchen Trockenhefe
- Prise Zucker
- $1/4$ l Milch
- 100 g Butter
- 10 g Salz
- 1 Eigelb in etwas Sahne verrührt zum Bestreichen

Einen Hefeteig herstellen. $4/5$ des Teiges zu einer runden, etwa 3 cm dicken Platte formen und außen gleichmäßig verteilt acht schräge Einschnitte machen. Die so entstandenen Zinken zur Sternform etwas in die Länge ziehen. Das Kreisinnere mit einem aus dem restlichen Teig geflochtenen, ganz dünnen Kranz belegen.

Auf einem mit Backpapier ausgelegten Blech etwa 30 Minuten gehen lassen. Dann mit der Sahne-Eigelb-Mischung bestreichen, in den kalten Ofen schieben und bei 180 Grad 1 Stunde backen.

Elke Knittels Kräuterbrot

- 500 g Mehl
- 1 Päckchen Trockenhefe
- $1/2$ Teelöffel Zucker
- $1/4$ l Milch
- 80 g Butter
- 1 Teelöffel Salz
- 2 Hand voll gemischte Kräuter (z. B. Petersilie, Dill, Majoran, Rosmarin, Thymian), gehackt
- 1 kleine Zwiebel, fein gehackt
- 2 Knoblauchzehen, fein gehackt
- etwas Öl
- Kräuterzweige zum Dekorieren
- Lorbeerblätter zum Dekorieren

Einen Hefeteig herstellen und die Kräuter hineinkneten. Zwiebel und Knoblauch in wenig Öl andämpfen, dann ebenfalls zum Teig geben. Den Teig in eine gefettete Springform legen und mit einem scharfen Messer etwa $1/2$ cm tief ein Rautenmuster einschneiden. Dann bei 190 Grad etwa 50 Minuten backen und noch heiß mit Butter bestreichen. Das Brot mit Kräuterzweigen und Lorbeerblättern dekorieren und lauwarm servieren. Dazu schmeckt eine Schinkenplatte und gekühlter Riesling. Das Brot schmeckt natürlich auch kalt und an den nächsten Tagen.

> **Tipp:** Wer nicht so viele frische Kräuter zur Hand hat, beschränkt sich auf Petersilie und vielleicht Dill und gibt noch 2 Esslöffel getrockneten Majoran und 1 Teelöffel Thymian dazu.
> Bärlauchfreunde machen zu Ostern ein Brot mit einer Hand voll fein geschnittenem Bärlauch und dekorieren mit Gänseblümchen oder Schlüsselblumen aus dem Garten.

Ulmer Speckwecken nach Familienrezept von Rose Stierle

- 500 g Mehl
- 1 Päckchen Trockenhefe

Mhm ... die Rezepte!

- ¹/₄ Teelöffel Zucker
- ¹/₈ l Milch
- 1 Ei
- 50 g Schweineschmalz
- 1 Teelöffel Salz
- 1 Esslöffel grob gemahlener Kümmel
- 100 g magerer Speck, fein gewürfelt
- 1 Eigelb in etwas Sahne verrührt zum Bestreichen
- grobes Salz

Einen Hefeteig herstellen und die Hälfte der Speckwürfel einarbeiten, gehen lassen. Kugeln formen und noch einmal gehen lassen. Auf ein mit Backpapier ausgelegtes Blech setzen, mit der Eigelb-Sahne-Mischung bestreichen, ein Rautenmuster einritzen und mit grobem Salz und den restlichen Speckwürfeln bestreuen.

In den kalten Ofen schieben und bei 180 Grad 20–30 Minuten backen.

Gugelhupf

- 500 g Mehl
- 1 Päckchen Trockenhefe
- 100 g Zucker
- ¹/₄ l Milch
- 100 g Butter
- 2 Esslöffel Sauerrahm
- 2 Eier
- ¹/₂ Teelöffel Salz
- 100 g Rosinen, in Rum eingeweicht
- abgeriebene Zitronenschale
- etwas Weckmehl oder geriebene Haselnüsse für die Form

Aus allen Zutaten einen Hefeteig herstellen und in eine gebutterte und mit Weckmehl oder geriebenen Haselnüssen ausgestreute Gugelhupfform setzen. In der Form 2–4 Stunden gehen lassen. Den Kuchen dann etwa 50 Minuten bei 180–200 Grad backen.

Den Gugelhupf anschließend aus der Form stürzen und nach dem Erkalten mit Puderzucker bestäuben.

Tipp: Der Gugelhupf rutscht leichter aus der Form, wenn man ein kaltes, nasses Küchentuch um die heiße Gugelhupfform schlingt.

Flachswickel, Hanfwickel, Flachsschlicke, Zopfküchle oder Schnöller

- 30 g Hefe oder 1 Päckchen Trockenhefe
- Prise Zucker
- 4 Esslöffel lauwarme Milch
- 250 g Butter
- 2 Eier
- ¹/₂ Teelöffel Salz
- 500 g Mehl
- abgeriebene Zitronenschale
- Hagelzucker

Die Hefe mit einer Prise Zucker in der Milch auflösen und etwas gehen lassen. In einer Backschüssel die Butter schaumig rühren. Die Eier einrühren, dann Salz, Mehl und Zitronenschale zugeben. Zuletzt die angesetzte Hefemilch unterarbeiten und alles zu einem glatten Teig verkneten.

Auf Hagelzucker fingerdicke Teigstränge rollen und in etwa 30 cm lange Stücke schneiden, die Enden etwas dünner rollen. Eine Schlinge legen und die offenen Enden umeinander wickeln – so wie der Flaschner seine

Allerlei aus Hefeteig

Flachszöpfe. Auf einem mit Backpapier ausgelegten Blech gut 30 Minuten gehen lassen, dann 20 Minuten bei 180 Grad hellgelb backen.

> *Tipp:* Den Hagelzucker mit ein paar Tropfen Speisefarbe rot und grün färben und trocknen lassen. So dekoriert sehen die Flachswickel lustiger aus.

Schneckennudeln
Für den Teig:
- 500 g Mehl
- 20 g Hefe oder $3/4$ Päckchen Trockenhefe
- 200 ml Milch
- 2 Eier
- 70 g Butter
- Prise Salz
- abgeriebene Zitronenschale

Für die Füllung:
- 50 g Butter, zerlassen
- 100 g Rosinen
- 100 g gemahlene Nüsse
- 2 Esslöffel Zucker
- $1/2$ Teelöffel Zimt

Außerdem:
- Zuckerwasser mit Zitronensaft oder Puderzucker

Aus den Zutaten einen Hefeteig herstellen und etwa 3 mm dick auf einem bemehlten Backbrett ausrollen. Mit der zerlassenen Butter bestreichen und mit den übrigen Zutaten bestreuen. Den Teig aufrollen, 2 cm dicke Scheiben abschneiden und mit der Schnittfläche auf ein gebuttertes Blech setzen. Die Schneckennudeln dann etwa 1 Stunde an einem warmen Ort gehen lassen. Anschließend in dem auf 180 Grad vorgeheizten Backofen 30–40 Minuten backen.

Die Schneckennudeln noch heiß mit Zuckerwasser, dem man etwas Zitronensaft zugibt, bestreichen oder nach dem Erkalten mit Puderzucker bestreuen.

Nonnenfürzle
- 250 g Mehl
- $1/8$ l Milch
- $1/2$ Päckchen Trockenhefe
- 30 g Zucker
- 30 g Butter
- Prise Salz
- 2 Eier
- 50 g Sultaninen
- abgeriebene Zitronenschale
- Fett zum Ausbacken

Aus allen Zutaten einen lockeren Hefeteig herstellen und 40 Minuten gehen lassen. Mit einem Teelöffel Teigklößchen abstechen und im heißen Fett goldbraun backen.

Beim Backen bildet sich im Inneren ein Hohlraum, d. h. das Teigklößchen reißt unter leichtem Geräusch zum „Fürzle" auf! Auch eine Deutung des Namens. Man kann den kleinen Hohlraum nach Belieben mit Gsälz füllen.

Nonnenfürzle ohne Hefe
- $1/4$ l Milch
- 50 g Butter
- Prise Salz
- abgeriebene Zitronenschale
- 125 g Mehl

Mhm ... die Rezepte!

- 3 Eier
- 1 Esslöffel Zucker
- 1 Msp. Backpulver
- 1 Esslöffel Speisestärke
- Fett zum Ausbacken

Milch mit Butter, Salz und Zitronenschale zum Kochen bringen. Das Mehl hineinrühren, bis sich der Teig vom Topfboden löst. Den Topf vom Herd nehmen und verquirlte Eier, Zucker, Backpulver sowie Speisestärke zugeben und gut verrühren.

Mit einem Teelöffel kleine Teigklößchen abstechen und im heißen Fett schwimmend goldgelb backen. Die Fürzle auf Küchenkrepp abtropfen lassen und lauwarm mit Puderzucker bestäubt servieren. Dazu reicht man Apfelmus oder Chaudeausoße (siehe Seite 176).

Windbeutel

Was in Schwaben Nonnenfürzle heißt, kann man mit dem andernorts als Windbeutel bezeichneten Gebäck vergleichen. Auch hier bildet sich im Inneren des Teigklößchens während des Backens ein Hohlraum, der vorzugsweise mit Schlagsahne gefüllt wird.

- 1/4 l Wasser
- 60 g Butter
- Prise Salz
- 150 g Mehl
- 4 große Eier
- 1 Teelöffel Backpulver
- 25 g Speisestärke

Aus den angegebenen Zutaten einen Brandteig herstellen (siehe Nonnenfürzle ohne Hefe, voriges Rezept). Mit einem Spritzbeutel in großem Abstand nussgroße Teighäufle auf ein schwach gefettetes, leicht bemehltes Backblech setzen. Im vorgeheizten Backofen bei 200 Grad 25–35 Minuten backen.

Fastnachtsküchle, auszogene Küchle, Kniaküchle

- 500 g Mehl
- 1 Päckchen Trockenhefe
- 2 Esslöffel Zucker
- 1/4 l lauwarme Milch
- 1 Teelöffel Salz
- 1 Ei
- 80 g Butter
- Fett zum Ausbacken
- Zucker und Zimt zum Bestreuen

Aus allen Zutaten einen Hefeteig herstellen und gehen lassen. Auf dem Backbrett fingerdick auswellen und mit dem Backrädle verschobene Vierecke abrädeln.

> **Tipp:** Man kann die Küchle auch „ausziehen". Dafür aus dem Teig eigroße Kugeln formen und auf einem bemehlten Brett unter einem Küchentuch eine Weile gehen lassen. Jetzt jede Kugel mit angefeuchteten Fingern zu Küchle auseinanderziehen, sodass sie in der Mitte am dünnsten sind. Sie dürfen aber kein Loch bekommen! Man kann die Küchle auch überm Knie auseinanderziehen ...

Noch einmal eine Weile gehen lassen. Dann im nicht zu heißen Fett schwimmend von beiden Seiten langsam hellbraun backen. Auf Küchenkrepp ent-

Allerlei aus Hefeteig

fetten und mit Zucker-Zimt-Gemisch bestreuen.

Süße Fastnachtsküchlein ohne Hefe nach Art der Löfflerin 1795
- 4 Eier
- 2 Esslöffel Rosenwasser
- 2 Esslöffel Milch
- 2 Esslöffel Zucker
- Mehl
- 200 g Butter in dünnen Scheiben
- Fett zum Ausbacken

Eier, Rosenwasser, Milch und Zucker zusammenrühren und so viel Mehl hineinschaffen, bis der Teig geknetet und auf dem Backbrett ausgewellt werden kann. Jetzt fingerdick auswellen und die Butterscheiben auf eine Teighälfte legen. Die andere Teighälfte darüberklappen und den Teig zweimal wie einen Butterteig auswellen, indem man jedesmal eine Teighälfte umschlägt.

Den Teig zuletzt messerrückendick auswellen, viereckige Küchlein abrädeln und im heißen Fett schwimmend hellbraun ausbacken. Auf Küchenkrepp abfetten lassen. Mit Zucker bestreut servieren.

Fastnachtsküchlein aus Butterteig aus dem Kloster Frauenalb
siehe Seite 115

Gesalzene Dampfnudeln
- 500 g Mehl
- $1/4$ l Milch
- Prise Zucker
- Prise Salz
- 80 g Butter
- 2 Eier
- abgeriebene Zitronenschale

Zum Aufziehen:
- Wasser oder Milch
- 50 g Butter
- Prise Salz

Aus allen Zutaten einen Hefeteig herstellen und gehen lassen. Den Teig zu kleinen Kugeln formen und auf einem bemehlten Brett nochmals etwas gehen lassen. Inzwischen in einer Pfanne oder Kasserolle mit Deckel etwa 2 cm hoch Wasser oder Milch mit der Butter und etwas Salz zum Kochen bringen. Zügig die Teigkugeln hineinsetzen und gut abgedeckt bei mittlerer Hitze 20–30 Minuten auf der Herdplatte „aufziehen".

Den Deckel nicht vor Ende der Backzeit öffnen. Die Dampfnudeln sind fertig, wenn es in der Pfanne knistert und brutzelt. Sie müssen unten eine Kruste bilden und an der Oberfläche weiß und feucht glänzen.

Gesalzene Dampfnudeln passen zu Sauerkraut und zu Braten.

Süße Dampfnudeln
Teig herstellen wie oben beschrieben und noch 50 g Zucker zufügen. Zum Aufziehen Milch, Butter und 1 Esslöffel Zucker in die Pfanne geben, sodass sich eine süße Kruste bildet.

In früheren Zeiten reichte man dazu immer Kompott aus Birnenschnitz und Zwetschgen (Dörrobst). Süße Dampfnudeln schmecken mit Vanille- oder Chaudeausoße (siehe Seite 176), mit Apfelmus oder Schlagsahne nicht nur

Mhm ... die Rezepte!

als Nachtisch, sondern auch statt Kuchen zum Kaffee.

> *Tipp:* Man kann den geschlossenen Topf nach dem Aufkochen auch in den auf 180 Grad vorgeheizten Backofen stellen und die Dampfnudeln dort in 20–30 Minuten aufziehen.
> Das Aufziehen funktioniert auch im Dampfkochtopf. Dafür die Nudeln in die kochende Milch setzen und den Deckel schließen. Sobald das Ventil oben ist, zurückschalten. Den Topf nach 9 Minuten noch eine Weile auf der ausgeschalteten Platte stehen lassen. Dann an den Herdrand ziehen und warten, bis sich der Topf öffnen lässt.

Gebackene Dampfnudeln

Teig herstellen wie auf Seite 165 beschrieben. Faustgroße Teigballen auf ein gefettetes Blech setzen und nochmals 15 Minuten gehen lassen. Die Nudeln dann mit flüssiger Butter bestreichen und bei etwa 180 Grad 25–35 Minuten braun backen.

Rohrnudeln oder Buchteln

- 500 g Mehl
- 3/4 Päckchen Trockenhefe
- 1/4 l lauwarme Milch
- 50 g Zucker
- 100 g Butter
- 3 Eigelb
- Prise Salz
- Gsälz zum Füllen

Dampfnudeln werden zu Rohrnudeln (Buchteln), wenn man die Teigballen vor dem Backen mit Gsälz füllt. Aus allen Zutaten einen Hefeteig herstellen und gehen lassen. Dann nochmals durchkneten und kleine Kugeln formen. Diese auseinanderziehen, mit Gsälz füllen und wieder zusammendrehen. Die Teigballen auf die Naht in ein rundes, gebuttertes Blech setzt. Auf der mittleren Schiene in den kalten Backofen schieben und bei 180 Grad etwa 45 Minuten backen. Vor dem Servieren noch heiß mit Butter bestreichen, oder etwas abkühlen lassen und mit Puderzucker bestäuben.

Warme Buchteln schmecken auch köstlich zu kalter Schlagsahne.

> *Tipp:* In der Schweiz macht man Rohrnudeln am Tag der Heiligen Drei Könige. Dabei wird in einer Nudel eine Bohne oder ein kleiner König aus Ton eingebacken. Der Finder ist König an diesem Tag.

Gesalzene, warme Kuchen aus Hefeteig

Grundrezept für gesalzenen Hefeteig

- 250 g Mehl
- 20 g Hefe oder 1/2 Päckchen Trockenhefe
- 1/2 Teelöffel Zucker
- 1/8 l lauwarme Milch
- 1 Teelöffel Salz
- 50 g Butter

Dampfnudel mit Chaudeausoße

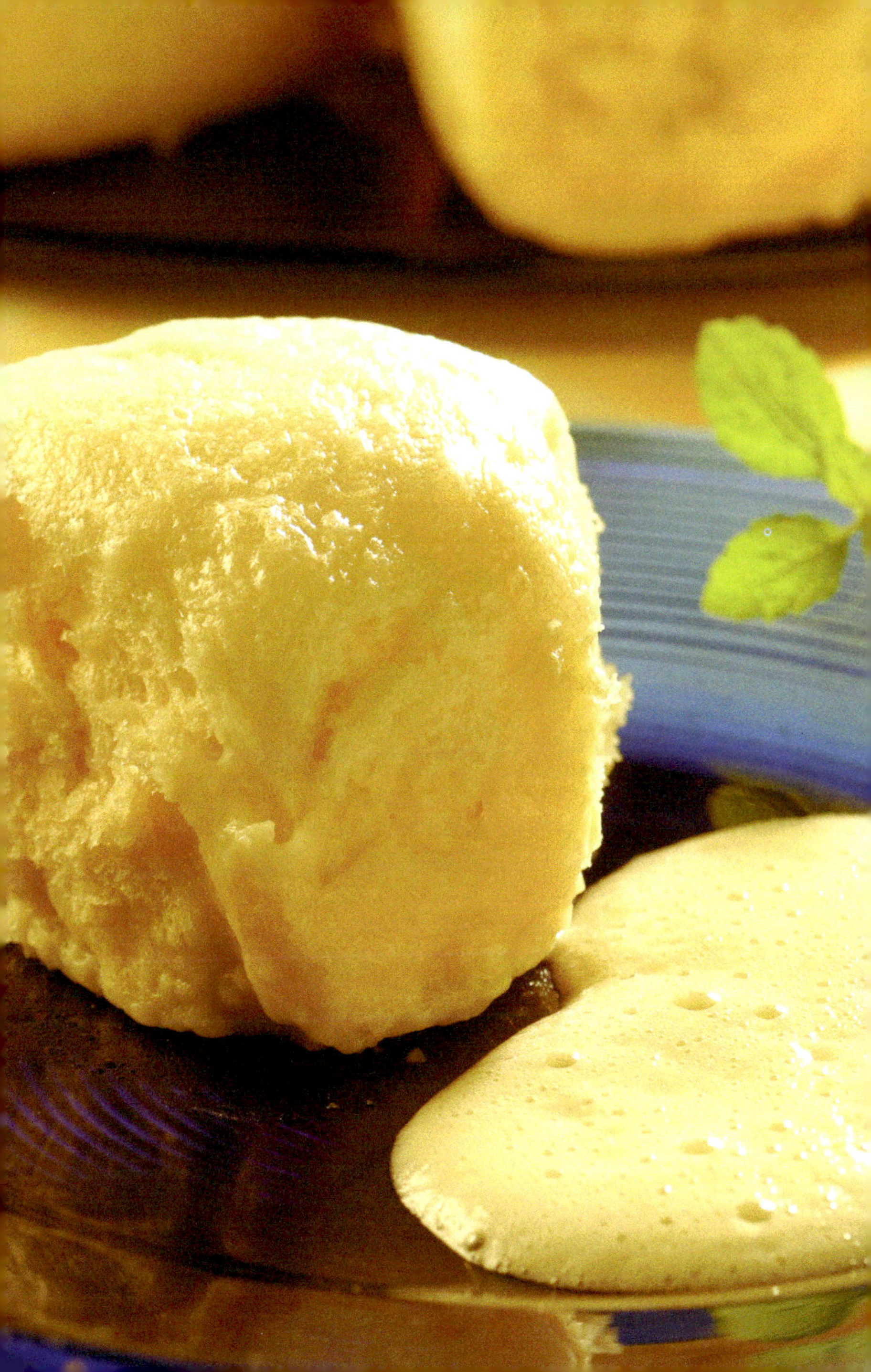

Mhm ... die Rezepte!

Aus den angegebenen Zutaten einen geschmeidigen Hefeteig herstellen und abgedeckt 30 Minuten gehen lassen. Ein gefettetes Blech mit dem Teig auskleiden und mit dem gewünschten Belag bestreichen. In den kalten Backofen schieben und bei 200 Grad 20–30 Minuten backen.

> *Tipp:* Auf gesalzenen Hefeteig kann man alles Mögliche legen und daraus Käse-, Speck-, Lauch- oder Tomatenkuchen oder gleich eine italienische Pizza machen.

Biberacher Dünnet, Dennete oder Dinnete

- 1 Grundrezept gesalzener Hefeteig (voriges Rezept)
- 200 g Sauerrahm
- 4 Eier
- Salz
- reichlich Schnittlauchröllchen
- reichlich Zwiebelröhrle, fein gehackt
- Speckwürfelchen oder Butterflöckchen

Den Hefeteig in beliebig große Teigstücke teilen. Diese zu dünnen, runden Kuchen auswellen und mit der Hand von innen nach außen ziehen, sodass die Mitte ganz dünn wird. Nicht mehr gehen lassen. Die Teigstücke auf ein gefettetes oder mit Backpapier ausgelegtes Blech setzen und mit zwei verquirlten Eiern bestreichen.

Sauerrahm, restliche Eier, Salz, Schnittlauch und Zwiebelröhrle verrühren und die Masse auf die Fladen streichen. Zuletzt mit feinen Speckwürfelchen bestreuen oder mit Butterflöckchen belegen und wie im Grundrezept angegeben etwa 15–20 Minuten backen.

Zum Essen aus der Hand wird die Dennete aufgerollt.

Krautkuchen

- 100 g durchwachsener Speck
- 300 g Weißkraut, fein gehobelt oder geschnitten, oder Sauerkraut
- 150 g Sauerrahm
- 2 Eier
- Salz
- Kümmel
- 1 Grundrezept gesalzener Hefeteig (siehe Seite 166)

Den Speck würfeln und in der Pfanne auslassen, das Weißkraut darin andünsten. Abkühlen lassen, dann den Sauerrahm und die verquirlten Eier unterheben. Mit Salz und Kümmel würzen.

Ein gebuttertes Blech mit dem Hefeteig auslegen und einen Rand hochziehen. Die Krautmasse darauf verteilen und wie im Grundrezept angegeben backen.

Rahmkuchen

- 300 g Sauerrahm
- 100 g Quark
- 1 Esslöffel Mehl
- 1 Ei
- 3 Eigelb
- Salz und Pfeffer
- Zwiebelröhrle, fein gehackt
- Kümmel
- 1 Grundrezept gesalzener Hefeteig (siehe Seite 166)

Allerlei aus Hefeteig

Sauerrahm, Quark, Mehl, Ei und Eigelb verrühren. Mit Salz, Pfeffer und Zwiebelröhrle abschmecken. Die Masse auf den Teig geben, mit Kümmel bestreuen und wie im Grundrezept angegeben backen.

Kartoffelkuchen
- 750 g am Vortag in der Schale gekochte Kartoffeln (mehlige Sorte)
- 2 Eier
- 150 g Sauerrahm
- 2 Esslöffel Sahne
- Salz und Pfeffer
- Muskatnuss
- 1 Grundrezept gesalzener Hefeteig (siehe Seite 166)
- 1 Eigelb in etwas Sahne verquirlt

Die geschälten Kartoffeln durch die Presse drücken, mit Eiern, Sauerrahm und Sahne zu einer weichen Masse verarbeiten. Mit Salz, Pfeffer und Muskat abschmecken und auf den Hefeteig streichen. Mit der Eigelb-Sahne-Mischung bestreichen und wie im Grundrezept angegeben backen.

> *Tipp:* Ich empfehle fein geschnittenen Knoblauch und etwas frischen Rosmarin zuzugeben. Vor dem Servieren mit Rosmarinzweigen garnieren.

Zwiebelkuchen
Für den Teig:
- 500 g Mehl
- 1 Päckchen Trockenhefe
- Prise Zucker
- Prise Salz
- 125 g Schweineschmalz oder Butter, zerlassen und lauwarm
- 3 Eigelb
- $1/4$ l lauwarmes Wasser

Für den Belag:
- 1 kg braunschalige Zwiebeln
- etwas Schmalz oder Butter zum Andämpfen
- 5 große Eier
- 250 g Sauerrahm
- 2 Esslöffel Sahne
- 1 Teelöffel Salz
- 100 g magerer Speck, gewürfelt
- Kümmel

Aus den angegebenen Zutaten einen Hefeteig herstellen und gehen lassen. Dann dünn ausrollen, ein gefettetes Blech damit belegen und einen Rand hochziehen.

Die geschälten Zwiebeln klein schneiden. Allerdings nicht zu feinwürfelig, eher in etwas länglichere, dünne Stückle. Maschinell zerkleinerte Zwiebeln schmecken nicht – besser mit der Hand schneiden.

Die Zwiebeln in etwas Butter oder Schmalz unter regelmäßigem Wenden glasig dämpfen. Sie sollen keine Farbe annehmen und auch nicht zu weich oder gar matschig werden. Etwas abkühlen lassen und dann auf dem Teig verteilen.

Eier, Sauerrahm und Sahne verquirlen, mit Salz abschmecken und über die Zwiebeln gießen. Speckwürfel und Kümmel darüber streuen. In den kalten Backofen schieben und bei 200 Grad 45–50 Minuten backen.

Zwiebelkuchen wird heiß serviert, dazu passt Wein – im Herbst besonders der süße, gerade erst angegorene junge Wein (Federweißer). Wer keinen Alkohol mag, trinkt schwarzen Tee dazu.

> **Tipp:** Ich schneide die Zwiebeln am offenen Küchenfenster und schütze meine Augen mit einer Sonnenbrille! Nach dem Schneiden sofort gründlich die Hände waschen.

Teigvariante ohne Schmalz
- 400 g Mehl
- 20 g Hefe oder ½ Päckchen Trockenhefe
- ⅛ l lauwarme Milch
- Prise Zucker
- 6 Esslöffel Öl
- ½ Teelöffel Salz

Aus den angegebenen Zutaten einen Hefeteig herstellen und weiter wie oben beschrieben verfahren.

Flädleswirtschaft

Grundrezept für Flädle oder Pfannkuchen
- 250 g Mehl
- ½ l Milch
- 4 Eier
- 1 Teelöffel Salz

Aus allen Zutaten einen dünnen Pfannkuchenteig herstellen. Dafür erst das Mehl mit der Milch glatt rühren und nach und nach die Eier zugeben. Dann in der sehr heißen Pfanne mit etwas Öl dünne Flädle backen. Der Profi wirft das Flädle zum Wenden in die Luft!

Es ist Ansichtssache, ob man die Hälfte der Milch durch Sprudel ersetzt, ob man etwas weniger Milch und dafür 2 Esslöffel Sauerrahm nimmt oder ob man die Milch durch Sahne ersetzt und 1 Esslöffel Sauerrahm zugibt. Manche bereiten den Teig nur mit den Eigelben zu und heben zuletzt die steif geschlagenen Eiweiße unter.

Wichtig ist, dass der Teig in der sehr heißen Pfanne zu dünnen Flädle – vergleichbar den französischen Crêpes – herausgebacken wird.

Kratzete oder Eierhaber, Haberstroh oder Schellemeggele
Wer keine Lust oder Zeit hat, einen Stapel Flädle für die große Familie zu backen und im Backofen warm zu halten, der schmilzt Butter in einer Pfanne mit hohem Rand und gibt den Pfannkuchenteig auf einmal hinein. Wenn er ziemlich durchgebacken ist, wird der Fladen mit zwei Gabeln auseinander gekratzt – also in der Art eines Rühreis zerstückelt – und knusprig goldgelb fertig gebacken. Schmeckt zu Spargel und anderem Gemüse.

Kräuterflädle
In den Pfannkuchenteig 1 Hand voll frisch gehackte Gartenkräuter einrühren. Die Kräuterflädle gerollt als Beilage zu frischem Spargel mit Sauce Hollandaise servieren.

Flädleswirtschaft

Spinatflädle mit Krebsen aus dem Kloster Frauenalb
siehe Seite 112

Gerollte Flädle nach Johanna Christiana Kiesin 1796
siehe Seite 113

Gefüllte Flädle
Hackfleisch mit fein gehackter Zwiebel krümelig braten, gehackte Petersilie und wenig gewürfelte Tomate zugeben. Mit Salz und Pfeffer würzen.

Die abgekühlten Flädle mit der Fleischmasse bestreichen und aufrollen. Nebeneinander in eine Auflaufform setzen. Mit einer hellen Buttersauce begießen und mit geriebenem Emmentaler bestreut im Backofen überbacken.

Elke Knittels schwäbische Frühlingsrolle
Fein gewiegtes, gekochtes Siedfleisch, eine fein gehackte und in Öl angedämpfte Zwiebel und Petersilie zusammen mit einem Ei und einem Eigelb zu einer Fülle verarbeiten. Mit etwas Weckmehl binden.

Die abgekühlten Flädle mit der Fülle bestreichen, aufrollen und einmal schräg durchschneiden. Dann vorsichtig in verquirltem Ei und anschließend in Paniermehl wenden und in der Pfanne goldbraun herausbacken. Dazu gibt es Kartoffelsalat und grünen Salat.

Flädlekuchen
Dünne Flädle werden abwechselnd mit einer beliebigen Füllung zu einem Kuchen aufgeschichtet. Diesen auf einem gefetteten Backblech bei 180 Grad 20 Minuten im Backofen backen. Mit einer Soße servieren.

Spinatkuchen nach Art der Löfflerin 1907
Für 8 Personen rührt man einen Teig an von 4 Kochlöffel Mehl, 6 Eiern und der nötigen Milch, und backt dünne, eines Tellers große Flädlein davon.

4 große Hände voll Spinat werden rein gelesen und gewaschen, fein gehackt und in 60 g Butter weich gedämpft; 3 in Milch eingeweichte Milchbrote werden leicht ausgedrückt, zu dem Spinat nebst Salz und Muskatnuß gethan und mit 5 Eier angerührt.

Ein Blech wird mit Butter bestrichen, mit Semmelmehl bestreut, ein Flädlein hineingelegt, mit der Fülle überstrichen, wieder ein Flädlein darauf, und so wird fortgemacht, bis beide Teile zu Ende sind; Das letzte Flädlein, welches darauf kommt, darf nicht gelb gebacken sein, weil es im Ofen Farbe bekommt.

Man stellt den Kuchen in einen nicht sehr heißen Ofen, oder läßt ihn langsam auf Kohlen backen.

Eine Buttersauce mit Morcheln und Petersilie wird besonders dazu aufgestellt.

Schinkenflädle
In den Pfannkuchenteig fein gewürfelten, gekochten Schinken geben oder auf jeden gebackenen Pfannkuchen

Mhm ... die Rezepte!

eine ganze Scheibe gekochten Schinken legen alles zusammen einrollen. Dazu schmeckt grüner Salat.

Süße Flädle

In den Teig nur eine Prise Salz geben. Die gebackenen Flädle mit Gsälz bestreichen, zusammenrollen, mit Puderzucker bestäuben und noch lauwarm servieren.

Diese Pfannkuchen schmecken auch ungefüllt zu süßem Kompott und zu Apfelmus.

Überbackene Flädle mit Apfelmus

Dünne Flädle mit Apfelmus bestreichen, aufrollen und in zwei Teile schneiden. Diese in eine mit Butter bestrichene, feuerfeste Form setzen. $1/4$ l Milch mit 1 Ei und 2 Esslöffeln Zucker verquirlen und über die gefüllten Pfannkuchen gießen. Mit reichlich Butterflöckchen bestreuen und im auf 180 Grad vorgeheizten Backofen etwa 20 Minuten backen.

Wenn der Teig „aufpfitzt"

Elke Knittels Pfitzauf
siehe Seite 109

Pfitzauf mit Sahne
- 250 g Mehl
- 5 große Eier
- $1/4$ l Milch
- $1/4$ l Sahne
- Prise Salz
- 1 Esslöffel Zucker
- 60 g Butter, zerlassen und etwas abgekühlt

Mehl, Eier, Milch, Sahne, Salz und Zucker mit dem Rührgerät (höchste Stufe) zu einem glatten Teig verrühren. Zuletzt die lauwarme Butter zufügen. Den Teig in eine gebutterte Pfitzaufform füllen. Diese im auf 200 Grad vorgeheizten Backofen auf der mittleren Schiene 40–50 Minuten backen.

Den Pfitzauf sofort heiß in der Tonform servieren. Die Soufflés mit zwei Gabeln aus den Förmchen heben.

Pfitzauf nach Art der Johanna Christiana Kiesin 1796
siehe Seite 108

Yorkshire-Pudding als Beilage zu Fleischgerichten
siehe Seite 111

Pfitzauf mit Sauerkirschen

In die ausgebutterten Förmchen erst einige Kirschen geben, dann mit Teig auffüllen. Mit Puderzucker bestäubt servieren.

Kirschenpfitzauf nach Art der Löfflerin 1927
siehe Seite 108

Pfitzauf mit Käse und Schinken

Den Teig statt mit Zucker mit $1/2$ Teelöffel Salz herstellen und 3 Esslöffel fein geriebenen Parmesan hineingeben. Die gebutterten Förmchen mit Schinkenwürfeln auslegen, dann mit Teig auffüllen.

Dieser Pfitzauf schmeckt zu einem Glas Wein oder Bier.

Elke Knittels Kräuterpfitzauf

Den Teig statt mit Zucker mit $1/2$ Teelöffel Salz herstellen. Mit Pfeffer würzen und 3 gehäufte Esslöffel frisch gehackte Kräuter (z. B. Petersilie, Thymian, Rosmarin, Majoran) hineingeben.

Dieser Pfitzauf kann als Beilage zu Gemüse wie Spargel und Schwarzwurzeln serviert werden. Er schmeckt auch einfach so zum Wein.

Elke Knittels Spargelsalat

- 250 g grüner Spargel
- 250 g weißer Spargel
- 3 Knoblauchzehen
- 1 rote Peperonischote
- 2 Esslöffel Olivenöl
- Bohnenkraut, fein gehackt
- Balsamico-Essig

Den grünen Spargel nur waschen und in etwa 4 cm große Stück schneiden. Den weißen Spargel schälen und ebenfalls in Stücke schneiden. Knoblauchzehen in dünne Scheibchen, die Peperonischote entkernen und in dünne Streifen schneiden. Alles in Olivenöl unter gelegentlichen Wenden anbraten. Bevor der Spargel Farbe annimmt, die Hitze reduzieren und bei geschlossenem Deckel weich, aber nicht matschig dünsten.

Zuletzt das Bohnenkraut zugeben und mit Salz, Pfeffer und Balsamico abschmecken. Den Spargelsalat lauwarm zu Kräuterpfitzauf servieren.

Im Teig Ausgebackenes

In Pfannkuchenteig kann man die verschiedensten Dinge wenden und in reichlich Fett ausbacken. Ob bissfest gekochte Blumenkohlrösle oder Champignons, es eignen sich die verschiedensten Gemüse. In der schwäbischen Küche tunkt man besonders gerne Apfelringe, Holunderblüten und Salbeiblätter in den Teig.

Apfelküchle

- 2 Eier
- 250 g Mehl
- $1/8$ l Bier oder Weißwein
- Prise Salz
- 1 Teelöffel Öl

Außerdem:

- 4 große säuerliche Äpfel
- Saft von 1 Zitrone oder etwas Rum oder Kirschwasser
- Fett zum Ausbacken

Die Eier trennen. Aus den Eigelben und den übrigen Zutaten einen dickflüssigen Pfannkuchenteig rühren. Zuletzt das steif geschlagene Eiweiß unterheben.

Die Äpfel schälen und das Kernhaus ausstechen. Dann in etwa 1 cm dicke Scheiben schneiden. Die Ringe im Zitronensaft wenden oder mit Rum oder Kirschwasser beträufeln.

Die Apfelringe in den Teig tauchen und in reichlich heißem Fett goldbraun ausbacken. Die gebackenen Apfel-

Mhm ... die Rezepte!

ringle auf Küchenkrepp entfetten und als Pyramide auf eine mit Tortenpapier ausgelegte Glasplatte aufschichten. Mit Puderzucker bestäuben und lauwarm servieren.

Dazu schmeckt Chaudeausoße (siehe Seite 176), Vanilleeis, Schlagsahne oder Zucker und Zimt.

Gebackene Holunderblüten, Hollerküchle oder Holderküchle

- 2 Eier
- $1/8$ l Milch oder Sahne
- 200 g Mehl
- 1 Esslöffel Zucker
- Prise Salz

Außerdem:
- Holunderblütendolden mit Stiel
- grüne Holunderblätter zur Dekoration
- Fett zum Ausbacken

Die Eier trennen. Aus den Eigelben und den übrigen Zutaten einen dickflüssigen Teig rühren. Zuletzt das steif geschlagene Eiweiß unterheben.

Die Holunderblütendolden am Stiel lassen und gut waschen. Auf Küchenkrepp abtropfen lassen. Die Blütendolden in den Teig tauchen und mit dem Stängel nach oben im heißen Fett goldgelb backen. Auf Küchenkrepp entfetten. Auf einer Platte mit den grünen Blättern dekorieren, mit Puderzucker bestäuben und warm servieren.

Salbeiküchle, Salvenküchle oder Mäusle

- 250 g Mehl
- 1 Teelöffel Backpulver
- Prise Salz
- 40 g Zucker
- 70 g Milch
- 2 Eier

Außerdem:
- frische Salbeiblätter mit Stiel
- Fett zum Ausbacken

Aus allen Zutaten einen dickflüssigen Teig rühren und 1 Stunde ruhen lassen.

Inzwischen die Salbeiblätter waschen und abtrocknen. Stiele belassen, damit die Mäusle Schwänze haben. Blätter einzeln in den Teig tauchen und in reichlich heißem Fett goldgelb backen. Auf Küchenkrepp entfetten und mit Puderzucker überstäuben.

> *Tipp:* Es sieht dekorativer aus und geht schneller, wenn man ganze Salbeizweige in den Teig taucht und ausbäckt. Ein eindrucksvoller und schneller Nachtisch, den man so auch im Restaurant Weiß in Kürnbach bei Karlsruhe bekommmt.

Noch mehr Nachtisch

Apfel im Schlafrock
Für den Teig:
- 500 g Mehl
- 2 gestrichene Teelöffel Backpulver
- 250 g Butter
- 125 g Zucker

Noch mehr Nachtisch

- abgeriebene Zitronenschale
- 1 Ei
- 1 Päckchen Vanillezucker
- Prise Salz

Für die Füllung:
- 8 kleine, mürbe, säuerliche Äpfel (z. B. Boskop)
- etwas Gsälz
- gehackte Nüsse
- 1 Eigelb in Sahne verquirlt zum Bestreichen

Aus den angegebenen Zutaten einen Teig kneten und in Folie gehüllt 30 Minuten kühl stellen.

Die Äpfel schälen, das Kerngehäuse ausstechen und mit Gsälz und gehackten Nüssen füllen.

Den Teig auf einem bemehltem Brett etwa 4 mm dick ausrollen, dann mit dem Zackenrädle in Quadrate rädeln. Diese müssen so groß sein, dass die vier Teigzipfel über dem Apfel zusammengeschlagen werden können. Aus den Teigresten kleine Blumen, Kreise oder Sterne ausstechen und oben auf die im Teig eingeschlagenen Äpfel legen.

Die Äpfel im Schlafrock auf ein mit Backpapier ausgelegtes Blech setzen. Mit der Eigelb-Sahne-Mischung bestreichen und im 190 Grad heißen Backofen 20–25 Minuten backen. Noch warm mit Puderzucker bestäubt servieren.

Variante mit Blätterteig:
Die Äpfel in fertig gekauften Blätterteig verpacken. Auf ein kalt abgespültes Blech setzen und nach Packungsanleitung backen.

Ofenschlupfer oder Scheiterhaufen
- 6 altbackene Wecken
- 6 große Äpfel
- 50 g Sultaninen
- grob gehackte Nüsse, nach Wunsch
- 3 Eier
- $1/2$ l Milch
- 3 Esslöffel Zucker
- 1 Päckchen Vanillezucker
- etwa 70 g Butter

Die Wecken in Scheiben schneiden. Die Äpfel schälen, das Kernhaus ausstechen und ebenfalls in Scheiben schneiden.

In eine gebutterte Auflaufform zuerst eine Schicht Brotscheiben legen, darauf eine Schicht Apfelscheiben, dann mit Sultaninen und eventuell Nüssen bestreuen. Diesen Vorgang wiederholen, bis Brot- und Apfelscheiben aufgebraucht sind. Mit einer Schicht Brotscheiben enden.

Eier, Milch, Zucker und Vanillezucker verquirlen und darüber gießen. Dabei darauf achten, dass die obere Schicht gleichmäßig befeuchtet wird. Zuletzt mit reichlich Butterflöckchen belegen. Im Backofen auf der unteren Schiene bei 200 Grad etwa 1 Stunde backen, bis die Oberfläche goldbraun ist.

Den Ofenschlupfer warm mit Vanille- oder Chaudeausoße servieren.

Variante:
Statt altbackener Wecken kann man auch Zwieback verwenden. Anstelle der Äpfel schmecken auch Backpflaumen, Pfirsiche oder Kirschen (Kirschenmichel).

Mhm ... die Rezepte!

Chaudeausoße

- ¹/₄ l Wein, vorzugsweise Weißwein (Riesling)
- 1 Esslöffel Zitronensaft
- 1 Teelöffel Speisestärke
- 65 g Zucker
- abgeriebene Zitronenschale
- 2 Eier
- 1 Eigelb

Alle Zutaten mit dem Schneebesen in einem großen Topf gut schaumig rühren. Die Soße anschließend im heißen Wasserbad unter ständigem Schlagen erhitzen. Nicht kochen, da sie sonst gerinnt. Warm oder kalt servieren.

> **Tipp:** Wählen Sie für die Zubereitung einen ausreichend großen Topf, da die Soße ihr Volumen fast verdoppelt.

Champagner-Chaudeausoße nach Art der Löfflerin 1795

siehe Seite 114

Arme Ritter

Altbackene Wecken (Semmeln) oder Zwieback in gesüßten Wein oder gesüßte Milch tauchen. Dann in verquirltem Ei wenden und in heißem Fett von beiden Seiten goldgelb backen. Mit Zucker und Zimt bestreut servieren oder Kompott dazu reichen.

Grießschnitten nach Art von Löffler-Bechtel, 1897

- 1 l Milch
- 300 g Grieß
- 60 g Butter
- 60 g Zucker
- Prise Salz
- Mark von 1 Vanilleschote
- Aprikosenmarmelade
- 1 Ei
- Mutschelmehl
- Fett zum Ausbacken
- 1 Hand voll reife Aprikosen

Aus Milch und Grieß einen ziemlich dicken Grießbrei kochen und rühren, bis dieser sich vom Topf löst. Dann vom Herd nehmen und Butter, Zucker und Salz einrühren. Mit Vanillemark abschmecken. Den Grießbrei auf ein nasses Brett geben, mit Klarsichtfolie abdecken und mit dem Wellholz etwa ¹/₂ cm dick ausrollen oder ausstreichen. Erkalten lassen.

Mit einem Trinkglas runde Küchlein ausstechen. In die Mitte etwas Aprikosenmarmelade geben, den Rand mit verquirltem Ei bestreichen. Ein zweites rundes Küchlein darauf legen und andrücken. In verquirltem Ei und Mutschelmehl wenden und in der Pfanne in reichlich Fett goldgelb backen. Warm zu Aprikosensoße servieren.

Für die Soße Aprikosen mit Aprikosenmarmelade nach Geschmack pürieren und mit etwas Weißwein abschmecken.

> **Tipp:** Man kann auch einfach mit dem Messer viereckige Stücke schneiden und goldgelb in Butter ausbacken. Nach Wunsch vorher noch in Ei und Paniermehl wenden. Dazu gibt's Kompott.

Gebackene Hirsch-Hörnlein aus dem Augsburger Kochbuch 1801

- 6 Loth (etwa 90 g) Mehl
- $1/2$ Vierling (etwa 60 g) Butter
- $1/2$ Vierling (etwa 60 g) Zucker
- etwas Zimt
- etwas abgeriebene Zitronenschale
- 1 Ei
- 1 Eigelb
- Fett zum Ausbacken

Man nimmt 6 Loth Mehl, einen halben Vierling Butter, eben so viel Zucker, nach Belieben gestoßenen Zimmet, und klein geschnittene Citronenschalen, macht dieses auf dem Nudelbrette mit einem ganzen Ei und einem Dotter untereinander.

Zweimesserrückendick ausgewärgelt, eines kleinen Fingers breite Streifen daraus geschnitten und diese mit der Hand rund gewärgelt. Von diesen werden zwei kleinen Fingers lange Stücklein abgeschnitten, jedes in der Mitte so zusammen gebogen, daß es oben auseinandersteht. In diese zwickt man mit einer Scheere an verschiedenen Orten hinein, daß sie wie natürliches Hirschgeweihe aussehen, und bäckt sie aus heißgemachtem Schmalze langsam heraus.

Hirschhörnchen nach Henriette Löffler 1890

100 g Butter schaumig gerührt, 250 g Zucker und 4 Eigelb nebst 500 g Mehl, 30 g Stärkemehl und etwas abgeriebene Zitronenschale untergerührt. Mit Sterntülle in das Schmalz gespritzt und rasch gebacken. Form eines Hirschgeweihs spritzen. Gibt etwa 30 Stück.

Obstkuchen

Apfelkuchen

Für den Teig:

- 200 g Mehl
- 2 Esslöffel Zucker
- Prise Salz
- 1 Eigelb
- 2 Esslöffel Wasser
- 100 g Butter

Für den Belag:

- 1 kg säuerliche Äpfel, geschält und geviertelt
- Zitronensaft
- 50 g Sultaninen, in Rum eingeweicht
- 100 g Mandeln oder Nüsse, grob gehackt
- 50 g Butter

Für den Guss:

- 3 Eier, getrennt
- 50 g Zucker
- $1/2$ l Sahne
- 1 Päckchen Vanillezucker

Aus den angegebenen Zutaten einen Mürbteig herstellen. Eine Weile kühl stellen und dann eine runde, gefettete Kuchenform damit auslegen. Dabei einen hohen Rand formen. Die Apfelviertel (ohne Kernhaus) in der Wölbung noch mehrmals einschneiden, mit Zitronensaft beträufeln und den Teigboden dicht damit belegen. Mit den in Rum eingeweichten und abgetropften Sultaninen und den gehackten Mandeln bestreuen und mit Butterflöckchen belegen. Im 200 Grad heißen Backofen etwa 10 Minuten backen.

Mhm ... die Rezepte!

In der Zwischenzeit die angegebenen Zutaten zu einem Guss verrühren. Zuletzt den steif geschlagenen Eischnee unterheben. Über die Äpfel gießen und noch weitere 30 Minuten backen. Den abgekühlten Apfelkuchen mit Puderzucker bestäuben.

> **Variante:** Man kann die Äpfel auch grob raspeln und zusammen mit den Nüssen und den Sultaninen unter den Guss heben. Diese Masse auf dem Teigboden verteilen und backen.
> Der Guss kann auch aus $1/4$ l Sahne und 250 g Quark hergestellt werden.

Träubleskuchen
Für den Mürbteig:
- 200 g Mehl
- 125 g Butter
- 50 g Zucker
- 1 Eigelb
- Prise Salz

Für den Belag:
- 125 g gemahlene Haselnüsse
- 1 Esslöffel Weckmehl
- 6 Eiweiß
- 200 g Puderzucker oder sehr feiner Zucker
- etwas abgeriebene Zitronenschale
- 2 Esslöffel Mondamin
- 800 g Träuble (Johannisbeeren), abgezupft

Aus den angegebenen Zutaten einen Mürbteig herstellen. Eine Weile kalt stellen, dann eine runde Kuchenform damit auskleiden. Dabei einen hohen Rand formen. Den Teigboden mit 1 Esslöffel Nüssen und dem Weckmehl bestreuen.

Für den Belag das Eiweiß steif schlagen und langsam den Zucker einrieseln lassen. Alle weiteren Zutaten unterheben. 1 Tasse Guss beiseite stellen. Den Guss mit den Träuble vermischen und auf den Teigboden streichen. Zum Schluss den zurückbehaltenen Guss darüber geben. Im vorgeheizten Backofen auf der mittleren Schiene bei 200 Grad 50–60 Minuten backen.

Zwetschgenkuchen
Für den Mürbteig:
- 125 g Butter
- 30 g Zucker
- 1 Ei
- 1 Esslöffel Sahne
- 250 g Mehl

Für den Belag:
- 1 Ei
- 150 g Semmelbrösel
- 1 kg Zwetschgen, entsteint und halbiert
- 150 g Zucker
- 2 Teelöffel Zimt
- 150 g gestiftelte Mandeln
- Butter

Die Butter schaumig rühren, dann Zucker, Ei und Sahne dazurühren. Jetzt das Mehl einarbeiten. Sobald der Teig dick wird, mit den Händen weiterkneten. Den Teig in Folie hüllen und eine Weile kühl ruhen lassen.

Ein gebuttertes Blech mit dem Teig belegen, mit verquirltem Ei bestreichen und mit 50 g Semmelbröseln bestreuen. Die Zwetschgen dachziegelartig mit der Haut nach unten auf den Teig schichten und mit Zucker und Zimt bestreuen. Dann die restlichen Semmelbrösel und die Mandeln darüber streuen. Großzügig mit Butterflöckchen belegen und im vorgeheizten Backofen etwa 40 Minuten bei 200 Grad backen.

Variante mit Hefeteig

- 250 g Mehl
- 1/2 Päckchen Trockenhefe
- 1 Teelöffel Zucker
- 1/8 l lauwarme Milch
- Prise Salz
- 50 g Butter

Aus den angegebenen Zutaten einen Hefeteig bereiten. Dann den Kuchen wie oben belegen und backen.

Weihnachtliches

Elke Knittels Springerle
siehe Seite 99

Biedermeierspringerle
siehe Seite 90

Springerle aus dem Göppinger Kochbuch 1798
siehe Seite 94

Milch- und Wasserspringerle
siehe Seite 101

Gewürzspringerle nach Brigitte Köstlin
siehe Seite 104

Hutzelbrot, Schnitzbrot

- 500 g getrocknete Birnenschnitz (Hutzeln)
- 500 g gedörrte Zwetschgen (ohne Stein)
- 500 g Feigen
- 30 g Zitronat
- 30 g Orangeat
- 500 g Sultaninen
- 500 g Nüsse, gehackt
- 1 Schnapsgläsle (2 cl) Kirschwasser
- 500 g Mehl
- 1 Päckchen Trockenhefe
- 125 g Zucker
- Prise Salz
- 25 g Zimt

Für die Verzierung:

- 15 ganze Mandeln, abgezogen

Für die Glasur:

- 1 Esslöffel Kartoffelmehl
- 1/2 l Schnitzbrühe oder Wasser

Die Hutzeln zerschneiden (Stiel und Blüte entfernen), 30 Minuten in wenig Wasser kochen und heiß über die Zwetschgen gießen. Abdecken und über Nacht stehen lassen. Dann in ein Sieb abgießen und das Schnitzwasser auffangen.

Feigen, Zitronat und Orangeat klein schneiden. Zusammen mit Sultaninen und Nüssen zu den Hutzeln und Zwetschgen geben. Alles mit Kirschwasser beträufeln und mit Mehl bestäuben. Aus dem restlichen Mehl mit der Hefe, dem Zucker und dem

Mhm ... die Rezepte!

ganz leicht angewärmten Schnitzwasser einen festen Hefeteig herstellen und diesen zugedeckt an einem warmen Ort gehen lassen. Mit den Früchten mischen, kräftig durchkneten und nochmals gehen lassen, bis der Teig Risse zeigt.

Dann zwei bis drei längliche Laible formen. Diese mit den Mandeln verzieren. Die Laible nochmals gehen lassen. Im vorgeheizten Backofen bei 200 Grad etwa 60 Minuten backen.

Für die Glasur die Kartoffelstärke in Schnitzbrühe oder Wasser so lange köcheln, bis es leicht klebt. Dann mit einem Pinsel hauchdünn auf die heißen Laible auftragen, damit diese glänzen.

> *Tipp:* Diese Glasur eignet sich auch für Lebkuchen.

Braune Lebkuchen aus dem Augsburger Kochbuch von 1801

- $1/2$ Maas (einen knappen Liter) Honig
- $1/2$ Pfund (250 g) Zucker
- $1/2$ Pfund (250 g) abgezogene gehackte Mandeln
- 2 Messerspitzen Pottasche
- $1/2$ Schnapsglas Kirschwasser
- klein geschnittene Schale von 2 Zitronen
- 4 Loth (60 g) klein geschnittene Orangenschale
- 1 Loth (15 g) Zimtpulver
- $1/2$ Loth (7 g) Gewürznelken, gemahlen
- für 1 Kreutzer Kardamom, gemahlen (schätzungsweise 1 Esslöffel)
- für 1 Kreutzer Zibeben, grob gestoßen (schätzungsweise 1 Hand voll)
- $1/2$ geriebene Muskatnuss
- 2 Pfund (1 kg) Mehl

Nimm ein halbes Maas Honig und setzte ihn in einer messingenen Pfanne übers Feuer. Wann er anfängt zu sieden, so thu ein halbes Pfund gestoßenen Zucker darein, und laß es so lange kochen, bis ein Tropfen, wann man ihn auf einen Teller heraus thut, nicht mehr viel auseinanderläuft. Hierauf wird ein halbes Pfund Mandeln abgezogen, überzwerch geschnitten und ein klein wenig in dem Honig gekocht; dann in eine Schüssel heraus gethan, und 2 Messerspitzen voll feine Pottasche, ein kleines halbes Gläslein voll Kirschgeist, von 2 Citronen die Schaale, nebst vier Loth Pommeranzenschaalen klein geschnitten, samt 1 Loth Zimmet, $1/2$ Loth Nägelein, Kardemomen und Kubeben, jedes für 1 Kreuzer, gröblich gestoßen, und eine halbe geriebene Mustkatnuß, alles in den Honig gethan, und zulezt, so lang der Honig noch recht heiß ist, 2 Pfund Mehl darein gerührt. Wann mit diesem der Teig recht gerührt ist: wird ein wenig auf einer heißen Platte zwischen Kohlen probiert. Wann er nicht zerläuft, so ist er recht, sonst noch mehr Mehl hineingerührt.

In mehlbestäubte Mödel (Model) drücken, auf ein mit Mehl bestreutes Blech gelegt, mit zerkleppertem Ei bestrichen, und im Backofen gebacken. Der Teig zu den Lebkuchen muß vor dem Backen eines kleinen halben Fingers dick seyn.

Hübsch verzierte Lebkuchenfiguren

Honiglebkuchen

- 100 g Butter
- 200 g Zucker
- 250 g flüssiger Honig
- 1 Ei
- 500 g Mehl
- $1/2$ Teelöffel gemahlene Gewürznelken
- 1 Teelöffel Zimt
- abgeriebene Schale von 1 Zitrone
- 1 Esslöffel Rum
- 1 Päckchen Backpulver
- Milch zum Bestreichen
- abgezogene Mandeln zum Verzieren

Butter, Zucker, Honig und Ei glatt rühren. Die mit etwas Mehl gemischten Gewürze zugeben und dann mit den übrigen Zutaten zu einem glatten Teig verkneten. Den Teig etwa 2 Stunden ruhen lassen, dann $1/2$ cm dick auswellen und verschiedene Formen ausstechen oder ausmodeln.

Die Lebkuchen mit Milch bestreichen und mit Mandeln verzieren. Im Backofen bei knapp 200 Grad 8–10 Minuten backen.

Tipp: Nach Belieben können die Lebkuchen auch mit farbiger Puderzuckerglasur überzogen werden.

Literatur

ABELE, MARIE: Neustes Stuttgarter Kochbuch. Eine Auswahl der bewährtesten Koch-Recepte für die bürgerliche Küche. Stuttgart 1870

ADAM, HANS KARL: Das Kochbuch aus Schwaben. Münster 1976

AENNE BURDA VERLAG: Schwäbisch-alemannische Küche. Offenburg 1982

ALLKEMPER, GIESELA: Schwäbische Küchenschätze. Münster 1982

AURBACHER, LUDWIG: Die Abenteuer der sieben Schwaben, Memmingen o.J.

BÄCHTOLD STÄUBLI, HANNS (Hrsg.): Handwörterbuch des deutschen Aberglaubens. Berlin 1930

BARCZYK, MICHAEL: Essen und Trinken im Barock. Oberschwäbische Leibspeisen. Sigmaringen 1981

BARTHENHEIM, AUGUSTE: Neuestes Kochbuch. Reutlingen 1864

BECK, GERTRUD: Mahlzeit miteinander. Speis und Trank – einst und jetzt – rund um eine Donaustadt. Ulm 1987

BLAU, SEBASTIAN: Schwäbisch. Was nicht im Wörterbuch steht. Band VI. München

BUCK, MICHEL: Der Schwank von den Sieben Schwaben. In: Germania. Vierteljahresschrift für dt. Altertumskunde. Band 17. 1872

COURAN, CAROLINE: Britisch Cooking. London 1990

DAVIDIS, HENRIETTE: Praktisches Kochbuch. Mit Berücksichtigung der Süddeutschen und Wiener Küche. Berlin o.J.

DIEWALD, ANNA UND ZELLER, HELENE J.: Palmenwald-Kochbuch. Stuttgart 1909

FAHRENKAMP, H. JÜRGEN: Wie man eyn teutsches Mannsbild bey Kräfften hält. München 1986

FELGER, FRIEDERIKE: Kochbuch. Oder theoretische-praktische Anweisung zur bürgerlichen und feineren Kochkunst. Stuttgart 1863

FISCHER, HERMANN: Schwäbisches Wörterbuch. Band 5. Tübingen 1920

FRÖHLICH, IRENE UND PRUCKNER, RONI: Brezelgeschichten. Reutlingen 1993

GRIMM, JACOB UND WILHELM: Deutsches Wörterbuch. 10 Bände. Leipzig 1905

GRÖTZINGER, MARLIES: Aufgespießt. Die „Sieben Schwaben" werden 500 Jahre alt. In: Schönes Schwaben. Oktober 2001

Großmutters Kochbuch, 2165 Rezepte. Faksimlie-Ausgabe, Augsburg 1984.

HAARER, LUISE: Neues Koch- und Backbuch. Stuttgart 1912

HAARER, LUISE: Kochen und Backen nach Grundrezepten. Esslingen 1956

HAHN, FRITZ: 300 Jahre Springerle. In: Jahrbuch für das Badener Land. 1970

HAINLEN, LUISE: Schwäbisches Kriegskochbuch. Stuttgart 1915

HEIM, UTA-MARIA: Glänzend, knusprig, formschön. Die Laugenbrezel als

Literatur

ästhetisches Ereignis. In: Frankfurter Rundschau vom 12. April 1997
HEINRICH, BRIGITTE: Landfrauen kochen. Traditionsrezepte aus Württemberg. Stuttgart 1995
HERTZ, GEORG: Lebenserinnerungen. Ulm 1938
HEYD, WERNER P.: Schwäbische Köpf'. Gerlingen 1980
HIRSCHLE, MONIKA: Die Brezel & Das Viertele. Gerlingen 1994
HOLZÄPFEL, ANNA: Kochbuch für die einfache bürgerliche Küche. Leonberg 1912
KALLENBERG, DOROTHEA: Was dr Schwob ißt. Über Herkunft und Geschichte seiner Leibspeisen. Stuttgart 1986
KAPFHAMMER, GÜNTHER: Die Sieben Schwaben. Ein altes Thema mit neuen Fragestellungen. In: Beiträge zur Volkskunde in Baden-Württemberg. Band 4. Stuttgart 1991
KELLER, ALBRECHT: Die Schwaben in der Geschichte des Volkshumors. Freiburg 1907
KIEHNLE, HERMINE: Kienle-Kochbuch. Große illustrierte Ausgabe für die bürgerliche und feine Küche. Stuttgart 1912 und folgende Ausgaben
KIESIN, JOHANNA CHRISTIANA: Allerneustes schwäbisches Kochbuch enthaltend eine Sammlung vieler Vorschriften von Koch- und Backwerk. Stuttgart 1796
KLUGE: Etymologisches Wörterbuch der deutschen Sprache. Hrsg. von Walter de Gruyter. 23. Auflage New York 1995
KNITTEL, ELKE: Der Frieder, der Graf u. die Laugenbrezel. Stuttgart 1999
KNITTEL, ELKE UND MAURER, ROLF: Springerles-Back-Lust. Eine sehr persönliche Geschichte. Stuttgart 1995
KNITTEL, ELKE UND MAURER, ROLF: Weihnachtsgebäck. Traditionsrezepte aus Württemberg. Stuttgart 2001
KNITTEL, ELKE: Wie Jakob die Maultasche erfand. Stuttgart 1999
KOLB, AEGIDIUS UND LIDEL, LEONHARD: D' schwäbisch' Küche. Kempten 1975
KOSLER, BARBARA UND KRAUSS, IRENE: Die Brez'l. Geschichte & Geschichten. München 1993
KÜBLER, MARIA SUSANNE: Das Hauswesen nach seinem ganzen Umfange dargestellt in Briefen an eine Freundin, mit Beigabe eines vollständigen Kochbuches. Stuttgart 1899
KUHN, WINFRIED: Das Spätzlebuch. Rezepte und Geschichten rund um die köstlichste Speise der Welt. Frankfurt am Main 1999
LAMPRECHT, H.: Kochbuch für drei und mehr Personen. Eine Anleitung, gut, aber auch sparsam für kleinere Haushaltungen zu kochen. München um 1900
LANDFRAUEN, BEZIRK RIEDLINGEN: Gutes aus Gottes Garten. Bäuerliche Küche rund um den Bussen. Ohne Ort und Jahr
LAURIOUX, BRUNO: Tafelfreuden im Mittelalter. Kulturgeschichte des Essens und Trinkens in Bildern und Dokumenten. Stuttgart und Zürich 1992
LERCH, KARL: Das Spätzle-Brevier. Darin wird die schwäbische Leibspeise nach Herkunft, Machart und Wohlgeschmack kurzweilig beschrieben und durch eine erklekliche Anzahl alter und neuer Rezepte für jedermann innerhalb Schwabens zur

Literatur

Nachahmung empfohlen. Tübingen 1962

LÖFFLER-BECHTEL: Großes Illustriertes Kochbuch. Hrsg. von Eugen Bechtel. Ulm 1897

LÖFFLER-BECHTEL: Kleines Kochbuch für die einfache bürgerlich Küche. Hrsg. von Eugen Bechtel. Ulm 1905

LÖFFLER, FRIEDERIKE LUISE: Abhandlung von Frauenzimmerarbeiten von Haushaltssachen und von Schönheitsmitteln. Stuttgart 1792

LÖFFLER, FRIEDERIKE LUISE: Neues Kochbuch. Oder geprüfte Anweisung zur schmackhaften Zubereitung der Speisen, des Backwerks, der Confitüren, des Gefrorenen und Eingemachten. Stuttgart 1791

LÖFFLER, FRIEDERIKE LUISE: Neues Kochbuch. Oder bewährte und vollständige Anweisung zur schmackhaften Zubereitung aller Arten von Speisen, Backwerk, Gefrorenem, Eingemachtem u.s.w. Stuttgart 1858 und folgende Ausgaben

LÖFFLER, FRIEDERIKE LUISE: Oeconomisches Handbuch für Frauenzimmer. Stuttgart 1795

LÖFFLER, HENRIETTE: Henriette Löfflers großes illustrirtes Kochbuch für einfachen Tisch und die feine Küche. Ulm 1890 und folgende Ausgaben

LÖFFLERIN, CHARLOTTE: Neuestes Kochbuch für Haushaltungen aller Stände. Reutlingen o.J.

LOHRER, LISELOTTE: Sebastian Sailers Komödien. Gießen 1943

MARBACH, GOTTHARD OSWALD (Hrsg.): Die Geschichte von den 7 Schwaben. Illustriert von Ludwig Richter. München o.J.

MARQUARDT, ALFRED: Pudding für den Zaren. Stuttgart 1982

MAYER, ABEL: Neues wohleingerichtetes Kochbuch. Aus 850 Seiten und vielen anderen Nachrichten bestehend. Nebst einer kleinen Hauß Apotheke. Tübingen 1749

NN: Augsburgisches Kochbuch, Augsburg 1801

NN: Das Brandenburgische Koch-Buch oder Die wohlunterwiesene Köchin. Berlin 1723

NN: Das häusliche Glück. Vollständiger Haushaltungsunterricht nebst Anleitung zum Kochen für Arbeiterfrauen. Herausgegeben von einer Comission des Verbandes „Arbeiterwohl". Mönchen Gladbach/Leipzig 1882

NN: Der aus dem Parnasso ehemals entlauffenen vortrefflichen Köchin welche bey denen Göttinnen Ceres, Diana und Pomona viele Jahre gedienet hinterlassene und bishero bey unterschiedlichen der löbl. Kochkunst beflissenen Frauen zu Nürnberg zerstreuet und in grosser geheim gehalten gewesene Vermerck Zettul. Nürnberg 1712

NN: Der die vornehmsten Europäische Höfe durchwanderte und ganz neu in der Schweitz angelangte Hofund Mundkoch, welcher mehr als 150 Speisen neben allem ersinnlichen Backwerk auf das schmackhafteste und nach der neuesten Art zuzurichten lehret. Zürich 1762

NN: Die Abentheuer der sieben Schwaben. Abermalen renovirt und ans Licht gestellt durch Anselm Freimund. Reutlingen 1839

NN: Die Geschichte von den Sieben Schwaben. Mit zehn lithographischen Darstellungen nach Zeichnun-

Literatur

gen von Moritz von Schwind. Stuttgart 1832

NN: Die sparsame Löfflerin. Eine Auswahl von Vorschriften aus Friederike Luise Löfflers berühmtem Stuttgarter Kochbuch. Stuttgart 1920

NN: ‚ebbes' aus Münsingen. Kochbuch von der Schwäbischen Alb. München 1985

NN: Ein alemannisches Büchlein von guter Speise (15. Jahrhundert). In: Sitzungsberichte der königl. Bayer. Akademie der Wissenschaften zu München. Jahrgang 1865. Band II. München 1865

NN: Göppinger Kochbuch 1798

NN: Handgeschriebenes Kochbuch von 1790 aus dem Benediktinerinnenkloster Frauenalb/Schwarzwald

NN: Unvergessene Küche. Die schönsten Rezepte aus den deutschen Landschaften. Hrsg. von essen & trinken. Hamburg 1979

NN: Württembergische Volksbücher. Sagen und Geschichten. Herausgegeben vom Württembergischen, evangelischen Lehrer-Unterstützungsverein. Stuttgart 1905

RÄDLEIN, JOHANN: Europäischer Sprachschatz. Oder an Wörtern sowol als auserlesenen und der Sprachen Eigenschafft gemässen Redens-Arten reiches und vollkommenes Wörter-Buch der vornehmsten Sprachen in Europa. Leipzig 1711

RUMPOLT, MARX: Ein new Kochbuch. Frankfurt am Main 1581

RUOSS, SIEGFRIED: Flädla, Knöpfla, Bubaspitzla. Ulm 1986

RUOß, SIEGFRIED: Schwäbische Spätzle Küche. ULM 1994

SCHÖCK, GUSTAV: Romulus und Remus zwischen Neckar und Gäu. Neue Aspekte zur römisch-germanischen Kontinuität im Spiegel politisch motivierter Namengebung. In: Redeweisen. Aspekte gesprochener Sprache. Hrsg. von Hermann Bausinger. Tübingen 1990

SCHUHHOLZ, ANNELIESE: Köstliche Spezialitäten aus der schwäbischen Küche. Eine Neuausgabe mit 340 Rezepten traditioneller und neuer Zubereitung. Heilbronn 1982

STAINDL VON DILLINGEN, BALTHASAR: Ein sehr künstlichs und nutzlichs Kochbuch. Vormals neye in so leicht Mannen und Frauenpersonen von inen selbst zu lernen in Druck verfast und ausgangen ist. Augsburg 1544

TEUTEBERG, HANS J. UND WIEGELMANN, GÜNTER: Unsere tägliche Kost. Studien zur Geschichte des Alltags. Münster 1990

THIEMEN, JOHANN CHRISTOPH: Haus- Feld- Artzney- Kunst- und Wunderbuch. Nürnberg 1682

TRIEB, M.: Neuestes praktisches Kochbuch zur Zubereitung der schmackhaftesten und wohlfeilsten Speisen, Getränke, Backwerk, Gefrorenem, so wie zum Einmachen und Trocknen der Früchte. Karlsruhe 1844

TROLL, THADDÄUS: Kochen mit Thaddäus Troll. Stuttgart 1969

TROLL, THADDÄUS: Wie Gotthelf Grieshaber die Brezel erfand. Heidelberg 1985

V. DER HAGEN, FRIEDRICH HEINRICH: Narrenbuch. Halle 1811

V. VOCKAMER, VOLKER: Literatur, Musik und bildende Kunst, Ansprache zur Eröffnung der Ausstellung „Das Ries als Literaturlandschaft". In: Begleitheft zur Ausstellung im Festsaal der

Literatur

Harburg anlässlich der 3. Rieser Kulturtage 1980. Nördlingen 1980
WECKER, F. ANNA: Ein köstlich new Kochbuch von allerhand Speisen an Gemüsen, Obs, Fleisch, Geflügel, Wildpret, Fischen vnd Gebachens. Amberg 1598
WEHRHAN, KARL: Die deutschen Sagen des Mittelalters. In: Deutsches Sagenbuch. Hrsg. von Friedrich von Leyen. München 1919
WELSERIN, SABINA: Das Kochbuch. Augsburg 1553
WIDMANN, GERHARD: Schwäbisch vom Blatt für Schwaben und andere. Stuttgart 1983

WILHELMER, ERIKA (Hrsg.): Weindorf Brevierle. Heiteres und Wissenswertes über Weindorf-Köstlichkeiten. Stuttgart 2001
WÜRTTEMBERGER ZEITUNG (Hrsg.): Ein schwäbisches Kochbuch. Stuttgart o.J.
WUNDT, E. ; ROTHMUND, A.; KÜNZLER, M.; KNAUFENBERGER, M.: Kochbuch der Haushaltungs- und Kochschule des badischen Frauenvereins. Karlsruhe 1915
ZIESLER, GERHARD: Köstliches aus der schwäbischen Küche. Eine Auswahl typisch schwäbischer Kochrezepte aus Stadt und Land. Bielefeld o.J.

Dank

Beim Schreiben eines solchen Buches ist man immer auf die freundliche Unterstützung anderer angewiesen. Sehr verbunden fühle ich mich meinem Kollegen Dr. Gustav Schöck, dem Leiter der Landesstelle für Volkskunde im Württembergischen Landesmuseum Stuttgart. Auf seine Meinung lege ich besonderen Wert. Er hat mich – wie so oft – aufs Freundlichste und Geduldigste mit Rat und Tat unterstützt. Auch mein Kollege Gerhard Prinz von der Landesstelle hat mich bei meinen Recherchen beraten. Er war ebenfalls jederzeit für mich da. Meinen Dank möchte ich auch Wilhelm König vom Mundartarchiv in Bad Schussenried aussprechen. Gerne hat er mir Auskunft gegeben.

Fachleute wie Rudolf Frank, Obermeister der Bäckerinnung Stuttgart, Bäckermeister Roland Ladner aus Grabenstetten, die Wirtinnen Ingrid Blank aus Zwiefaltendorf und Erika Wilhelmer aus Stuttgart, das Wirtsehepaar Waltraut und Joseph Stritzelberger aus Ulbach, das Wirtsehepaar Heidrun und Karl-Heinz Weiß in Kürnbach/Baden, die Chefin der Bäckerei Kreibich in Ulm und der Bäckermeister Häring und seine Frau in Biberach, die Bäckermeister Horst Banzhaf aus Heldenfingen und Werner Schiehlen aus Altheim haben mich freundlich unter-

Dank

stützt. Ihnen allen danke ich für ihre Bereitschaft, meine Fragen zu beantworten und das Fotografieren zuzulassen.

Die Germanistin Melanie Müller besorgte die aufwändige Literaturrecherche und kommentierte den Text. Besonderen Dank möchte ich meiner Assistentin im Württembergischen Landesmuseum, Ulrike Reiman, aussprechen. Auch sie befasste sich mit dem Text und gab mir wichtige gedankliche Anregungen. Von Herzen bedanken möchte ich mich auch bei Annemarie Griesinger, Ministerin a.D., für ihre Brezel – und Maultaschengeschichte mit „politischer Dimension". Allen anderen, die mir mit Rezepten aushalfen, die mir Briefe schrieben und Gespräche mit mir führten, so meine Kollegin Dr. Rotraut Wolf und ihre Schwägerin Jane Macdonald aus London, Gerhard Kaiser, Rose Stierle, Anneliese Maier-Martini, Brigitte Köstlin, Schwester Pia vom Kloster Lichtenthal, Olivana Savio Guerriero von der Stuttgarter Markthalle, meiner Mutter Margarete Knittel und meiner Schwiegermutter Gerda Maurer möchte ich hier herzlich danken.

Meinen Mann aber liebe ich auch dafür, dass er – meine kulinarischdichterischen Launen ertragend – einfühlsam versuchte, die dazu passenden Fotos zu machen. Er hat der Verführung mancher Speisen wenigstens so lange widerstanden, bis sie fotografiert waren. Zum Essen waren sie dann immer schon ein bisschen abgestanden und kalt, aber das hat er freundlich hingenommen.

Beim Schreiben und Fotografieren für dieses Buch haben wir auch an unsere Töchter Nikola, Christiane, Conny und Petra gedacht. Wir wünschen uns, dass sie das eine oder andere Rezept später einmal in ihre alltägliche Kocherei aufnehmen und so schwäbische Traditionen fortsetzen.

Wir hoffen, dass wir dieses Buch zur Freude vieler Leser und Nutzer verfasst haben.

Bildquellen

Umschlagfoto groß und Fotos Seite 1, 43, 119, 141 und 167: Fridhelm Volk, Stuttgart.
Umschlagfoto klein, vorne in der Mitte: Wirths PR.
Alle anderen Fotos stammen von Rolf Maurer.

Haftung

Die Autoren und der Verlag haben sich um richtige und zuverlässige Angaben bemüht. Fehler können jedoch nicht vollständig ausgeschlossen werden. Eine Garantie für die Richtigkeit der Angaben kann daher nicht gegeben werden. Haftung für Schäden und Unfälle wird aus keinem Rechtsgrund übernommen.

Rezeptverzeichnis

Adlerspätzle oder -knöpfle 135
Allgäuer Kässpätzle 137
Apfel im Schlafrock 174
Apfelkuchen 177
Apfelküchle 173
Apfelmaultaschen 125
Arme Ritter 176
Auszogene Küchle 164
Bachene Spatzen 151
Backerbsen 151
Bärlauchspätzle 136
Bauchstecherle mit Tomatensoße 143
Betzenweiler Maultaschen 130
Biberacher Dünnet 168
Biberacher Fastenbrezel 158
Biedermeierspringerle 90
Bounzelich 143
Brätknödel 151
Braune Blättleinsuppe 131
Braune Lebkuchen 180
Breite Nudeln 131
Brennte Grießsupp' 153
Brotsuppe, gebunden 157
Bruckhölzer 142
Bubespitzle 140ff.
Buchteln 166
Champagner-Chaudeausoße 114
Chaudeausoße 176
Dampfnudeln 165f.
– gebacken 166
– gesalzen 165
– süß 165
Dennete 168
Dinnete 168
Dornenkronenbrezel 23
Eierhaber 170
Fastenbrezel 158
Fastenbretzelgebackenes 20
Fastenknödel 157
Fastnachtsküchle 164
– aus Butterteig 115
– ohne Hefe 165
Festtagssuppe 152
Fischmaultaschen 124
Flachsschlicke 162
Flachswickel 162
Flädle 170ff.
– mit Schinken 171
– gefüllt 171
Flädlekuchen 171
Flädlesuppe 149
Fleischbrühe 148
Forelle blau 153
G'röschte Kartoffel 154
Gaisburger Marsch 149
Gebackene Dampfnudeln 166
Gebackene Holunderblüten 174
Gefüllte Flädle 171
Gefüllte Nudeln 39
Gefüllter Spinatkuchen 131
Gemischter Braten 145
Gemüsemaultaschen 123
Gerollte Flädle 113
Geröstete Maultaschen 129
Gesalzene Kuchen 166ff.
Gewickelte Maultaschen 129
Gewürzspringerle 101
Grießklößle 151
Grießschnitten 176
Gugelhupf 162
Gurkenspatzen 138
Gurkenspätzle 137f.
– einfach 138
– klassisch 137
– nach Erika Wilhelmer 138
Haberstroh 170
Hanfwickel 162
Haselnussspätzle 137
Hefebrot 160
Hefekranz 160
Hefekräuterbrot 161
Hefeteig 155ff.
– gesalzener 166
Hefezopf, einfach 159
Hirsch-Hörnlein 177
Hirschhörnchen 177
Hochzeitssuppe 149ff.
Holderküchle 174
Hollerküchle 174
Honiglebkuchen 181
Hutzelbrot 179
Ingwermaultaschen 124
Kartoffelkuchen 169
Kartoffelmaultaschen 125
Kartoffelpfannküchle 154

Rezeptverzeichnis

Kartoffelsalat 49
Kartoffelschnitz und Spätzle 149
Kartoffelspätzle mit Kraut 137
Käsemaultaschen 124
Kindersuppe 152
Kirschenmichel 175
Kirschenpfitzauf 108
Kniaküchle 164
Knöpfla 58
Kokosmaultaschen 126
Kratzete 170
Kräuterbrot 161
Kräuterflädle 170
Kräuterpfitzauf 173
Kräuterspätzle 136
Krautkrapfa 130
Krautkuchen 168
Krautmaultaschen 125
Krautspätzle 137
Krebsmaultaschen 124
Lachsmaultaschen 124
Laubfrösche 131ff.
– mit Bratwurstbrät 132
– mit hart gekochten Eiern 131
– mit Körnern 134
– ohne Fleisch 133
– ohne Fleisch mit vielen Eiern 132
– ohne hart gekochte Eier 132
Lauch-Karotten-Maultaschen 125
Laugenbrezeln 16, 19, 155f.
Laugenbretzelsuppe 19, 156
Leberspatzen 140
Leberspätzle 139
Lebkuchen 180f.
Linsen 68, 144f.

– in Wein 145
– mit Backpflaumen und Spätzle 68
– mit Spätzle, Rauchfleisch und Saitenwürstle 144
– mit Steinpilzen und Spätzle 68
Mandelmaultaschen 126
Markklößle 151
Marzipan-Nuss-Maultaschen 125
Maultaschen 39ff., 119ff.
– gewickelt 129
– mit Spinat und Fleisch 120ff.
– nach Elke Knittel 47
– nach Erika Wilhelmer 123ff.
– nach Thaddäus Troll 122
– ohne Spinat 122f.
– ohne Spinat und Fleisch 123
– süße 125
– vom Hasenwirt 121
Maultaschenauflauf 49
Maultaschenherstellung 127f.
Maultaschenkrapfa 130
Maultaschensalat 129
Maultaschen-Servier-Varianten 128ff.
Mäusle 174
Milch- und Wasserspringerle 101
Mohnmaultaschen 125
Mutschel 161
Mutschelmehlklößle 152
Nackede Mariele 142
Niedernauer Kartoffeln 153

Nonnenfürzle 163
Nonnenfürzle ohne Hefe 163
Nudelsuppe 149
Nudelteig 119
Obstkuchen 177ff.
Ofenschlupfer 175
Osterzopf 160
Pelmeni 122
Pfannkuchen 170
Pfitzauf 172f.
– mit Käse und Schinken 172
– mit Kirschen 172
– mit Sahne 172
– mit Sauerkirschen 172
– nach Elke Knittel 109
– nach Johanna Christiana Kiesin 108
Pilzmaultaschen 124
Preiselbeermaultaschen 126
Quarkmaultaschen 125
– mit Beeren 125
Quarknudle 143
Rahmkuchen 168
Reutlinger Mutschel 161
Riebele 152
Rohrnudeln 166
Rostbraten 146
– mit Soß' 147
Salbeiküchle 174
Salbeimaultaschen 124
Salvenküchle 174
Sauerbraten 147
Saure Nierle 154
Saure Rädle 138
Saure Spätzle 138
Scheiterhaufen 175
Schellemeggele 170
Schinkenflädle 171
Schlanganger 142

Rezeptverzeichnis

Schneckennudeln 163
Schnitzbrot 179
Schnöller 162
Schokomaultaschen 126
Schupfnudeln 140ff.
– mit Mohn und Aprikosen 142
– mit viel Kartoffel 140
– ohne Kartoffeln 142
– ohne Kartoffeln und ohne Ei 142
Schwäbische Frühlingsrolle 171
Schwäbischer Kartoffelsalat 49
Serviettenkloß 157
Sonntagsbrot 160
Spargelsalat 173
Spätzle 64ff., 134ff.
– mit wenig Eiern 134
– nach dem Schwäbischen Kriegskochbuch 135
– nach Elke Knittel 64
Speckwecken 161
Spinatflädle mit Krebsen 112
Spinatkuchen 171
Spinatmaultaschen 123
Spinatspätzle 137
Springerle aus dem Göppinger Kochbuch 94
Springerle nach Elke Knittel 99
Suppe von gefüllten Nudeln 39
Suppen 148ff.
Süße Flädle 172
Süße Maultaschen 125ff.
Träubleskuchen 178
Trüffelspätzle 67
Überbackene Flädle mit Apfelmus 172
Überbackene Maultaschen 129
Überschmälzte Maultaschen 129
Ulmer Speckwecken 161
Wargele 140ff.
Wasserspringerle 101
Wildschweinkoteletts 148
Windbeutel 164
Wurstmaultaschen 124
Yorkshire Pudding 111
Ziegernudle 143
Zopfküchle 162
Zwetschgenkuchen mit Hefeteig 179
Zwetschgenkuchen mit Mürbteig 178
Zwiebelkuchen 169

Bibliografische Information Der Deutschen Bibliothek
Die Deutsche Bibliothek verzeichnet diese Publikation in der Deutschen Nationalbibliografie; detaillierte bibliografische Daten sind im Internet über http://dnb.ddb.de abrufbar.

ISBN 3-8001-3877-8

Das Werk einschließlich aller seiner Teile ist urheberrechtlich geschützt. Jede Verwertung außerhalb der engen Grenzen des Urheberrechtsgesetzes ist ohne Zustimmung des Verlages unzulässig und strafbar. Das gilt insbesondere für Vervielfältigungen, Übersetzungen, Mikroverfilmungen und die Einspeicherung und Verarbeitung in elektronischen Systemen.

© 2003 Verlag Eugen Ulmer GmbH & Co.
Wollgrasweg 41, 70599 Stuttgart (Hohenheim)
E-Mail: info@ulmer.de, Internet: www.ulmer.de
Lektorat: Petra Teetz, Ina Vetter
Satz: Typomedia GmbH, Scharnhausen
Umbruch: Verlagsbüro Högerle, Rexingen
Druck und Bindung: aprinta Druck, Wemding
Printed in Germany

Selbstgemachte Leckereien.

In diesem Taschenbuch sind die beliebtesten Rezepte von Hohenlohe über den Neckarraum bis zur Schwäbischen Alb enthalten. Hier werden Küchengeheimnisse preisgegeben und weitervermittelt, damit die Kochkunst von Müttern und Großmüttern nicht in Vergessenheit gerät, sondern dazu beiträgt, auch die Gaumen von heute zu erfreuen.
Landfrauen kochen. Traditionsrezepte aus Württemberg. B. Heinrich.
2. Auflage 2001. 128 S., 53 Farbf.
ISBN 3-8001-3241-9.

Einkochen macht Spaß, ist ganz einfach und schmeckt gut! Mit diesen leckeren Rezepten kommen auch Anfänger gut zurecht. Grundlegende Informationen zur Konservierung von Früchten ergänzen dieses Buch.
Früchte einkochen, kandieren, einlegen.
G. Lehari. 2. Aufl. 2002. 128 S., 71 Fotos, 8 Zeichn. ISBN 3-8001-3840-9.

Diese ungewöhnliche Rezeptsammlung besticht durch Praxisnähe – alles wurde selbst ausprobiert und von den Autorinnen und „Probekostern" für gut befunden. Auf leicht verständliche Weise werden Rezepte für die Ernte aus dem eigenen Garten präsentiert, die ohne Schwierigkeiten und viel Aufwand gelingen. Obwohl es sich um „süße Köstlichkeiten" handelt, wurde auf eine kalorienbewusste Zubereitung geachtet.
Süße Geheimnisse aus dem Garten für intelligente Faule. Das etwas andere Kochbuch. C. Hanisch, U. Ploberger.
2002. 95 S., 13 Ill. ISBN 3-8001-3928-6.

In diesem Buch erfahren Sie alles über richtig gutes Brot aus dem Holzbackofen.
Brot backen. Traditionelles aus dem Holzbackofen. M. Merzenich, E. Thier.
3. Aufl. 2003. 128 S., 62 Farbf.,
21 sw-Zeichn. ISBN 3-8001-3878-6.

Weitere schmackhafte Ideen.

Kräuter runden nicht nur viele Gerichte ab, sie verleihen vielen Speisen erst ihren ganz typischen Geschmack. In diesem Buch erfahren Sie, zu welchen Zutaten sie passen, welche Teile der Pflanzen verwendbar sind und wie sie auf den menschlichen Organismus wirken. Bei der riesigen Rezeptauswahl werden Sie sicherlich fündig.
Kochen mit Kräutern. R. und F. Volk. 2002. 127 Seiten, 127 Farbfotos. ISBN 3-8001-3273-7.

Dieses handliche Taschenbuch beinhaltet exakte, speziell für dieses Buch angefertigte Fotos, die die genaue Bestimmung der Pilze einfach machen. Es werden nahezu 100 Pilze und ihre Doppelgänger beschrieben. 75 leckere Rezepte machen Appetit.
Pilze sicher bestimmen – delikat zubereiten. R. und F. Volk. 2. Aufl. 2001. 192 S., 231 Farbf. ISBN 3-8001-3656-2.

In diesem Buch finden Sie köstliche Gerichte aus allen Gebieten Deutschlands, gewürzt mit unterhaltsamen Informationen über die Landschaften, aus denen sie hervorgegangen sind. Ob echte Frankfurter Grüne Soße oder original Rheinischer Sauerbraten – erfahrene Köchinnen verraten Ihnen ihre besten Rezepte.
Echte LandFrauen Rezepte. Köstliches aus allen Landschaften Deutschlands. Deutscher Landfrauenverband (Hrsg.) 2003. 144 Seiten, 66 Farbfotos. ISBN 3-8001-4259-7.

Dieses Buch stellt über 80 Pflanzen vor, die als Gewürz verwendet werden können. Beschrieben werden Herkunft, Anbau, Gewinnung, Verarbeitung und Verwendung in der Küche.
Gewürze aus aller Welt. B. Beutner. 1999. 128 Seiten, 63 Farbfotos. ISBN 3-8001-6899-5.